昭和二十年　第13巻　さつま芋の恩恵　目次

第38章　さつま芋の恩恵（七月一日）

第39章　天皇、東郷茂徳、米ソの動き（七月一日）

第40章　木戸「一大貧乏籤」の虚構（七月二日）

第38章　さつま芋の恩恵（七月一日）

七月一日、さつま芋畑で高松宮はなにを考えるのか

七月一日、今日は日曜日だ。朝、高松宮はさつま芋畑にでている。

芝区高輪西台町の高松宮邸は東宮御所の跡地に建てられた地上三階、地下一階の洋館である。一カ月あまり前の五月二十五日夜の空襲に焼け残った。

東京都民はひとり残らず東京にたいする空襲はまだまだつづくと思っているが、アメリカ側とすれば、五月二十五日夜の爆撃が最後の東京焼き打ちだった。その夜、高松宮邸の三階の屋根裏を破って、何かが床の上を転がり、火花を噴きはじめようとした。焼夷弾だった。防火任務のためにそこにいた海軍兵士が夢中でそれを摑み、庭へ放り投げた。幸いなことに火傷はしなかった。ほかには庭に数本が突き刺さっていただけだった。兵士たちは邸の外へ走って、民家の火を消すのに奮闘した。なによりも後続機によるつづいての焼夷弾の投下がなかったことから、大火災にはならなかったのだが、それはともかく、高輪西台町の一帯は焼け残り、町の人から感謝されて、兵士たちは鼻が高い。

だが、天皇の住まいであった皇居の奥宮殿は表宮殿とともに全焼し、皇太后の青山の大宮御所が焼かれ、秩父宮邸、三笠宮邸も焼かれ、高松宮は自分のところだけが焼け残ったのが心苦しい。大宮さまに使って欲しいとお願いしたが、うんとは言われなかった。

高松宮邸の広い芋畑の芋挿しはとっくに終わっている。今年は日記にそれを記す余裕

がなかったが、例年どおり、六月一日、二日に植え付けたのだろう。畑のさつま芋は茎を伸ばし、葉を増やしている。

さつま芋といえば、高松宮は昨日の日本産業経済新聞の第一面に載った記事を読んだであろうか。それとも一昨日の六月二十九日の午後七時のニュースのあとの講演を聞いたであろうか。軍需省燃料局長の榎本隆一郎が話をした。新聞の報道はそれを活字にしたものだ。この記事では、さつま芋からつくるアルコールによって飛行機を飛ばすことができると説いていた。しかし、情けない秘密主義の典型だが、榎本隆一郎海軍少将は日本海軍の戦闘機、たとえば紫電改を例に取りあげることができず、敵の戦闘機のＰ51を例に挙げ、一反歩の畑から収穫されたさつま芋で三十分飛ばせることができると言ったのである。全国、五百五十万戸の農家がそれぞれ一反の畑でアルコール用のさつま芋を植えれば、四百機編隊の飛行機が一年三百六十五日、硫黄島を爆撃できるのだと語り、芋畑を「全農家が一反」増やすように「奮起を要望」すると説いた。

どうして六月の末にもなって、さつま芋の増産を呼びかけるのだ。関東では六月に入ったら、植え付けが十日遅れるごとに一割の減収になると言われているではないか。増産の訴えは三月、四月にすべきではなかったかと高松宮は思ったにちがいない。いや、これでいいのだと高松宮は思い直すのかもしれない。さつま芋を増産したところで、アルコールを製造する工場がないのだ。

アルコールの製造をどこよりも早く研究、開発してきたのは昭和農産化工の川崎工場だ。そして国内で最大規模のアルコール製造工場は同社の熊本にある八代工場だ。陸軍の管理工場だから高松宮は知らないだろう。最近、会社名を変えたばかりだ。昭和農産化工の前の社名は昭和酒造、焼酎の「三楽」をつくってきた[1]。

じつは航空用のガソリンの製造ができなくなり、陸海軍ともに大慌てとなった。昨年から全国の農村で大々的に松根油づくりをはじめたが、実際には松根油で飛んだ飛行機などありはしない[2]。今年のはじめから軍需省は小さな焼酎工場と合成清酒工場のすべてに命じ、アルコール製造工場に転換させようとしている。それがこの二月のことだった。そして四月には「南方還送油」がないために操業を休止している石油精製工場にアルコール生産に転換するようにと命じた。ビール工場にたいしてもアルコールの生産を命じた。陸軍と海軍は新しくアルコール製造をはじめる石油精製工場やビール工場を奪い合い、アルコール製造転換のための資材を供給すると約束した。だが、転換工事は遅々として進んでいない。さつま芋を増産したところで、どうにもなりはしない。そこで六月の末にもなって、燃料局長がさつま芋の増産を叫んで、どうということはないのだ。

高松宮は燃料局長にさつま芋の増産を喋らせた海軍中央の意図が理解できたのであろう。新聞の見出しが「甘薯さえあれば飛行機はとぶ」と掲げたとおり、航空燃料の心配は要らない、訓練も、作戦もさつま芋からつくられるアルコールで足りるのだ。沖縄の戦いがついに終わってしまい、もうだめだと思っている国民にまだ大丈夫と信じてもらおうとしたはかない望みが、その演説なのだ。

今朝の高松宮のさつま芋畑の仕事は草取りだ。畑は一面の雑草だ。榎本燃料局長の講演は、人手がないにもかかわらず、せっかく植えたさつま芋だ、畑の草取りを忘れないで欲しいと訴えたほうがもっとよかったのである。

高松宮家の芋畑の広さは一反ほどもある。三百坪だ。農家なら、一反しかつくらないのかと言われるところだが、素人の菜園なのだから見事なものだ。昨年はその一反の畑に二千百本植えた。一昨年は二千二百十本を植えた。一昨年、昭和十八年はまだまだゆとりがあったのだろう、収穫総量がどれだけなのかを計りもした。六百七十二貫八十三匁の収穫があった。

一反で三百貫では成績不良、五百貫で普通といわれている。七百貫に近い収量だったのだから、宮家のだれもが歓声を上げたことであろう。もちろん、昨十九年も六百貫の収穫はあったのだろう。ついでに記しておけば、一反のさつま芋畑のさつま芋で飛行機を三十分飛ばすことができると説いた燃料局長の講演は、一反の収穫を三百五十貫とごくごく低く抑えていた。

ところで、反当り三百貫では落第だと記したが、一反、七十貫の収穫しかない芋畑に生存を懸けねばならないところもある。記しておこう。パラオ諸島は南北につづく。南のはずれにあるのがペリリュー島だ。昨十九年の九月に敵軍が上陸した。文字どおりの血戦死闘を二カ月にわたってつづけ、守備隊は全滅した。パラオ本島の陸海軍部隊は臨戦態勢をとりつづけた。パラオ本島からペリリュー島までの距離は、マリアナ諸島のサイパン島から、テニアン島を挟んでグアム島までの距離より短い。どうやら敵軍の攻撃はないようだと判断し、陣地の構築や戦闘訓練を止め、「現地自活」して生きていこうと「籠城」の決意をするのは、兵站線を断たれてしまい、完全に孤立してから二カ月、三カ月あとになる。敵中に取り残されたどこの島の守備隊も同じ経過を辿ることになり、「さつま芋の恩恵」に頼ろうとするようになる。そして二カ月、三カ月にわたっての「自活」の取り組みへの遅延が守備隊員の餓死者を増やすことになっているのも、どこの島も同じなのである。

パラオをトラックのあとの連合艦隊の泊地にしようとする計画があったことから、パラオ本島の海軍部隊は二千人の建設部の工員を抱えていた。かれらを中心にして六個中隊を編成した。中隊長となった主計科士官は計算を繰り返し、反二百貫の収穫があれば、どうにか大丈夫ということになった。土質はよくないようだが、二百貫なら、わけはないと思った。爆音が聞こえれば、最初に気づいた者が首から下げた笛を吹く。だれもが芋畑の横につくってある壕に飛び込むといった農作業をつづけた。だれもが気を揉んだのは、一月になっても、二月になっても、茎の生育が悪く、蔓が伸びず、葉の数も少ないことだった。葉が食べられた跡もないようだから、シャクトリムシやヨトウムシにやられたのではなかった。土質にボーキサイト分が多く、さつま芋の栽培に向いていないのだということになった。この三月の最初のためし掘りのときが来た。孤島の兵士たちが嬉し涙を流し、顔を泥だらけにして互いに喜び合うのが、ためし掘りのときだった。ところがパラオ本島の開墾地では一株に小さな芋が二つ三つ、ついているだけだった。一反二百貫には遠く及ばず、百貫にも届かず、七十貫という哀れな成績だった。そのまばらな芋の葉も食べねばならなくなった。五月、六月になって、さらに隊員が気の滅入る思いとなったのは、新しい畑の芋の苗の葉が萎縮してしまったことだ。ウィルス病が蔓延したのだ。そして五月、六月、各部隊ともに、栄養失調による戦病死者が増えつづけるようになっている[3]。

高松宮邸の芋畑は一反ほどあり、昨年の収穫は六百貫の収穫であったと前に記した。さつま芋は俵に入れて運ぶ。一俵は十二貫だから、ちょうど四十五キロである。高松宮家の昨年の収量はざっと二千五百キログラム、五十五俵になる。大人数の高松宮家では、さつま芋は重要な主食である。

高松宮家にはさつま芋畑のほかに、じゃが芋畑、玉蜀黍《とうもろこし》の畑があり、トマト畑もある。鶏を飼い、羊も飼っている。麦畑は麦刈りを終えたばかりだ。

高松宮は麦が穂をだしたばかりの麦畑を見て回った二カ月前の朝のことをよく覚えて

いる。対戦車兵器の打ち合わせのために海軍省に行った日だった。昼前にB29が先導して、数十機のP51が千葉県の航空施設や工場を襲った。その夜、日記につぎのように記した。「麦が穂を出した。一昨年も麦を蒔いてこれが穫れるまで無事かと思った。昨年も畑を見ていつまで続けられるかと考えた。今も庭の美しさ、草、木の育つのを見て愈々来年と云わず秋はどうなるかと、やはり淋しさに堪えぬ(4)」

穂を出してから四十五日目に麦刈りをすると以前に教えられたのを高松宮は忘れていない。六月十七日の日曜日がお天気なら、麦刈りをしよう、私も手伝うと言っていたのだが、できなかった。その日に辻堂の演習場で陸戦兵器の供覧と実験がおこなわれた。

横須賀砲術学校はかつての大艦巨砲時代、帝国海軍の申し子たち、もっとも優秀な砲術士官と下士官を集めていた。その精華を発揮する機会がまったくないまま、いまは実戦に間に合う望みなどありそうにない陸戦兵器の開発に懸命となっている。この日の陸戦兵器の供覧と実験には軍令部の幹部たちが来ていたし、陸軍来賓もいた。第一総軍司令官の杉山元《はじめ》とかれの部下たちだ。

説明しておこう。沖縄の地上戦がはじまってまもなくの四月八日に第一総軍、第二総軍、航空総軍が編成され、発足した。本土を東西二つに分け、東日本を分担するのが第一総軍だ。司令部は市谷台のそれまでの防衛司令部である。

新しくつくられた軽機関銃が披露された。射撃実験をしたが、不発がつづき、連射ができなかった。敵機銃陣地にたいする火焰放射器の実験をおこなった。この火焰の射程は十メートルだった。だれもが失望を口にしなかったとしても、がっかりした表情は隠せなかったであろう。

二十キロの燃料タンクを背負った火焰放射手が敵陣十メートルまで近づけるか。敵の戦車に十メートルまで接近しなければならないのであれば、爆雷を背負い、敵の戦車に飛び込む肉弾攻撃のほうがまだしも有効だとだれもが思ったのであろう。高松宮は聞き知っていたであろうか。破甲爆雷を取り付けた二メートルの棒を持ち、戦車に五メートルまで近づき、そのキャタピラーの二メートルさきに投入し、跳び下がり、耳を押さえて地に伏せるといった陸戦訓練を海軍兵学校の全学年の生徒たちがこの六月におこなっていた⑤。

これまで全戦線で一度も使ったことがない火炎放射器を、焼夷剤のガソリンが入手不能というときになって、わざわざ製造しようというのも、おかしな話だとだれもが思ったにちがいない。

杉山元とかれの部下たちも渋面をつくって、その実験を見守ったのであろう。杉山元が思いだすのは、ずっと以前に陸軍がつくった火炎放射器のことになるのだろう。そのときの製造者の発想も、この海軍の玩具と同様、敵の戦車の砲塔を火炎責めにしてやろうということになり、ノモンハンの戦いでソ連軍の戦車に投げた火炎瓶が功を奏したという戦果がきっかけとなっての研究開発だった。だが、これまで火炎放射器を使用して、戦車と戦ったことはなかった。

昭和十八年のソロモン、ニューギニアの戦い以来、シャーマン戦車と呼ばれる敵のM4戦車が戦場の主役となっている。戦車には戦車で対抗しなければならなかったが、敵の戦車を破壊、擱座《かくざ》できる戦車がなかった。敵の戦車に対抗できる七十五ミリの歩兵砲は数が少なすぎた。そして敵に制空権を握られていた。敵の戦車を狙おうとするときに、敵戦闘機の爆音が聞こえれば、すべてを隠さねばならなかった。「対戦車挺進爆雷」がただひとつの対抗兵器だった。うまくいく、いかないはともかく、爆雷を背負った兵士が敵の戦車に飛び込むしかないのだ⑥。

第一総軍司令官の杉山と部下たちの顔色が冴えなかった理由はまたべつにあったにちがいない。その朝、新しい情報をかれらは聞いていたのであろう。沖縄の戦況である。首里の防衛線で二カ月にわたって戦ってきた第六十二師団と第二十四師団と独立混成第四十四旅団は二分の一、三分の一の戦力に減少していた。そして五月末から六月はじめにかけて、沖縄最南端まで撤退したのだが、この後退のあいだの敵の砲爆撃による犠牲も大きかった。与座《よざ》岳と八重瀬《やえせ》岳の二つの山を中心とする防衛陣地がかれらの最後の戦場となる。総勢、三万人ほどであろう。かれらはそこで討ち死にする覚悟だ。

敵の先鋒となる戦車隊は早くも六月九日には八重瀬岳の一角にとりついた。はじめから狭い沖縄本島の戦場はいよいよ狭まり、いまや四キロ四方を支配しているに過ぎなくなっている。八重瀬岳を市谷台としたら、その西側にある与座岳は三光町にあたる。およそ一キロだ。八重瀬岳の東側にある仲座の防衛陣地は麴町五番町の旧英国大使館のあたりだ。これも八重瀬岳から一キロの距離だ。市谷台から真っ直ぐ南、およそ三キロさきの麻布東鳥居坂にある東洋英和女学校のあたりに牛島満司令官の第三十二軍司令部がある。摩文仁《まぶに》高地だ。この高地の背後は海だ。そして六月十六日の夕刻には与座岳が敵の手に渡った。

ペリリュー島、硫黄島、沖縄の首里戦線、ボルネオのタラカンの戦いであれ、洞窟陣地にたいする敵の戦いの方法は決まっている。地下交通路をうしろに備えた立体的な洞窟陣地の入り口をひとつひとつふさごうとする。敵の戦闘機がナパーム爆弾を落とし、まずは丘の斜面の樹木をすべて焼き払い、坑道のすべての入り口がはっきりわかるようにしてしまう。そしてＭ４戦車が前進してくる。そのあとを火炎放射器を搭載した装甲車が進んでくる。日本側が火炎戦車と呼んでいる装甲車がこの戦闘の主役となる。杉山とかれの部下たちはその火炎の射程が七十メートルを越すということを聞いていたであろう。与座岳につづいて、今日中には八重瀬岳が失陥するのではないか。明日か、明後日には牛島司令官は参謀本部に宛てて訣別電報を発することになろう。

そして杉山が沖縄の戦いがついに終わるのだと思えば、本土の戦いのことになろう。

か。

つづいてかれの胸中をよぎるのは、昭和十五年十月に参謀総長になってから、翌十六年に冒したいまとなっては取り返しがつくはずもない数々の誤りのことになるのであろうか。

海軍の陸戦兵器の実験が終わって、別れの挨拶をする杉山元帥を見送った高松宮は、なにを考えることになったのであろう。高松宮は日記の末尾につぎのように記した。

「農耕隊のじゃが薯、むして出した。この方が成績良好にちがいなかった(7)」

今日、七月一日、高松宮がさつま芋畑で草を抜きながら思いだすのが、二週間前の日曜日の辻堂での陸戦兵器の実験のことになるのであれば、つづいては昨日の儀式を思いだすことになるにちがいない。

昨日、六月三十日に宮中で節折《よおり》の儀があった。一般には大祓《おおはらえ》と呼ばれている行事である。前に記したことがあるが、繰り返そう。大祓は昔から町や村の神社で六月の晦日《みそか》と十二月の晦日におこなわれてきた。宮廷内でも普通には大祓と呼ばれている。明治四十一年に定めた皇室祭祀令の「大祭」のなかになく、「小祭」のなかにもないが、大切にされてきた行事であり、この両日は宮廷に勤務する人たちにとって掃除が大変だった。

もっとも、表宮殿、奥宮殿が焼ける前の話、戦争前の話である。表宮殿の代わりに使われている宮内省第二庁舎は、窓側には松の角材の防護壁がつくられ、廊下も、部屋も薄暗い。そして防護壁の板の隙間からこぼれ落ちた砂と出入りする人びとの靴の裏の泥で、汚れ放題だ。

　汚れているのはいまはどこも同じだ。駅の周りの建物が強制疎開となって、剝きだしの荒れ地、でこぼこの赤土の広場となってしまったことから、雨が降れば泥田に変わってしまい、人びとの靴や下駄の泥が電車のなかにまで持ち運ばれ、車内にはつねに土埃が舞っている。かつて塵ひとつ落ちていなかった学校の寄宿舎の廊下が汚れ放題となっているのも、夜中にサイレンが鳴って、寮の裏の空き地に掘った防空壕へと走り、空襲が終わって、泥だらけの靴や下駄のまま、部屋へ戻ってくるからだ。

　節折の儀は神嘉殿の前庭でおこなわれた。午後二時に儀式ははじまった。この時刻にはじめるのが昔からのしきたりである。

　参列する人はわずかだ。その昔は「集まり侍《はべ》っている親王《みこ》たち、諸王《おおぎみ》たち、諸臣《おみたち》、百《ももの》官《つかさ》の人ともども聞き給えと宣《のたま》う」と祝詞《のりと》を読み上げたとおりの賑わいだったにちがいない。いまは親王、百官の代表がひとりずつという淋しい儀式となっている。どこでも同じだ。奈良の橿原神宮の大祓では、県からは内政部長、大和航空隊からは司令代理として分隊長、橿原に移った海軍経理学校の分校からは教頭ひとりが出席した[8]。

　余計な話になるが、大和航空隊についてひとこと述べておこう。今年の二月に滑走路がつくられたばかりだ。陸軍が松代に天皇の動座のための工事をすすめているのを知り、海軍と陸軍は同等、同格だ、本土が戦場になるからといって、陸軍の思いどおりにさせてたまるかと海軍の幹部が息巻き、大和基地の近くに大本営を移すのだと主張し、そこに動座する計画をたてている。このことは前に記した[9]。

さて、神嘉殿の前庭では、「親王」は今回は三笠宮の番であったが、参謀本部に移ったばかりの三笠宮は抜けられない仕事があるということで、高松宮が代わりに出席し、「百官」は運輸省の番であり、たまたま東京に出張で来ていた大阪鉄道局長の佐藤栄作が是非とも参列したいと買ってでた。六月晦大祓《みなづきのつごもりのおおはらえ》の祓詞《はらえことば》を聞きたいと望んでのことだった。

天皇は御金巾子《おきんこじ》のかぶりものをつけている。身につけたのは御小直衣《おこのし》と呼ばれる礼服である。この礼服に息を三度吹きかける。そのあと榊の枝で祓い清める。つぎに侍従が細い竹を天皇の腕に当てて、長さが余った部分を折り、足に当てて余った部分を折る。節折の儀とはここから名付けられた。天皇はさらに壺に息を吹きかける。このような所作を二回繰り返した。そのあと掌典長が祓詞を唱えた。

祓詞はつぎのような筋だ。「過ちを犯しけむくさぐさの罪」は真っ逆さまに川に落ち込む。急流の瀬に座す神がそれらの罪を大海原に流してしまう。海の彼方にいます神がそれらを潮とともに呑み込んでしまい、根の国、底の国に吹き放ってしまう。その黄泉《よみ》の国にいるべつの神がそれらの罪を捉え、消してしまう。

天皇は頭をたれ、目をつぶって、その祝詞を聞きながら、この国を覆っている災気が消え去ることを祈りつづけたにちがいない。

　佐藤栄作も同じように祈ったのであろう。そして妻の寛子が一日も早くよくなりますようにと祈ったにちがいない。寛子は三十八歳になる。長男の龍太郎は府立高校生、勤労動員で工場で働いている。次男の信二は学童疎開から帰り、中学一年生になったばかりだ。栄作は四十四歳になる。

　前に記したが、もう一度、寛子のことを記そう。五月二十五日の大空襲の夜に彼女は東京東中野で恐ろしい目にあった。そのとき彼女と次男の信二は栄作の兄の岸信介の住まいに移っていた。長男の龍太郎が「御殿のような」と驚いた邸には、岸の一家が故郷の山口に疎開してしまったあと、岸家の親類、岸が東京に残した政治秘書といった留守番役の男たちがいるから、防火態勢は完璧だ、庭は広いし、絶対に安全だと勧められ、彼女もそう信じ、引っ越したのだった。ところが、二十五日の夜、数百カ所、数千カ所で一斉に火の手が上がる有様となった。火の旋風が高く上がり、轟々と唸る火の音のなか、煙にむせて喘ぎながら、必死で逃げることになった。四つ角に出れば、火流が広い道路を真横に走り抜ける。寛子は岸信介の秘書とも、次男とも離ればなれになってしまった。シンチャン、シンチャンと叫んでも、家々が燃えるすさまじい音にかき消され、自分の耳にも入らない。あとになって彼女はどうして信二の手を離してしまったのかと何回も思い悩むことになった。かぶった防空頭巾が焦げはじめ、袖のあいだに火の粉が飛び込み、夢中で払いのけようとしたときだったか、それとも、炎のあいだを懸命に走り抜けようとしたときであったか、ほんのわずかのあいだ、子供のことを忘れてしまったのだと自分を責めた。

すべてが燃え尽き、夜が明けて、大久保駅前に集まった人びとの群れのなかを寛子は信二を探して回った。見渡すかぎりいっぱいの人たちが座り込んでいたのは、帰るべき家がないからだ。煤と灰で汚れた顔の母はこれまた真っ黒な顔の信二にめぐり合い、二人は抱き合って泣いた。

そしてその日一日、救援の握り飯も、乾パンも貰うことができず、なにも食べることができなかった。岸の邸に住んでいる者だと説明しても、それを証明するものをなにも持たなかったから、信じてもらえなかった。完全に灰になってしまった岸の邸の庭園内の頑丈な造りの防空壕には、火に追われ、逃げ込んだ人びとが入り、すべて死んでいた。岸家の人たちは死んでしまったと噂されていたのだ[10]。

そのあと寛子は次男とともに栄作が住む大阪天王寺の官舎へ引っ越した。そして六月十五日の午前九時、再び大空襲にぶつかって、まったく知らない火の町のなかを逃げまどい、彼女はそのあと胸の痛みと息切れに悩まされるようになっている。

佐藤栄作は妻の平復を願い、日本を襲いつづけているこの危難が除去されることを祈ったのであろう。節折の儀式は二十分ほどだった。高松宮も日本の明日の進路が開ける

ように と祈りを捧げたのであろう。だが、日記には「祓を行う掌典、気力なく遺憾なりき」(11)と記しただけだった。

高松宮は芋畑の雑草抜きをつづける。まだ五分の一も終わっていない。毎年、いまごろ芋畑を埋めるのはスベリヒユだ。スベリヒユとはすっかりお馴染みとなっていよう。イネ科の雑草と違って、一度教えられたら、まずは忘れることのない草だ。長さ十五センチから三十センチにもなり、全体が赤みを帯び、葉は多肉質だ。そろそろ黄色い花が四つ、五つとつくことになる。

高松宮は耳にしたことはなかろうが、スベリヒユは茎のさきを摘み、煮物にしたり、みそ汁に入れる地方がある。山形では夏のあいだに採り、干しておいて、正月の縁起ものとして食べる。そしてヤルート島ではスベリヒユは野菜の王様だ。

そのことを記そう。ヤルート島はマロエラップ、ウォッゼ、ミリと同じようにマーシャル群島内の環礁である。敵軍に放置され、味方の補給もないこと、そこで食糧の自給に苦闘していること、どこの島とも同じである。

第五十一警備隊の先任士官の大久保久次郎はヤルート赴任を命じられた。ずっと以前、遠洋練習航海でヤルートに上陸した経験のある大久保は、万が一のことを考え、佐世保出港の前に、畑の土をかますに入れて積み込ませた。二十袋か、三十袋だったのであろう。十人、二十人の小所帯ではないから、それだけの土でどうにもなりはしなかったが、怪我の功名は、そのかますの土はさつま芋畑のものだったことだ。どのかますの土にもスベリヒユの黒い円形の小さな種が無数に散らばっていた。運ばれてくるさつま芋の苗を待っているあいだに、スベリヒユが畑を覆った。そのやわらかい茎と葉、その色、口のなかに入れてのぬめりと酸味を覚えている兵士がいて、これはヒョウだと大声をあげた。ヒョウは自分の故郷での呼び名だ、スベリヒユだ、食べられるぞと言った。気づかないあいだに野菜畑になっているのだと知って、だれも目の色を変えた。スベリヒユを抜いてそこらにほっぽっておけば、そこにすぐに根付き、枝分かれをする繁殖力の旺盛な草だ。たちまち、スベリヒユの畑がひろがり、これがヤルート島将兵の食べる貴重な野菜となっている。

昨十九年七月七日に高松宮は木戸を面詰した

高松宮のことに戻る。かがみ込んでの草取りをつづけていれば、腰の痛みに堪えられなくなり、ときどき立ち上がる。考えるのは自分が転任した問題のことになるのではないか。

高松宮はこの五日前の六月二十六日に横須賀の砲術学校教頭から海軍省軍務局に転任となり、併せて軍令部にも籍を置くようになっている。もはや軍令部門と軍政部門を分けておくような余裕はなく、省部一体化ということになっている。午前中は軍令部で戦況の説明を聞き、作戦会議に出席し、午後は軍務局第一課で書類を読み、会議に出るというのが高松宮の毎日だ。

海軍省と軍令部の主要部門が入っていた「赤煉瓦」の建物は、五月二十五日の夜に廃墟となってしまったことから、(12)いくつかの部署は構内のはずれにあるコンクリート建ての航空本部に移った。航空本部は日産館へ移ったのだが、利用できるトラックの数が少ないことから、いまだに引っ越しは終わっていない。高松宮の軍務局第一課の机は航空本部の地下一階にある。

高松宮は自分が海軍中央に転任することになった理由は、高木惣吉から説明を受けて承知している。なんの官職にも就いていない高木は、米内《よない》光政海軍大臣の耳目となり、重要な情報を大臣が伝えようとする閣員、重臣、宮廷高官に告げ、かれらが大臣に知らせたいことを聞くといった仕事をしてきている。もちろん、高松宮はそのことを承知している。そこで自分を海軍中央に戻した理由についての高木の説明が米内大臣の考えであることは、高松宮にはわかっている。

高松宮の転任の理由は、高木惣吉がかれ自身の覚書になにも記すことなく、高松宮もまた自分の日記になにも綴っていない。問題が機微に過ぎると思っての配慮であろう。だが、本当のことを言えば、高木と高松宮はこの中央への転任の背後にある真実のすべてを知ってはいない。ある大きな計画があったこと、それをつくった二人の人物はその計画の一環として高松宮の中央復帰を図ったこと、そしてその大きな計画が失敗に終わってしまうまでのすべての事柄を、高木が知らず、高松宮が知らない。

このさき、今日、七月一日の昼前、天皇がなにを考えているかを記述することになろうが、そのときにそのすべてを述べることになろう。

さて、転任した高松宮は挨拶回りをしなければならないが、それを口実にして、首相、大臣たちの胸中を尋ねることにした。問うことはひとつしかない。この戦争をどのように決着をつけるのかということだ。

最初は木戸内大臣だった。この四日前の六月二十七日の夜、高松宮は木戸内府を夕食に招いた。木戸は政府の高官ではなく、宮廷の高官なのだから、来てもらうのがしきたりである。高松宮にとって、できれば顔を合わせたくないのが木戸である。木戸も同じだ。一年前のことになるが、高松宮から自分が四年前にしてしまった取り返しのつかない失敗を難詰されたことがあって、高松宮は最大の苦手であり、大嫌いだ。高松宮にしてみれば、木戸があんな見境のない馬鹿なことをしてしまったと大層無念に思ってきたから、口などききたくもない。とはいっても、高松宮にしてみれば、木戸は相変わらず、陰に隠れて大きな力を持っているから、会わないわけにはいかない。ところで、二人がそれぞれに憎しみの感情を持っていることを知っているのは、ごく少数の人であろう。

高松宮は嶋田繁太郎とも不仲だった。これは海軍の中央に勤務した者ならだれもが知っていた。この二人がどうして対立したのかをさきに見よう。高松宮は海軍大臣を兼任する軍令部総長の嶋田と昨十九年の夏に衝突した。たかだか佐官クラスの若僧が総長と争うなど、あるはずもないことなのだが、なんといっても、高松宮はさまざまな公式行事に天皇の名代として出席するという資格を持っている直宮《じきみや》であることから、ついつい総長とやりあうことになってしまい、大臣が軍令部総長を兼任していることを批判し、東条とその体制に追随する総長を非難したのである。

それもこれも昨年二月にトラック島が急襲されたのにつづいてマリアナ海戦の敗北が原因だった。海軍幹部のだれもが、もちろん、嶋田、高松宮も、この総勢四百数十機の空母飛行機隊が出撃して、できれば敵機動部隊の三分の一を始末してくれればと祈る気持ちでいたのだし、祈った者も多かったにちがいない。万が一、負けてしまったら、我が海軍、そして日本はおしまいだった。そしてその戦いに完敗してしまったまさにそのときだった。嶋田海軍大臣が軍令部総長を兼任していたことが、その敗北の理由であったはずがないことは高松宮も承知していた。空母に搭載したせっかくの新型機、艦上爆撃機の彗星と艦上攻撃機の天山の搭乗員の訓練の不足が原因だった。高松宮が嶋田総長に抱く本当の怒りはべつにあった。そして嶋田の側も高松宮の烈しい怒りの原因がなんであるのかは痛いほどわかっていたのであろう。昭和十六年十一月三十日、あのとき海軍大臣だった嶋田がお召しによって、参内した。嶋田大臣は天皇の問いにたいして、これからはじめる戦争は一年、二年は持ちこたえても、最後は大海軍の壊滅となり、日本の敗北で終わりますとついに言上しなかった。高松宮は嶋田総長に向かって、嶋田大将、あなたは海軍の名誉を守るつもりだったのであろうが、さきのことをまったく考えなかった、目先だけのことを考えての取り繕いの結果が今日のこの無惨な有様だと言いたかったに相違ない。だが、高松宮は嶋田に向かって、昭和十六年十一月三十日のかれの過ちをついに口にしなかったのではないか。

昨年八月二日に嶋田が辞任することになったとき、喧嘩両成敗の形を取った。高松宮は軍令部から横須賀の海軍砲術学校に左遷された。そしてこの五日前の六月二十六日に高松宮が十一カ月ぶりで中央に戻ることになったのは、いましがた語ったばかりだ。

そこで高松宮と木戸とのあいだのこの四年間の確執について語らねばならない。

高松宮の木戸にたいする怒りの源も、嶋田大将にたいする憤懣の理由と同じように、昭和十六年十一月三十日にあった。その日、木戸は天皇に向かって、山本五十六長官をお召しになるようにと助言しなければならなかった。ところが、木戸は嶋田大臣と永野修身総長をお召しになるようにと天皇に助言した。そのこと自体を咎める筋合いはないと高松宮は思っているのであろう。木戸が冒した取り返しのつかない過ちは、連合艦隊司令長官が参内したいと高松宮を通じて願いでているという事実[13]、そしてアメリカとの戦争を回避したいと山本長官が奏上したいと望んでいるという一層重大な事実を、大臣と総長に告げないようにと天皇に助言してしまったことだ。
そのとき昭和十六年十一月三十日午後三時半、木戸が天皇にそのように言上してしまったことは、金輪際、違ってはいないはずだ。木戸が天皇から参内した高松宮が言上した願いの中身を聞いて、やっぱりこの戦争をしてはいけないのかという体が震えるような不安に落ち込むことはなかった。かれの気遣いはただひとつ、明日には開戦を決める御前会議を開こうといういままさにこのとき、あろうことか連合艦隊司令長官が敗戦主義者だという最悪のうちの最悪の噂がひろがる事態となってしまうことだった。このさきでも述べることになろうが、木戸は主戦派のうちの主戦派だった。そこで木戸は山本五十六の名前は絶対秘密にしなければいけませんと天皇に助言したことは間違いなかった。

〔註〕13「対米英決意なきは勿論対米英戦争準備の字句も抹殺」
ここで読者に謝り、訂正をしなければならない。前註なのだから、巻末に記すべきなのだが、特別に本文内のここに記す。『第12巻』で記述した山本五十六が昭和十六年に望んでいたこと、やろうとしたことをこの『第13巻』で修正した。そしてもうひとつ、この場を借りて、

記したいことがある。連合艦隊司令長官の山本五十六を思い浮かべた読者が軍令部総長だった永野修身をつづけて思い描くことはまずはないにちがいない。山本五十六は対米戦争を飽くまで避けようとした、ところが、永野修身は主戦派だったとだれもが思ってきたからだ。

そのような観方は間違っている。それを明らかにするために、永野修身が昭和十六年八月、昭和二十年十月になにをやったのかをここで叙述したい。そこで山本五十六に関しての註を記すだけにとどまらず、永野修身についての長い記述になることの了解を読者にお願いする。

前『第12巻』で、高松宮が保科善四郎から「依頼」されて、天皇に戦争をしてはなりませぬと説いたというのは事実の半分であって、保科善四郎を通じて山本五十六が高松宮に「依頼」したのが真実であろうと叙述した。だが、『第12巻』刊行のあとに、私は自分の過ちに気づいた。二〇一〇年に『山本五十六の乾坤一擲』(文藝春秋刊)を発刊したときに、私の新しい解釈を記した。それをここに写そう。

「やっといまになって気づきました。違っていました。山本五十六、平田昇、保科善四郎、高松宮がやろうとした計画は違っていたのです。

このあとで記さねばなりませんが、高松宮の参内のあとに木戸が参内し、その問題は伏せておいたほうがよいと思いますと天皇に進言し、天皇が同意し、のちに高松宮も天皇の名誉を守ろうとして、その事実を口にしなかったがために、私たちはなにも気づかないできたのです。

高松宮が生きているあいだ、ずっと隠しとおしたのは、いや、山本、平田、保科を含め、その事実を知っていたすべての人びとが生涯、口にしなかったのは、十一月三十日の高松宮の参内の真の目的です。山本長官が戦争に反対だと主張しておりますと天皇に伝える、そんな迫力に欠けた、間の抜けたことを言うのが高松宮の目的ではなかったのです。

真の目的は、山本連合艦隊司令長官をいまただちにお召しください。山本長官はそれをひたすら願い、現在、私からの返事を待っております。後刻、長官から直接、アメリカと戦争をしてはならないという理由をお聞きくださいと天皇に説くことだったのです。

親任式で叙任された、親任官である山本長官を参内させることに、宮廷の側に難点はありません。そして前に記したとおり、山本は自分が天皇に拝謁し、『聖断』を仰ぐ計画を軍令部総長に前もって伝え、独断専行の誹りを受けないための手筈を間違いなく整えていたにちがいありません。

高松宮は天皇に向かって、きっぱりとした言葉で、そう主張したのでしょ

う」（『山本五十六の乾坤一擲』二一七―二一八頁）

説明を加えよう。平田昇は昭和十六年のそのときに横須賀鎮守府司令長官だった。前に侍従武官だったことがあり、終生、昭和天皇の信頼が厚かった。そして平田は山本と以心伝心の仲だった。保科善四郎はそのときに海軍省兵備局長だった。山本にその手腕を高く買われ、保科も山本を尊敬していた。

さて、まったくべつのことを書き記しておこう。二〇一〇年に刊行した『山本五十六の乾坤一擲』は丸谷才一氏と工藤美代子氏から書評を頂いた以外、昭和十年代の歴史の研究者、昭和の大戦の研究者からは完全に無視されてきている。その理由はわかっているが、ここでそれを論じるつもりはない。

二〇一一年に刊行された半藤一利氏と加藤陽子氏との対談『昭和史裁判』（文藝春秋刊）のなかで、まことに珍しいことに、私の『山本五十六の乾坤一擲』に触れている。半藤氏はつぎのように述べている。

「でも十二月一日の御前会議では、もうノーとは言えなかったでしょう。鳥居民さんは『山本五十六の乾坤一擲』で、その御前会議の前日の十一月三十日、高松宮が昭和天皇に向って、アメリカとの戦争は避けねばならないと直訴したとしておられます。たしかに『木戸日記』には、高松宮が参内して天皇に、海軍は対米戦を避けたがっているといったという事実が記されています。

とはいうものの、それが『山本五十六に頼まれて高松宮がやったこと』で、しかも高松宮参内の真の目的は、『ただちに山本を呼んで長官から直接開戦反対の理由を聞いてもらうことだった』という説は、たしかな裏づけが示されていないために、いささか信憑性不足です。

私はもし十二月一日の御前会議になってから対米避戦の決断を下したのなら、『昭和天皇独白録』で天皇がしゃべったような混乱が起こったのではないかと思っています。このときはもう、作戦開始に向けての陸海の兵団や艦隊はすべて出発しておりましたから」

半藤氏がこのように説いたのにたいし、加藤陽子氏はなにも語っていない。行司役の「編集部」が半藤氏に質問しているので、もう少し引用をつづけよう。「編集部」はつぎのように述べている。

「けれど連合艦隊司令長官山本五十六は、『目下ワシントンで行われている日米交渉が成功した場合は、Xデーの前日午前一時までに、出動部隊に引き揚げを命ずるから、その命令を受けた時は、直ちに反転、帰航してもらいたい』と言うわけですよね。全艦隊の首脳陣を集めてXデー、戦争を開始する日が十二月八日であることを告げたあとに」

半藤氏はつぎのように答えている。

「海軍の場合は所帯も小さいし、連合艦隊司令長官が命令を発すれば攻撃隊の反転帰航もできたかもしれません。山本長官の権威は絶大でしたから。ただ、陸軍は大部隊がほうぼうに展開していますから、『はい、わかりましたよ』とは言いませんよ。大本営が寺内寿一総司令官の南方軍の戦闘序列を発表したのが十一月六日、その発表後、陸軍は、作戦開始に先立ってプノンペンやサイゴンなどに十個師団をおいていましたし、中国から南下させた第三飛行集団もすでに進駐していたのです。東条が陸軍を掌握していたといっても、ことここに至ればもう東条ひとりでは抑えられません」

「編集部」はさらにつぎのように問うた。

「聖断がくだっても、陸軍は言うことを聞きませんか」

半藤氏は答えた。

「あそこの時点ではもう無理です。と私は考えます。ハル・ノートをみんなアメリカの宣戦布告として受けとっているんですからね。十一月の三日だったなら、とは思いますが」(『昭和史裁判』三五八―三六〇頁)

山本五十六が望んだとおりに、天皇の「聖断」が十二月一日か、二日にくだされることになっていたら、なにが起こったであろう。陸軍中央が出先の陸軍の暴発を警戒するのは、寺内寿一総司令官麾下の南方軍ではなかったはずである。作戦部隊はまだ輸送船に乗ってはいなかった。なるほど、なにをするかわからない、まことに危険な軍人がいた。マレー方面の作戦主任参謀の辻政信がサイゴンにいた。東京に連絡に戻れと命令をだすことが必要になったであろう。そして香港攻略を予定している第二十三軍と上海租界や北京公使館区域を占拠することになっている部隊をしっかり抑えることに注意を払ったであろう。そしてこの『第13巻』のなかでこのさき述べるが、無類の、そして無謀な戦争狂い、参謀本部第一部長の田中新一がなにやら反抗の行動にでようとするのであれば、ただちに解任し、かれの部下の第一課長、服部卓四郎に厳重に訓戒をすれば、面倒はすべて片づいたにちがいないと私は思っている。

「あそこの時点ではもう無理です」と半藤氏が語ったのを読み、私が思いだすのは、内大臣だった木戸幸一が戦後に語った弁解である。戦後二十二年あとになって、木戸は天皇が戦争の回避に踏み切ったのであれば、「秩父宮擁立」が起こったのだと語り、明示はしないものの、アメリカとの戦争になってしまったのだと仄めかした。ところで、木戸は昭和十六年十二月一日か二日に天皇の戦争回避の「聖断」となったら、そうしたことが起きたのだと言ったのではない。それより三カ月前の九月六日に定めた「国策遂行要領」を外交一本にしてしまったら、「秩父宮擁立」という事態になったであろうと木戸は語ったのだ。木戸がどうしてそんな虚妄を口にしてしまったのかは、本書の三六一〜三六八頁で解明する。

さて、昭和十六年十一月三十日の「時点ではもう無理です」が正しかったか、正しくなかったかを、私はここで半藤氏と争うつもりはない。

半藤氏が述べたことをもう一度繰り返すことになるが、「『ただちに山本を呼んで長官から直接開戦反対の理由を聞いてもらうことだった』という説は、たしかな裏づけが示されていないために、いささか信憑性不足です」と語った。

半藤一利氏と加藤陽子氏が百も承知の事実なのだが、もっとも重大な問題の決定は、関係者が口外しないのはもちろんのこと、議事録をつくることは避け、メモに残すことをせず、日記に記すことも決してしないものだ。昭和十六年十一月三十日の出来事だけではない。『乾坤一擲』の「エピローグ」のなかで、「私が本文のなかで繰り返し記したのは、昭和十六年のその半年のあいだに起きた出来事のなかには、関係者の日記、覚書、記録、さらには回想録を繰っても、確認、検証できるどころか、まったくなにも記されていない重大な出来事があるということでした」と記述した。

そうしたひとつをつぎに挙げる。前に触れたことだが、永野修身が山本五十六と同じようにアメリカとの戦争を回避したいと願っていたという事実について説明する。山本五十六が「聖断」を求めようとするにあたって、前もって軍令部総長の永野修身の了解と支持を得て、十一月三十日の行動にでたことは間違いない。『乾坤一擲』のなかでもそのように記述した。もちろん、これも「たしかな裏づけ」などあるはずはない。

その「裏づけ」があるか、ないかの論議はともかく、その問題とはべつの重要な事柄につづく。戦後、六十数年がたつにもかかわらず、すべての研究者が「たしかな裏づけ」を読み落とし、間違えて解釈し、さらにはまったく無視することにしてしまい、永野修身を主戦論者だと言い、主戦派のうちの主戦派だと説いてきているのは、なぜなのかという設題だ。『昭和史裁判』のなかで、半藤氏と加藤氏は論じる機会がなかったためであろうが、昭和十六年に軍令部総長だった永野修身がなにを考え、どのように行動したのかについて、両氏はなにも語っていない。

すべての人が永野修身を主戦派だと説き、そう信じてきたのは、永野が昭和十六年七月に南部仏印進駐を主張し、実施することになった本当の理由を、戦後、かれを含め、かれの部下たちが明らかにしなかったからに尽きる。ま だある。昭和十六年九月六日に採択された「国策遂行要領」ができるまでの 一部始終を、これまた戦後、永野とかれの部下たちがその真実を一言も喋ら なかったからなのだ。さらにもうひとつ、昭和十六年十一月三十日の出来事 を、戦後、永野がまったく口外しなかったからだ。

　永野修身が自分のやったことを説明しなかったのはなぜだったのか。敗戦のあとの昭和二十年十月、永野がまだ自由の身であったとき、かれはかつての昭和十六年の部下たちと協議をした。やがてはじまる戦争裁判に備え、天皇に戦争責任が及ばないようにするために、昭和十六年の出来事を再検討し、修整しようとしたのである。これまた「たしかな裏づけ」などあるはずもない。だが、その協議は間違いなくあった。いま挙げた問題、三つ目を除き、前の二つの問題を討議したのである。

　昭和十六年の七月に海軍が南部仏印進駐を唱えた本当の理由は、アメリカが対抗措置をとり、間違いなく全面的な経済封鎖を仕掛けてくるとはっきり覚悟をした上で、陸軍がはじめてしまう対ソ戦争を潰してしまおうとしての窮策だった。南部仏印進駐をどうして決めてしまったのか、その本当の理由を永野が明らかにしてしまった場合、どのような面倒を引き起こすかわからないと考え、「南進論」があり、「北進論」があったのだという、なにも知らない人にはいかにも本当らしく思える対立、抗争が陸軍と海軍とのあいだにあったのだといった話に仕組んだのである。なお、永野修身が南部仏印進駐をなぜ決意することになったのかは本文三二五〜三二九頁で明らかにする。

そして昭和十六年の八月末、海軍は戦争決意と外交交渉の二つを並べた「国策遂行要領」の陸軍案に反対し、外交交渉によって日米関係を正常化することだけの「要領」にしようとした。陸軍の反対を抑えるためには是が非でも内大臣の助力が不可欠である。永野は内大臣に支持を求めた。だが、木戸が誤魔化しを並べ、ついに海軍の案に賛成しなかったがために、海軍は日米不戦の「国策遂行要領」を捨てざるをえなくなった。

四年前のこの経緯の一切を永野とかれの部下たちは隠蔽することにしたのだ。それは面倒な作業ではなかったはずだ。昭和十六年八月二十四日から二十九日までの一週間足らずのあいだの海軍中央における「要領案」の作成、つぎに陸軍省と参謀本部への提示、陸軍担当官との交渉、総長が試みた内大臣説得失敗までの文書記録、何人かの関係者の日記を読み直し、該当箇所を塗り潰すだけのことだったのである。

念のために記しておこう。海軍中央の幹部だった人たちは間違いなくそのような処置をしっかり講じたからこそ、われわれが日米不戦の海軍案のあったことを知らないできているのだ。だが、『乾坤一擲』内で述べたとおり（八九―九〇頁）、陸軍中央の軍人がその日記に海軍案のもっとも肝要な部分を記していたからこそ、日米不戦の海軍案があったこと、軍令部総長のその数日間のまことに疑問の多い行動、そして八月二十八日に間違いなく内大臣の木戸がその案に反対したこと、海軍がやむをえず陸軍案に賛成せざるをえなくなり、九月六日の「要領」の採択となったおよその経過を知りえるのである。

読者の便宜のために参謀本部戦争指導班の日誌のその箇所を記しておこう。

「（昭和十六年八月）二十六日海軍側より国策遂行要領の改訂案来る　対米英決意なきは勿論対米英戦争準備の字句も抹殺　援蔣補給路遮断作戦準備と変更しあり　『お上』を目標とした偽騙作文　臣下の分に反す　海軍側の腰抜驚き入りたる次第　百年長期大戦争など思いもよらざることなり(14)」

そして永野が隠し通そうとした三つめの問題、連合艦隊司令長官が参内を願い、天皇に戦争回避の「聖断」を求めようとして、それに失敗したという重大事は、永野が絶対の秘密にすると決意したのであろう。

敗戦のときに永野は六十五歳になっていた。かれは自決することなく、裁判にでるつもりであり、いかなる屈辱にも耐えようと覚悟していた。かれが裁判中の昭和二十二年一月に急死したことは、かれのただひとつの幸せだった。そしてかれの部下たちは総長と交わした誓約を固く守りつづけた。こうして今日まで永野は主戦論者だったといささかの軽蔑を込めて語られ、日本を破滅に導いた元凶のひとりとされてきたのであり、昭和史の研究者がいまにいたるまで、九月六日に採択された「国策遂行要領」は陸軍案であり、実際には海軍の原案があったこと、それは和戦二本立てではなく、対米外交一筋、日米不戦を根本原則としたものであったという事実を知らないできたのである。

ところで、前に戻るなら、永野と協議を終えたかれの部下のひとりは海軍内のこの秘密の取り決めを、まだ自由の身でいた木戸幸一に伝えたはずだ。「たしかな裏づけ」などこれまたあるはずはないが、当然、それをしなければいけなかったのであり、それをしたのである。

木戸が昭和二十年十二月に捕らえられたあと、翌二十一年三月六日、アメリカの検察官がかれに向かって、かれの日記の昭和十六年八月二十八日の簡単な記述を取り上げた。日記には「対米英施策を中心に詳細説明を聴く」と記されていた。検察官はそれを指し、永野軍令部総長はなにを語ったのかと

手術が必要だと言い、大手術とは戦争であると暗示しました[16]」と尋問した[15]。木戸はつぎのように答えた。「日本を救うためには思い切った大

なるほど、木戸は永野の部下から、恐らくはそのときに事実上の内大臣であった松平康昌を通じ、昭和十六年九月六日に決まった「要領」に海軍案などは存在しなかったことにすると告げられていたのであろう。そうであったにしても、対米戦争を回避するために小指一本動かそうとしなかった木戸幸一が、戦争を回避しようとして密かに努力をつづけた永野修身を主戦論者に仕立てあげようとして喋った白々しい嘘をここに写すのは、やりきれないというのが私の思いだ。

読者がここまで読まれたのであれば、これまた、不快感に悩まされる人もいることであろう。微かな夢を最後に記したい。

私は昭和十六年十一月三十日の出来事に関係したすべての人びとを思いだしていく。山本五十六、永野修身、平田昇、保科善四郎、高松宮、加瀬英明[17]だ。最後にひとり残るのが野村実である。野村は大正十一年の生まれ、海軍兵学校の卒業は昭和十七年十一月だった。優秀な海軍軍人であり、軍令部総長、海軍大臣になったであろう器であったが、戦後の後半生をかれは亡き海軍のために捧げることになった。昭和十六年十一月の隠された秘密をかれが

知ったのは、もちろん、戦後になってからだ。かれを深く信頼した関係者たち、海軍省兵備局長だった保科善四郎、軍令部第一部第一課員だった御代《みよ》一就を含め、かれらから、八月下旬にはじまり、十一月三十日までのすべてを聴き取ったことは間違いないと私は信じている。『乾坤一擲』のなかでも取り上げたが（二八二―二八三頁）、「もし山本五十六がハワイへ出撃していたら」という論文を野村は残している。だが、そのなかには、かれが知りえたはずの秘密はかけらも記述していない。間違いなく、かれはすべての関係者の証言をもとに、山本五十六がハワイへ出撃しようとしなかった理由を叙述した論文をべつに残しているのだと私は信じている。

野村実氏もまた平成十三年に鬼籍に入った。御遺族が棺にその論文を収めたのでなければ、野村家にいまもそれは残されているのだと私は信じている。

前に記したとおり、高松宮は嶋田繁太郎に向かってはついに我慢をしつづけ、昭和十六年十一月三十日のかれの過ちを追及しなかったように思える。だが、木戸に向かっては、かれが冒した大罪をはっきり指摘したことは間違いない。

それは昨十九年の七月七日のことだ。少し詳しく記述しよう。その日、高松宮は内大臣、宮内大臣、侍従長の三人を高輪の邸に招いた。じつは武官長も招いていたのだが、かれは腹痛のために欠席した。その夜の集まりについて、松平恒雄と百武《ひやくたけ》三郎はそのあとなにも語っていない。木戸幸一が自分の日記に、「陛下の御輔導の必要、御健康の為めの積極的の御鍛練の必要につき、御意見を承る[18]」と記した。高松宮も日記にそのようなことを少々長く書きつらねた。その夜の集まりはそうしたことを話し合ったのか。

違う。高松宮が翌七月八日に書いた日記のなかにつぎのような箇所がある。お上の組織に頼るという御心構えは、「組織がその本当の作用をしなくなったときは、どうにもならぬ短所となってしまう[19]」と記述し、そのあと「今後の難局にはその短所が大きく害をなすと心配される」と記している。

高松宮はどうしてそのように考えたのであろう。なぜ、日記にそれを綴ったのであろう。高松宮はその夜の集まりの本当の目的がなんであったのかを、一読したのでは理解できないように、だが、それこそ明確に書き留めたのがその一文ではなかったのか。

ここでその七月七日の会合より少し前の出来事を記さなければならない。前に触れたとおり、高松宮が嶋田軍令部総長と争うことになったのは、空母飛行隊のマリアナ水域への出撃が無惨な結末となり、大海軍は事実上、壊滅してしまい、マリアナ諸島が失陥しようとしていたときだった。その六月の末、高松宮は天皇に向かって、東条政府の統帥体制を批判した。近衛文麿がほかの重臣たちと話し合い、東条内閣にたいする非難を強めようとしていたときだった。もちろん、かれらは内大臣の木戸を味方につけるか、かれをも東条とともに葬る覚悟で臨まないかぎり、倒閣はできなかった。では、木戸はどう考えていたのか。かれは近衛や岡田啓介がはじめた東条排斥の動きを訳もなく蹴散らしてしまうつもりでいた。東条内閣はやがて見放さなければならないと覚悟はしていたが、まだその時機ではないとかれは考えていた。なにしろ東条を首相に奏請したのはかれだった。東条とのあいだの友誼のためにも、かれの名誉のためにも、そして東条に期待を寄せているわずか半年前の昭和十八年十一月に東京に集まった満洲、南京政府、タイ、フィリピン、ビルマ、自由インドの指導者たちを失意落胆させてはならなかった。まだかれに首相をつづけさせねばならなかった。

そこでかれは東条内閣の退陣を求める親書を天皇に提出した高松宮を抑えようとした。七月三日、木戸は細川護貞に向かって、高松宮は「弱い意見をお持ちのように世間では云っているから、注意申し上げてくれ」と言った[20]。細川が高松宮と近衛とのあいだの連絡役だと承知しての高松宮にたいする注意であり、近衛と行動をともにしている細川にたいする脅しをも加えていた。

細川も、高松宮もともに日記にはなにも記していないが、高松宮は細川から内大臣の警告を聞いたはずだ。ひどく怒ったことは間違いない。お上を欺いて、この戦争をはじめさせてしまったあの男は、頭を下げて、小さくなっていなければならないいまこのとき、私を脅そうとするのかと怒ったのである。高松宮はある重大な決意をした。前に記したように、高松宮は内大臣、宮内大臣、侍従長の三人を高輪の邸に招いた。

高松宮は昭和十六年十一月三十日の出来事を持ちだすつもりでいた。高松宮はその十一月三十日午前中に起きた出来事をずっと秘密にしてきた。まず、その日の日記になにも書かなかった。十一月三十日に参内するに先立ち、保科善四郎局長と協議したこと、呉で山本五十六長官と打ち合わせをしたのであろうが、日記にはなにも記述しなかった。そしてその日の参内の一部始終の記録を残すことをせず、それから今日までの日記に、十一月三十日の参内について触れたことはまったくない。だが、その七月七日の集まりの翌日の高松宮の日記のなかにある一節、前に掲げた「組織がその本当の作用をしなくなったときは、どうにもならぬ短所となってしまう」の所見こそ、昭和十六年十一月三十日に高松宮が参内しなければならなかった理由であった。

そこで七月七日の夜、内大臣、宮内大臣、侍従長を招いた会合で、高松宮は木戸に向かってつぎのように語ったことは間違いない。

「二年七カ月前のあの日、私はお上に海軍はアメリカとの戦争を回避したいのが本心でありますと奏上し、山本五十六長官を召されて、長官の考えを聞いて頂きたいとお願いした。だが、お上は組織を尊重するという基本原則を崩されなかった。それでもお上は内大臣のあなたに助言を求めたはずだ。軍令部総長と海軍大臣の考えをもう一度聞いてみようかとお上が言われたのであれば、内大臣であるあなたは、山本長官が参内したいと願いでていることを総長と大臣に告げるようにとお上に勧めなければいけなかった。内大臣のあなたはそれをしなかった。

　昭和十六年にあなたは薄々知っていたことがあったはずだ。本当ははっきり承知していたのではなかったか。大臣と総長がアメリカとの戦争を避けたいと胸の底では願ってはいても、『これまでの経緯、面目を放棄する決心[21]』がつかないことから、『組織がその本当の作用をしなくなって』いた。お上がなにもご存じなかったのはいたしかたないとして、あなたはわかっていたはずだ。ところが、『常侍輔弼《じょうじほひつ》』の重責を担うあなたはお上にその事実を申し上げる機会があの年の八月から十一月まで数限りなくあったにもかかわらず、ついに海軍最高責任者が胸の底ではなにを望んでいるのかを言上しなかった。そんなことが私に言えるかとあなたは反論するつもりであろう。そんなことをお上に申し上げたところで、総長と大臣はお上に向かって、内大臣が説いていることは、取り越し苦労の臆測だ、姑息な少数意見を耳にしただけのことであって、正しくありませんと言上してすべてはおしまいだとあなたは強弁するつもりだろう。

　だが、日本、お上、あなたを救う転機が最後にきた。十一月三十日のあの日、『本当の作用をしなくなった』『組織』にお上は頼ろうとされた。内大臣であるあなたは山本長官を参内させるようにとお上に勧めなければいけなかった。この二年七カ月のあいだ、私はあなたが冒した挽回不可能な過ちを無念に思いつづけてきました」

木戸はなんと答えたのだろう。ほかの人に向かってなら、わざとぞんざいな口調で、「私がそんなことをしたら日本は内乱になるよ」と言い、それっきり二の句を継がせないようにしたであろうが、相手が悪かったし、取り上げられたのが、そんな誤魔化しのきくような問題ではなかった。

高松宮は昭和十六年十一月の木戸の過ちを批判したのにつづいて、木戸に向かって、もう一度、東条体制を非難し、昭和十六年のときと同じように、「本当の作用をしなくなった」「組織」にお上はまたも頼ろうとなされていると言ったのかもしれない。そして「常侍輔弼」の内大臣の政治責任を重ねて追及したのではなかったか。

木戸がなにやら弁解したのであれば、高松宮はそれこそ二人の立会人の前で、あなたは東条大将を首相に奏請するという取り返しのつかない過ちを冒した、東条大将とともに辞任されるのが筋道ではないかと迫ることになったにちがいなかった。

ところで、宮内大臣の松平恒雄と侍従長の百武三郎はその夜の会合が尋常なものでないと家を出る前から懸念していたはずだ。あ号作戦が一方的な敗北に終わってしまったあと、お上はめっきり力を落とされ、侍従にたいして口をきかない失意落胆の極にあったことは、宮廷内の大きな心配事となっていた(22)。お上には相談相手が必要ではないかというのが高松宮から前もって宮内大臣と侍従長に伝えていた議題だったはずだ。政治全般、そして陸海軍両者が争う作戦以外の問題の解決まで、お上のただひとりの相談相手は言わずとしれて内大臣である。そこで松平と百武は高松宮が内大臣を激しく糾弾することになるという予感があったのであろう。そして松平は日本の運命が決まってしまったあの年十一月三十日の高松宮の参内にはじまる出来事のすべてを秩父宮妃から聞き知っていたであろうから、日本の敗北が隠しようもなくなった今日、高松宮は必ずやそれを取り上げ、木戸を詰責することになるのは間違いないと予測し、座談がはじまってからずっと警戒していたにちがいなかった。はたして高松宮は木戸の戦争責任の問題を取り上げた。松平と百武は高松宮と内大臣との関係が修復不可能な場面にまでいかないうちに話題を変えてしまおうと割り込む隙を狙っていたにちがいなかった。

木戸はといえば、かれは宮内大臣と侍従長の前で自分の大きな失敗を暴きだされてしまったことでひどく狼狽しており、高松宮は長いあいだ胸にしまっていた怒りをとうとう吐きだしたという大きな情動があり、松平と百武も感情が高ぶっていたことから、高松宮が取り上げることを予定していたお上に相談相手が必要だという主題も、お上にたいするいささか激しい批判になってしまった。しばらくのあいだ、だれもが不謹慎な論議をつづけた。

こうして高松宮はそれまでだれひとり口にしたことのない厳しい非難を木戸に浴びせたことから、かれをして東条内閣支持断念に追い込んだとの確信を持ったのであろう。だが、もうひとつの問題、お上の相談相手を内大臣ひとりとせず、侍従長、宮内大臣にたいしても、内政、外交の問題を相談するようにすべきだと説くはずであったのが、高松宮は口にする機会を失ってしまい、曖昧で、実りのない論議で終わってしまった。

木戸のその夜のことになる。昭和十六年十一月三十日にやってしまったことをはじめて高松宮に暴露、糾弾されて、かれがはっきり気づいたことがあった。東条内閣の持続を図り、戦争終結内閣にバトンタッチをするまで、東条支持をつづけるといった仕様はうまくいかないのではないかという深刻な懸念が生じたのであろう。東条ひとりにたいする非難だけではなく、自分もまた批判と攻撃をまともに浴び、東条とともにのたれ死にすることになりかねないと覚ったのである。

かれは、東条内閣のもっとも主要な閣員、かれの盟友でもある重光葵《まもる》と岸信介に向かって、もうしばらく東条首相を支えていくという方針を伝え、了承を得ていたのだし、宮内大臣の松平恒雄にたいしても、しばらく東条内閣をつづけざるをえないと説明していたのだが、その考えをその夜のうちに捨てた。

翌七月八日にかれは近衛文麿に向かって東条内閣の更迭、そしてそのさきの見通しまでを説いて、お上は皇太子に譲位され、高松宮が摂政になると語ることになるのだが、今日、七月一日の天皇を語るときに記すことになる。

最初に戻る。今日、七月一日から四日前、六月二十七日の夜のことになる。繰り返すことになるが、高松宮と木戸は双方ともが、できれば顔を合わせたくなかった。だが、前にも述べたとおり、木戸は変わることのない陰の政策策定者なのだから、高松宮はかれと会うことは必要だった。たとえば今年の二月六日に高松宮は木戸に会い、この戦争を終わりにさせる計画を持っていないのかと詰問したことがあった。前にも記したし、このさきでも記述することになろうが、この戦争を終わらせるすべはないのかと天皇にはじめて問うたのは皇太后であり、それに協力したのが高松宮だった。

六月二十七日のことに戻るが、木戸はといえば、鈴木首相にできず、米内海軍大臣ができないできたこと、だれもできないことをこの私がやったのだと得意な気持ちでいたのだから、高輪を訪ねるのはその日ばかりは嫌ではなかった。

木戸は高松宮に「時局収拾案」をつくったことを語った[23]。そして五日前の六月二十二日の午後には天皇が最高戦争指導会議の構成員の六人を呼び、その案を支持するようにと説き、ソ連に戦争終結の仲介を頼むために、お上の親書を携行した特使をモスクワに派遣することが正式に決まったと説明した。

高松宮はやっとのことで内大臣が自分の任務を果たすことになったのかと思ったにちがいない。なんであれ、ほっとした。高松宮は日記になにも記さなかったが、木戸を送って玄関まででたとき、かれにたいする不快感、怒りの感情はその夜はなかったのであろう。

もっとも、その翌日の六月二十八日の午前中に、高松宮は米内海軍大臣から話を聞くことになって、政府がすでに対ソ外交工作を開始しているという事実、首相は天皇にそれを内奏することをなぜか忘れてしまっていたのだが、内府はそれを聞き知っていたという実相も知ったのであろう。高松宮は海軍大臣からつぎのような説明を受けたのである。

五月中旬に政府と軍の最高幹部、六人が集まっての秘密会議を開き、和平の仲介をソ連に依頼することを決めた。ところが、講和条件をめぐって、外務大臣と陸軍大臣との争いが決着つかず、ひとまず、ソ連との交渉は好意的中立の獲得とソ連の参戦防止にとどめることにした。そこで広田弘毅前首相がマリク駐日大使と会談をはじめた。ところが、外務大臣がもはや時間の余裕はないと米内に語り、ソ連に和平仲介を求める交渉をおこなわねばならない、陸軍大臣に再考慮を申し入れようと言った。そこで六月十八日の夕刻に総理官邸で六人会議を開き、ソ連に和平の仲介を依頼する「第三項」をただちに開始すると決めたのだ。

高松宮は米内からこのような説明を聞き、木戸内府の案は、政府と統帥部がやっていること、やろうとしていることのすべてを承知したうえで、お上の親書を持った特使を派遣するとつけ足しただけのものに過ぎなかったのだと知ったはずだ。

だが、高松宮は木戸が戦争終結のために動かざるをえなくなった本当の理由についての説明を米内から聞かなかった。高松宮は米内から聞かなかったことがまだあった。ソ連に和平の仲介を求めて、はたしてうまくいくか、もはや手遅れではないかという米内の懸念を聞かなかった。米内からだけではなかった。木戸を内大臣の椅子から逐おうとした肝心の人物、松平恒雄からも、高松宮はなにも聞くことがなかった。

もっとも、高松宮は松平から、木戸にたいする批判は聞いた。いまから一カ月前の六月九日、高松宮は宮内大臣を辞めたばかりの松平に会った。高松宮はかれが語った言葉を日記に「陛下の時局に関する御判断、楽観にすぎるをおそる」と記した(24)。松平は高松宮に自分が辞めた本当の理由は木戸を内大臣のポストから逐うことだったと洩らさなかった。だが、松平は「楽観にすぎるをおそる」と語って、「常侍輔弼」の責任を果たしていないと木戸を批判したのだった。

高松宮は米内大臣から話を聞いた翌日の六月二十九日に、閣議の終わるのを待って、午後八時に鈴木貫太郎首相と会った。

高松宮は鈴木枢密院議長が首相になったのはお上の秘かな意思が働いた結果であると理解していたのであろう。前首相の小磯国昭大将が内大臣と争ったことは天皇をひどく心配させた。いよいよ難しい時局に踏み込もうというとき、首相になる人物は気心のわかっている者がよいということで、以前にずっと侍従長をつづけた鈴木の指名となったのだと高松宮は理解していたはずだ。

その昔、鈴木大将に惚れ込んだのはそのときの内大臣、牧野伸顕《のぶあき》だった。鈴木が軍令部長だったときのことだ。まだ軍令部総長の名称ではなかった時代だ。つづいて元老の西園寺公望が鈴木を高く買った。予備役となった鈴木は昭和四年に侍従長となり、昭和十一年二月の叛乱事件で重傷を負いはしたものの、その年の十一月まで七年間にわたって宮廷に仕えた。

さて、高松宮は鈴木首相と前に話し合ったことがなかった。はるか以前に牧野や西園寺が褒めたのと異なり、人びとの鈴木首相にたいする評価がまことに低いことが高松宮の気がかりだったはずだ。細川護貞は首相を徹底抗戦主義者だと呆れ顔で語り、高木惣吉は首相をウドの大木と言わんばかりだった。

高松宮は鈴木首相に向かって、御前会議の開催と翌九日の臨時議会召集の首相の真の意図はなんであったかと尋ねたかったにちがいない。そして陸軍と護国同志会が倒閣と騒ぎたてた首相の臨時議会でおこなった施政演説はなにを狙ったものであったかを聞きたかったのであろう。婉曲な問いかけをしたであろうから、納得のいく説明を聞くことができなかったのではないか。高松宮は首相に最後につぎのように尋ねた。「いつ戦争を終結するのが一番好いと思いますか」

「兵力による反撃が可能な時機、即ちいまが一番好いときと思います」という答えが返ってきた。本土の戦いとなる以前のいまだということであろうかと高松宮は思ったにちがいない。

現在、高松宮はもう一度、首相の言葉を思いだし、強気一点張りだった首相も、お上の戦争を終わりにさせようとの六月二十二日の提唱から、その態度を変えたのであろうかと考えるのであろう。高松宮は鈴木首相が六月はじめの臨時議会の施政演説のなかでアメリカに和平を呼びかけようとした計画のすべてを知らないのであろう。高木惣吉、細川護貞も首相がグルーに和平を望んでいることを告げようとした試みのすべてをはっきり理解していなかったのである。

高松宮は芋畑でスベリヒユを抜きながら、考えつづける。広田元首相とソ連大使とのあいだの交渉のことになる。どうしてこんなに時間がかかるのだろう、一カ月、いや、それ以上になるではないか。それにひきかえ、アメリカとソ連、そして重慶政府は活発な外交活動をつづけてきている。明日にも東郷茂徳外務大臣から話を聞こうと思う。

風見章「敗戦必至とは、今はすでに一人でも疑うものはない」

風見章の名前を覚えている人はまだ多いだろう。第一次近衛内閣の内閣書記官長だったと思いだすことになろう。かれの名前を聞かなくなって久しいと思い、そう言えば、近衛元首相の名前もずいぶん聞かないと思うことになろう。もちろん、一般の人が知らないだけで、近衛は決して過去の人ではない。

現在、少なからずの人が風見を記憶していると記したが、昭和十二年はじめに近衛内閣が発足したとき、風見は「野人翰長《かんちょう》」と呼ばれて大層な人気だった。そのとき首相の近衛は四十六歳、かれは五十一歳だった。首相の近衛に人気があってのご相伴ではなく、かれにも人に好かれるスター的な資質があった。たとえば映画監督の内田吐夢は長塚節の「土」を映画化しようとしたとき、主演女優に抜擢した新人に「風見章子」という芸名をつけたのだった。

ところで、政界の玄人たちは、昭和十二年六月に風見が内閣書記官長になるまで、かれをほとんど知らなかったから、かれの登場にびっくりした。近衛が風見に会ったのも、じつはそれまでに一回だけだった。信濃毎日新聞の主筆だった風見は、昭和五年に茨城の故郷から選出されて衆議院議員となった。そのかれを高く評価したのは、昭和十二年に没してしまったが、近衛を支持、応援し、近衛家の忠臣と呼ばれた志賀直方だ。直方は志賀直哉の父、直温《なおはる》の弟である。㉕

志賀直方は自分が資金をだし、内政・外交の政策研究機関である昭和研究会をつくったのだが、自由主義者を毛嫌いして、蠟山《ろうやま》政道、前田多門、河合栄治郎を加えることに反対した。志賀に気にいられることになった風見は自由主義者と思われることはなかったのである。早稲田大学時代に中野正剛、緒方竹虎と親しくつきあい、二人とずっと交遊をつづけた風見は保守主義者と思われていた。だが、かれはかれらとはまた違っていた。茨城の小地主の息子であったが、貧しい小作農の農民運動や岡谷の製糸工場、電鉄会社の労働者のストライキにじかに接した長野の信濃毎日新聞の五年間の経験が、言うなれば、かれをして人民主義者に仕立て上げた。カール・マルクス論を信濃毎日新聞に連載したこともあり、急進的なマルクス主義者と交流するようにもなった。昭和はじめのことだった。

昭和十二年に第一次近衛内閣の書記官長に就任したすぐあとに、蘆溝橋事件が起き、そのあと、戦火は上海にひろがった。かれは近衛首相に協力して、戦争を終わらせようと努力した。主戦派の陸軍省の杉山・梅津のコンビを抑えようとして、戦争の終結を望む参謀次長の多田駿《はやお》と組み、陸軍の改組を企てようとも試みた。だが、陸軍省の戦争拡大派はずっと強力だった。老齢の参謀総長の閑院宮は次長の多田を後押しする気力がなく、風見の応援などなんの力にもならなかった。

昭和十四年になって、風見は近衛の新体制運動の先頭に立った。かれは革新政策展開の推進力となる国民組織を作ろうとして、その運動の主役となった。このさきいつか触れる機会があると思うが、陸軍を抑える力を持つために内閣の政治力を強化するという意図を隠していた。だが、守旧派の抵抗は大きく、これもまた、失敗に終わった。かれが退いたあとに、できあがった官製組織の大政翼賛会は近衛の構想とは大きくかけ離れ、風見の考えともまったく違った代物だった。

かれは昭和十七年四月のいわゆる翼賛選挙には出馬しなかった。ゾルゲ諜報団の主人公だった尾崎秀実とかれの密接な繋がりを取り上げた陸軍省軍務局の陰に回っての圧力があって、かれは立候補を断念したのだといわれた。

第一次近衛内閣の書記官長、第二次近衛内閣の司法大臣となった風見は、名実ともに近衛系の一員であったが、第三次近衛内閣から現在まで、かれは近衛との接触はほとんどない。だが、近衛の秘書、牛場友彦、岸道三から情報を得ていたから、昭和十六年十月、近衛がアメリカとの戦争を避けようとして、最後まで努力をつづけたことは知っていた。

さて、対米戦争をはじめてしまい、もはや先の見込みが立たなくなった今年の二月の末のこと、風見は二十七日の日記につぎのように記した。「たしかに一般国民が真実を語られていないと考えるようになったのは事実だ。そう考えざるを得ないのである。ついこの間までレイテ島戦こそ天王山の戦だと、飽きるほど国民は聞かされていた。ところが今は、その天王山の戦がどこでどうなったのか、まったく消息不明である。あれほど国民に重大関心を持たせた天王山戦を、いつの間にか行方不明にしてしまったのでは、真実を語られているとは、どうしたって考えられぬのが当然である。

議会の政府側答弁によると、航空機生産にしても、大して心配無さそうである。そのくせ、毎日の新聞は航空機が不足だ、一機でも多くとわめき叫んでいる。その過去のどの戦局面でも大きな戦果をあげているという。そのくせ、戦線は後退する一方である。善戦勇敢敵をふるいあがらせているといいながら、戦線の後退があるのでは、何が何であるか、さっぱり訳が判らぬと考えだすのも無理のない話である。

この間、沢田外務次官が来訪の折に、『木戸は真実を陛下に申し上げているのかしら』と述懐していた」

付け加えよう。沢田廉三《れんぞう》は対ソ外交には無縁であったことから、東郷外相は五月十三日次官を松本俊一に替えた。沢田は現在は外務省嘱託である。かれが天皇について語ったのは、天皇に特別の親しみの感情を抱いているからだ。皇太子だった天皇がフランスを訪れたときに、パリに在勤していた沢田がお伴をして、第一次大戦の戦場跡から競馬場までを案内したことがあり、かれが本省勤務に戻った昭和四年、五年には、その縁があってのことで、御用掛を兼任し、天皇と各国大使との会話の通訳をしたこともあった。

風見は日記をつづけた。「来訪するもの、偶に陛下の事に及ぶと、一体政府なり軍当局なりは、ありの儘に事情を奏上しているのか知らと述懐せざるは無しである。陛下にすら、真実は伝えられていないのだろうと、国民は己が身にひきくらべてつい考えたくなるのであろう」(26)

そのような日記を記した四日前、二月十三日の日記にかつてのマルクス主義者はその面目を垣間見せた。

「今日の日本産業経済の連載小説の勝海舟を読んでいると、勝が幕臣はやがて乞食になるぞといったことが書いてある。現在の支配階級が同じような運命を背負わされる日も遠くないことだろう。あれよあれよと物の本で読んだり驚いたり感嘆したりしたことが、現実に眼の前に展開され出したのである。おどろくべき時勢である」(27)

そして三月のことになる。風見の品川区東大崎の住まいが強制疎開にひっかかった。説明しよう。防火帯をつくるために、かつてない大規模な建物疎開がはじまっていた。政府も、軍も慌てに慌てていた。わずか百二十時間のあいだに東京、名古屋、大阪が焼き打ちされて、十万人以上の市民が殺され、五十万戸が灰になった。三月十五日の臨時閣議で大都市の「疎開強化」が決まった。五日以内に疎開せよ、そのあと家はただちに取り壊すという指示をだした。だが、立ち退きが終わるまでに十五日はかかるというのが政府内部の本音だった。

その指令は東京都から、各区、町会、隣組に伝えられた。だれもが焼死者、溺死者で埋まった道路や橋のたもと、川面の話を聞いていたし、焼けだされ、哀れな身なりの人びとを道路や駅で見ていたから、明日にはここもすべてが焼き尽くされるのだと思えば、住まい、店の取り壊しもしかたがないとだれもが諦めた。だが、十数日の余裕しかないことから、混乱はすさまじいばかりとなった。作家の伊藤整が三月二十八日に書いた日記の一節をもう一度、掲げよう。

「……東京はごったがえしている。省線郊外電車の両側は三十米の建物疎開による強制立退であり、市内もあまり広くない牛込などのような通りの都電の両側では、家屋の強制疎開があり、家具類の運搬が思うように出来ない。期限は二十一日かに言い渡して、二十四日迄とか今月中とかいうのであるから、言わば追い立てである。家屋の外壁に(疎)と白墨で書かれた家はみな立ち退かねばならぬ。街路に家具類、商品の残り、障子、襖、商品棚、食器等あらゆるものを並べて、売り物と書いてある。簞笥、皿、冷蔵庫、茶簞笥、ドンブリ、椅子、テーブル、等あらゆるものが、無料同様の安値で売られているが、買う人もまたある。しかしたとえば簞笥など、公定では百円前後のものであるが、物資不足、戦時インフレーションのため、先月頃までは千円でも買えないと言われ、娘を持つ親など苦心して買ったことを自慢していたものが、急変して今では総桐製のものが、五円、三円という値である。今夜でも大空襲があれば悉く火となるという予想をみな持っているし、強制立退でない人たちでもそれを運べる範囲にいる人は、一種の恐慌状態で、一時も早く疎開し、身軽に現金のみを身につけていたいと思っている時なので、買い手は少いのである。郊外にいる者は買いたいと思っても、自転車のリアカーの運搬一日五百円、トラック一日二三千円と言い、自分で運びたくてもリアカーや手車をみな狙っていて車が手に入らないので、どうにもならない[28]」

もうひとり、歴史家の白柳秀湖の同じ三月二十六日の日記を見よう。かれの住まいは風見章と同じく、大井町だ。すれすれでかれの家は強制疎開とはならなかったが、疎開はすることにしている。

「わが家の後背なる日浅氏、亀井氏の住宅は、既に引倒されて無慙に地に委しあるも、これを整理清掃すべき人夫なく、山積されたる木材は人々の運び去るに任せたれば、二、三日前まで一枚のヌキ板に数十金を要し、一本の釘に幾円を投出さねばならざりし事情全く一変し、荷造資材は思うがままにこれを付近の破壊清掃地区より収用し得ることとなり、わが家の荷造作業もこれが為に助かりしこと大なり」

風見家では長男の博太郎は中島飛行機の武蔵製作所に勤務しているから、工場疎開とならないかぎり、東京に残ることになる。次男の精二は療養施設にいる。章と妻のよし子、長女の敏子が故郷の茨城の水海道町《みつかいどう》へ疎開することになった。布団、家具はどうするか。内閣書記官長、司法大臣をやったことのある風見はさすがにつてがあった。知人が大型トラックを手配してくれたから、書籍から壊される家屋の畳までを運ぶことができた。

故郷の家の近くの農家の人がトラックから畳を下ろすのを見ていて、板敷きの居間のいろり端に畳一枚でも敷けたらと願ってのことであろう、部落会の集まりに風見が出たら、畳を寄付してくれと言われた。十五枚を「供出」した。蔵の二階を書庫にすることにして、蔵書の整理にしばらくかかった。敏子は水海道高等女学校へ転校した。三年生である。すぐに工場へ通うようになった。

ところで、風見は、かつての上司、近衛文麿に似て、百姓仕事をする趣味は持ち合わせていない。ごくときたま畑の草むしりをするだけだ。先月の上旬から、水海道でも田植えがはじまった。かれが戻った生家には年老いた兄がいて、家事手伝いの「ねえや」が二人いる。少々の金持ちなら、家事使用人を置くのは、昭和二十年の現在でもごく当たり前のことだ。風見の東京の住まいにも、お手伝いはいた。今年の元日の日記に「女中なしの年末ははじめて」[29]と風見は記した。この二月、三月のこと、大磯に住まいを移した吉田茂は、強い西風が吹いた朝、女中とともに砂浜に打ち上げられた相模湾のワカメやアラメを拾っていたことは前に記した。その女中が陸軍の軍事資料部に使われていた密偵だったことも記した[30]。

風見家の二人の「ねえや」は毎日、前の家、うしろの家へと田植えの手伝いで忙しかったのだが、風見は田植えの真似事もしなかった。雨がつづいて、麦刈りができないと日記に書きはしたが、天気が回復しても、麦刈りを手伝ったこともない。

かれは日記に今年の麦作が不良だと記していない。かれの家の周辺、そして茨城では麦は平年作なのかもしれない。そう言えば、かれは日記に天候が不順だとは書いていない。水海道の朝夕の気温はかれに不安を起こさせないようだ。凶作、不作の心配をしていない。日記には記していないが、ホタルが飛ぶのを六月はじめには見たのであろうし、十日ほど前にはニイニイゼミが鳴くのをはじめて聞き、少年時代の昔を思いだしたことであろう。かれは麦刈り、田植えは手伝わなかったが、この六月は毎日のように、ビワの大木の下に脚立《きゃたつ》を立て、腰に籠を下げ、ビワを採るのがかれの大切な仕事となった。東京からやって来る長男や知人を喜ばせる土産である。日記にはビワ採りのことを忘れずに書いた。

章は日記に闇値のことを書くのも忘れない。米一俵の闇値が六百円から千三百円までということ、たまたま聞いたのであろうが、なぜか静岡の沼津での闇値である。野菜の闇値はもちろん、障子紙の闇値から新品の自転車が二千円することまでを記し、傘と米四升が交換されたと書くことも忘れない。関東地方の空襲についても必ず書きとめている。四月、五月には、田舎の生活をいやがる娘の敏子についての心配を記すことが多かったのだが、幸いなことに最近はそのことを書かずに済むようになっている。

今日、七月一日、かれが「幕臣はやがて乞食になる、現在の支配階級が同じような運命になる」と日記に書いてから四カ月がたつ。今年の半分が終わったのだと思う。今年の残り半分、なにが起きるのだろう。この部落の今日の有様を記録しておこうとかれは考える。

「野を見ると、働いているのは老人か小供等だけである。壮丁という壮丁はほとんど全く出つくしているので、農業労力の不足は甚だしい。だれの顔にも、ひどい疲労の色が出ている。自然ことしも田植をやらなかったり、折角田植はやっても手入れが不十分で、醜草《しこくさ》が稲を圧倒してしまったのも、めずらしくない。

敗戦必至とは、今はすでに一人でも疑うものはない。だから出征したせがれや兄弟のことに心は奪われるのみで、ラヂオでどんな景気のいい戦果の発表があっても、国民を激励する言葉が送られても、そんなことは馬耳東風と聞き流すだけである。

尤も終始一貫、楠木正成の申し子でもあるかのように、焦土決戦論を吐きちらしているものもたまにはいる。たずねて来た近所のものに、そういう村の男の一人についてどんななんだと聞くと、『男の子はなしで、あの男の家からも一人も出征していない、それに小作米で食っていけるんだものなア、どんな議論でも、やっていられるサ』とポツリとささやいて、如何にもうらやまし気である」[31]

芦田均「何が出来るのだ？　そう考えると身の微力を痛感する」

今日、七月一日の朝、芦田均は鎌倉の住まいにいる。かれもさつま芋畑で草をむしっているのかもしれない。

かれは昭和十八年の秋に牛込区中町の邸を売却し、鎌倉の鎌倉山に移った。企業家、映画、歌舞伎俳優、政治家の別荘があることでよく知られている丘だ。勤労動員で仙台から逗子の海軍工廠の分工場に働きにきている宮城第一高女の女学生が休みの日に鎌倉まで遊びに来て、田中絹代の邸があるという鎌倉山の大仏坂を上ったことがあるとは前に記した(32)。

芦田均は菅原通済の邸の広い庭のなかにある別棟を借りている。菅原は父の代からの鉄道土木業にかかわって、大きな資産を築いた。鎌倉山に別荘地を造成する工事に協力したことから、ここに住むようになっている。芦田が菅原と親しくなったのは、二人がともに交詢社の社員であったからだ。芦田はやがて東京が焼かれてしまうと予想して、七里ヶ浜を見下ろすこの丘陵地に移ることにしたのだが、菅原の側は、芦田に家を貸すにあたって、戦争が終わったあとのことを考えなかったといったら嘘になるだろう。菅原のような資産家であれば、ぼんやりとではあれ、敗戦のあとのことを考えるはずだ。芦田が前に外交官であり、しかも、この五年間、野党的立場をとってきたことは、それがやがてかれの政治資産になると菅原は思ったにちがいない。

芦田均は五十七歳になる。明治四十四年に外務省に入省した。同期に重光葵《まもる》がいる。芦田は東京帝大時代には文学青年だった。文学青年といえば、かれより入省が一年下の東郷茂徳もそうだ。「ドン・カルロス」や「たくらみと恋」の戯曲を読み、シラーに傾倒し、ドイツ文学者になろうと思った一時期もあった。いつか文学青年の面影は失せてしまった東郷だが、芦田はいまも変わらぬ文学青年である。

かれは外交官補としてペテルブルクに赴任してまもなく第一次世界大戦が勃発した。それを見たこと、聞いたこと、読んだことをノートに丁寧に記録した。それをもとに革命直前のロシアを描いた著作を発表した。妖僧ラスプーチンにかたよることなく、ロシアの財政、金融にまで目配りがきいていると東大教授の大内兵衛に称賛されもした。昭和七年にかれは外務省を辞めて政界に進んだ。政治家にならなければ、日本の基本政策を変えることができないと思ったというのだが、父親の地盤を継いで欲しいという支持者の声が大きかったことが直接の理由だった。

かれの家は、父の代には小作米六百石という大地主だった。父は府会議員、つづいて衆議院議員となり、地方銀行の頭取でもあったが、経営に失敗し、公職を退き、他界したあと、父の選挙区の中心地である福知山市の有力者たちが息子の政界入りを望んだのである。ベルギー大使館で代理大使となっていたのだが、外務省を辞め、シベリア鉄道経由で東京に戻った日から投票日まで十七日間という慌ただしさのなかで、立候補し、当選した。

満洲事変の翌年に衆議院議員となってから、かれがずっと懸念していたのは、陸軍が日本の仮想敵国はソ連だと高唱し、海軍は日本の仮想敵国はアメリカだと唱え、双方ともに軍備の拡大を求め、それぞれが国民の支持を集めようと自己宣伝に努めていることだった。かれは英米両国との協調を求めたのだが、その希望は挫かれた。議員となって九年のち、米英両国との戦争となってしまった。初当選から連続四回当選したが、苦戦となったのは、三年前の昭和十七年四月のいわゆる翼賛選挙のときだった。全国民が勝利の昂揚した気分のなかにいたごくごく短い時期におこなわれた選挙であり、思いもかけず惨敗に終わったミッドウェー海戦はまだ一カ月以上さきのことだった。政府は大層な鼻息だった。政府が候補者を選び、「翼賛候補」とし、政府の眼鏡に適わない候補者を「推薦」しないという手法にでた。

鳩山一郎、芦田均、植原悦二郎、川崎克のグループはそれより前から新しい政治組織設立の運動に反対していた。つくられた大政翼賛会の予算を大削減する修正案を提出したり、大政翼賛会の存在は憲法違反ではないかという質問をしたのだから、当然のことながら非「推薦」となった。それでも立候補した芦田とその仲間たちの小政治団体はさまざまな妨害にあい、尾崎行雄は不敬罪で起訴されたし、鳩山一郎、安藤正純は演説会場の警察官から拘引するぞと脅され、芦田は自分の文書を差し押さえられた。かれのグループ、二十九人のうち、当選したのは芦田を含めて八人だけだった。

芦田は昭和八年から昭和十四年までジャパン・タイムズの社長を務めた。そのあとダイヤモンド社の銀座の社屋の一部屋を借り、個人事務所とした。ダイヤモンド社長の石山賢吉と親しかったのが理由だが、それも同じ交詢社の社員であったからだ。

五月二十五日夜の空襲によってダイヤモンド社も焼かれ、かれの事務所もなくなってしまったが、空襲がはじまる前の昨年まで、芦田は銀座の事務所へ行くか、国会に行こうとして、鎌倉駅のホームで電車を待っていたとき、かれをはじめて見た人はびっくりしたものだった。小倉俊夫も驚いたひとりだ。

小倉は昨年の四月に鉄道総局の業務局長となり、東京勤務となった。自動車用のガソリンがいよいよ窮迫し、トラックに頼っていた近距離の貨物輸送までが鉄道輸送となってしまい、さらに海上輸送ができなくなった石炭の輸送を鉄道に切り換えることになり、(33)三年に一度で足りる列車のダイヤ改正を年に何回もおこなわなければならなくなった。つづいて疎開輸送と罹災者の輸送のために寝る間もない忙しさとなった。三月、四月、五月の毎日、四万人から六万人にのぼる戦災者と疎開者が東京駅、上野駅、新宿駅から地方へ向かったのである。小倉の住まいは鎌倉の稲村ヶ崎だが、役所に泊まり込むことはしょっちゅうとなっている。

昨年の五月、家から出勤するときに、中折れ帽をかぶり、ゲートルをつけていない中年の男が鎌倉駅のプラットホームにいるのを見て、目を見張った。(34)小倉が着ているのは国民服であり、ホームにいる者、だれも同じだ。反り身になっている、その伊達男が衆議院議員の芦田均であることを小倉はすぐに知った。元外交官を売り物にしているわけではないのだろう、制服の世界に反発する気持ちがあってのことであろう、明日を担う人にちがいないと小倉は思ったのである。

昭和十四年、十五年、十六年、十七年には、芦田は親英米派だと言われ、過去の人物だとだれからも無視されていた。だが、昭和十八年秋からこちらのことになれば、かれを知る人はだれもが明日の人だと語るようになっている。昨十九年九月六日だった。議会が終わったあと、小林一三と会食することになった。小林は三井銀行を早く辞めてから、阪神電鉄を創設し、その経営に天才的な手腕を発揮した。さらにかれは東京で東京電灯の再建に取り組み、昭和十五年には近衛に求められ、商工大臣になりもした。現在、七十二歳になる。昭和十八年まで言論人の定期的な集まりを開いていたのも、日本の明日を考える小林の活動のひとつだった。東条内閣が倒れ、戦争の終結が政治家たちのあいだでそっと語られるようになって、小林は以前のメンバーを集めたのである。

芦田は日記につぎのように記した。「小林さんが消息らしい話を二つ三つ。その中に僕の顔を見て、『君のはいいんだよ、君はちゃんと其中外務大臣になる筈になってるんだ』と口走った。僕の頭にはこの話がどこから出ているという筋はちゃんと推定した。僕は他の人より早く席を起って、暗い道を新橋駅へ歩いた。途々色々考えた。僕に何をやらせようと言うのか。使う人の目的は大体明瞭である。若し犠牲を少なくする方法があれば……仮に、三十万の若者を救うことが出来るなら、二人や三人が命を捨てても値打は充分である」(35)

芦田は近衛文麿が小林に語った話にちがいないと思ったのであろう。芦田が小林のそのような話を聞く前のことだったか、そのすぐあとのことだったか、同じ昨年九月のことであったにちがいない。白い麻の背広にパナマ帽といういでたちの訪問客にびっくりしたのは、本郷の研究室の東大法学部教授の宮沢俊義である。四十五歳だった。かれはスフまじりのペラペラのカーキの国民服を着ていた。

芦田が語りはじめた話に宮沢はもう一度びっくりした。戦争は負ける、敗戦になれば、戦争責任者の処分をしなければならず、天皇の戦争責任の問題も浮上する。憲法も改正しなければならなくなる。鳩山一郎氏と何人かの議員が集まって、こうした問題を検討している。一度、憲法改正の問題を話しに来てくれないか。

宮沢は音羽の鳩山邸には行かなかった[36]。はじめて会う政治家たちとそのような問題を論議する勇気がなかった。天皇機関説を唱えた美濃部達吉が批判され、右翼に脅迫された苦渋を経験していたから、その後を継いだ宮沢は教室で憲法の天皇論議は避けてきた。それとはべつに、敗戦となっても、憲法は改正する必要がないというのがかれの考えだった。そして宮沢は芦田の人もなげな服装が気にいらなかったに相違ない。芦田からそのあとに催促はなかった。

芦田が明日の外務大臣だと近衛から言われたことはまたべつにあった。今年二月二十二日だった。鳩山一郎は軽井沢の別荘から音羽の邸に戻り、近衛文麿と日本タイヤ社長の石橋正二郎を招き、このさきの見通しを近衛に尋ねたときのことだった[37]。鳩山内閣ができるときがきたら、芦田を外務大臣にしたまえと近衛は言ったのだった。

芦田均は鎌倉の家では妻のすみと二人暮らしだ。均は自他ともに認める愛妻家である。

客間には若いすみの着物姿の大きな肖像画が懸かっている。欧州に勤務していたときにイタリア人画家が描いたパステル画である。

長男の富は大正十三年の生まれだ。霞ヶ浦航空隊にいる。飛行訓練を受けている。いまから三カ月前のこと、三月十七日だった。富から「明朝十時ごろかえる見込み」という電報が届いた。それからが大変だった。富が家にいることができるのは、せいぜい明日の五時間ほどだ。持たせる土産はずっと大事に貯めてあったが、明日の昼食の材料集めに駆けずり回ることになった。最初に隣の菅原家に飛び込んだのであろう。そして二人の娘、富の姉と妹を呼ぶために連絡を取るのが、これまた簡単にはいかなかった。

つむじ風のような騒ぎが終わったあと、均は日記につぎのように記した。

「スープのあと鶏肉のすき焼き、赤飯、コーヒーも出たし、二時にはお汁粉ものんだ。『もう腹一杯だ』と流石に富も腹を撫でている。親と子供三人、孫一人と一緒に写真をとった。

母親は細かい注意をもって、霞ヶ浦に残った富の友人への志として餅を十二、カラメル三箱、オレンヂ若干、かき餅一缶、寿司若干を持ち帰らせた。私は予め用意した皮革の手提カバンを富に与えた」

「四時半の汽車で富は鎌倉を出発した。彼が前線に出るのがいつになるか無論わからない。その時迄私がどうなるかこれもわからない。私は少しも感傷的な気分なくして富を見送った。然し若しかすると、今度限り逢えないかと考えていた。汽車は忙しく出る。富は車の中に突っ立ったまま挙手の礼をして出て行った(38)」

長女のミヨは結婚している。夫は日立製作所に勤務している。次女のルリも結婚し、夫の遠藤胖《ゆたか》は大蔵省に勤めていたが、兵役に就くことになって、海軍短期現役主計科士官、いわゆる短現を選んだ。第五期生、昭和十六年八月の卒業だ。鹿島、千代田に乗り組み、そのあと軍務局勤務となった。そして今年に入って、高木惣吉少将付きとなった。そのときにかれは次官の井上成美《しげよし》に呼ばれ、直接に見聞きしたことはだれにも喋ってはいけないと注意を受けた(39)。かれは高木少将が事務室として使っている海軍大学校の一室に通うようになって、自分の取り組む仕事が尋常なものではないことを知った。

芦田均のことに戻ろう。かれは初対面の宮沢俊義に向かって、戦争は負ける、敗戦になれば、戦争責任者の処分をしなければならず、天皇の戦争責任の問題も浮上する、憲法も改正しなければならなくなると語った。かれは第一次大戦のあとのヨーロッパの敗戦国の王制の末路を詳しく承知していたから、鳩山一郎にそうした予測を説いたこともあったにちがいない。もちろん、鳩山は近衛からもそうした話を聞いたのであろう。その一カ月か、二カ月前の昨年七月八日に内大臣の木戸が近衛に向かって、お上が譲位されることにもなると語ったことは前に触れた。あるいは木戸が語ったことだとは言わず、近衛は鳩山にそうした話をしたのかもしれなかった。

そのときから現在まで十カ月がたつ。芦田はなにを考え、なにをしてきたのか。二カ月前のことになる。五月四日のことだ。ヒトラーは自殺した。ドイツ軍がこの数日中に降伏することはだれも疑わなかった。この日に芦田は日記につぎのように記した。「『南面して北斗星を看る』とY提督が言ったと伝えられる。果たしてその心境であるかどうかは六、七月頃に明白になるだろう。ドイツは頑張っても遂に頑張り切れなかったのだ。ヒットラーを討ち死にさせなければならない程にせっぱ詰まったのである(40)」

芦田はなぜ「Y提督」と記し、本名を書くことを避けたのか。だれから聞いたと書かなかったのはなぜだったのか。Y提督とは吉田善吾元海軍大臣ではなく、米内海軍大臣のことであろう。説明がなければ、なんのことかわからない台詞だが、「北斗星を看る」はソ連との関係を改善するという意味なのであろうか。「南面して」とは戦いつづけることだと芦田は解釈したようだ。「ドイツは頑張っても頑張っても遂に頑張り切れなかったのだ」と芦田が書いたところをみれば、米内大臣は徹底抗戦を考えているのだと思ってのことだったのであろうか。芦田は米内大臣が語ったその言葉を遠藤胖から聞いたのであろうか。高木惣吉のただひとりの助手となっている遠藤は、米内海軍大臣がなにを考え、憂慮している問題がなんであるのかを承知しているはずだ。かれが義父に向かって「南面して北斗星を看る」のが米内大臣の考えだと語ったのだとは考えられない。

芦田は鳩山一郎と明日のための勉強会を開いてはいない。空襲が激化し、とてもそのような状況ではなくなったと言い訳をするのかもしれない。芦田と外務省入省同期なのが重光葵であることは前に記した。この四月はじめまで外務大臣だったから、宮廷が望んでいること、海軍首脳の考えははっきりわかっている。ところが、芦田は野党的立場にいて、政府や軍の幹部に疎遠にされてきたから、ナマの情報は耳に入らず、米内光政がなにを考えているのかはまったく知らず、つぎになにが起きるのかもわかっていないのかもしれない。

有田八郎は芦田より外務省入省は二年早い。有田は政治家から高く買われてきた。昭和十一年から十五年まで四回、最初は外務省先輩の広田弘毅のもとで、つぎに近衛文麿、平沼騏一郎、そして米内光政のもとで外務大臣となっている。昨年七月、東条内閣退陣のあとに首相となった小磯国昭も木戸に重光の留任を求められるまで、外務大臣には有田を起用するつもりでいた。有田が外務大臣だったのは、合わせて二年にしか過ぎないのだが、それでも内外ともに多難なときであり、天皇の問いに答えたことは当然ながらあるし、多くの政治家、軍人と知り合った。代理公使のときに外務省を辞め、政府と軍に睨まれてきた代議士の芦田とはまったく違う。

前に記したことだが、有田は六月五日の朝早く、近くに住む平沼騏一郎の邸を訪ねた。鈴木貫太郎が首相になったあと、平沼は枢密院議長となっている。五月二十三日と二十五日の東京の空襲には有田の家は焼け残り、平沼の住まいも残っている。有田は平沼に向かって、国体の護持さえできれば、他のことには目をつむり、戦争をやめると米英に申し入れたらどうかと訴えた。平沼は黙ったままだった。有田は家に戻って、その日の新聞をひろげた。朝日新聞の守山義雄特派員が書いた「ついに奇跡は起こらなかった」というドイツ敗北を分析した文章を繰り返し読んだ。かれはその切り抜きを平沼に届けようと思った。当然、読んでいるだろうが、もう一度考えてもらうつもりだった。

有田は米内光政とも親しい。かれが海軍大臣になってからは、会わないようにしてきた。フィリピンの戦いが見込みなしとなれば、米内は最高戦争指導会議で戦争終結を提議することになるのではないかと有田は思っていた。ところが、そのような行動をとらなかったようであった。沖縄に敵軍が上陸する四月一日の前か、あとか、有田は思い余って米内を官邸に訪ねた。米内は出掛けるところで、立ち話になった。ごく遠回しに尋ねた。もちろん、米内は有田の問わんとする主題はわかっていた。重い口を開いた。「時期の選定はなかなか難しくてね」と言った。海軍大臣である米内の立場を考え、有田はそれ以上、なにも問わなかった。「しっかり頼む」と言って、別れた。(41)

六月五日、有田はその日の朝日新聞をもう一部、取り寄せ、同じ切り抜きを米内にも送ることにした。もちろん、有田は米内と松平恒雄が木戸を内大臣の椅子から逐おうとして、失敗したばかりだったということを知らなかった。有田が知らないことはまたべつにあった。六月九日に臨時議会が開かれ、貴族院勅選議員の有田は出席した。首相の施政演説をめぐって、陸軍と手を結んでいる護国同志会の議員たちによる倒閣の騒ぎとなった。有田が気づかなかったのは、鈴木首相が直接にアメリカ政府に和平を求めるシグナルを出そうとして、失敗に終わったことだった。

ついでに記しておこう。護国同志会の議員たちは鈴木首相がやろうとしたことのすべてを承知していたわけではなかったが、陸軍省軍務局の連中にそそのかされ、「バドリオ内閣」の打倒を叫んで、議場をかき回した。六月十日、十一日と会期を延長せざるをえなくなり、いったい、日本はどうなってしまうのだろうかと暗澹たる空気が議場内にはひろがっていたとき、有田は松平康昌と話をした。内大臣秘書官長の松平は貴族院議員である。宮廷が主導権をとることはできないのかと有田は松平に尋ねたにちがいない。お上は和平に乗りだす決意でいると松平が答えた[42]。六月九日に松平は木戸から「時局収拾案」の説明を受けていた。松平はごく簡単に有田にそれを語ったのであろう。

有田ははじめてほっとしたのだが、同時に懸念も湧いた。それから二十日近くになる今日、七月一日まで、いくつかの情報や噂を耳にして、不安はふくらむばかりだ。かれはソ連や重慶の国民政府に依頼して、日本の地位を有利にしようといった甘い読みと試みには反対だ。時間を無駄にするだけのことで終わると思っている。アメリカに直接、和を求めねばならない。自分の考えを天皇に奏上するしかないと、かれは考えている。

芦田均に戻る。かれは六月九日からの臨時議会には病気を理由にして欠席したのではなかったか。それより前の六月一日、かれはつぎのように日記に記した。

「窓前の山の嫩葉《わかば》は既に濃き緑を呈した。庭には鬼薊《あざみ》が一面に咲いてやがて続くべき山百合の成熟を待つ風情である。衣更えに浴衣を引き出しても雨戸を閉めた宵には尚ほ蒸暑さを感ずるようになった。

昨日は久しぶりに横須賀線が復旧したので朝の汽車で東京に出た。途上に見た横浜の変貌は心を痛ましめる。一面の焼野原が曾ての関東震災の日――私は箱根から疲れた脚を引き摺って九月三日の早朝この地を歩いたのであったが――を偲ばせた。

東京は、人の話に依ると戸数の七分の四しか残っていないという。外務省も大臣官邸も焼けた。私には矢張り名残りの建物であった。震災後本館に用いられた建物は元大臣官邸として陸奥、小村外相の住んでいた場所であり、私が始めて任官した官補時代に天長節の夜会の催された所であった。

ダイヤモンド社の私の事務所は跡方もなく焼けて了った。馴染の東京クラブ、その酒場、図書室（これ等は塵臭き東京の街の中ではオーアシスとも思われた。そして集まる人々の中に忘れ難い名もあったが）、いずれも灰塵に帰して影も止めない。

交詢社だけが僅かに形を存している。昨日は弁当を食べる為に立寄ったけれど、集まる人は十人許りに過ぎなかった。漸くにして冷凍の蜜柑、塩漬の鰊を会員に頒つということが交詢社らしい余裕を示していた。

東京に対する私の思出は三期に分れる。日露戦争の頃一高に学んで、大学生活を終わり外務省に入った大正元年から間もなく海外に赴任する迄十年の青春時代（その後の十五年間は欧州に暮らし、三年間は本省勤務として東京に生活した。然しその三年間は日本に根を下ろした生活ではなかった）。昭和七年の二月に帰朝して議員生活を始め、牛込中町に新居を構えて公私共に忙しく立ち働いた時代（それは家庭的にも子女の勤学時代であった）。更に大東亜戦争の後半期に入って子女は二人とも家庭を去り世相は急激に戦時色を帯びて空襲の危険も思われた結果、昭和十八年の秋中町の家を売却して鎌倉常盤山に疎開して後の時代（この時は鎌倉から汽車を利用して東京に出た為め月々に変わりゆく東京の姿を顕著に眺めることが出来た）。

牛込の自宅も二十六日に烏有に帰したと聞く。かようにして昔の東京は殆ど影を潜めた。顔を合わせて談りたい友はあっても、逢うべき場所も焼け落ちている。偶々逢う事あっても恐らくは煎茶の一杯さえ飲むつてもあるまい。落莫たる街のたた住居である。

鎌倉に帰りついて先ず手にするのは一両日前から読み始めた鷗外訳の〝即興詩人〟である。この小説は一高時代に耽読したことを覚えているが、今では筋も文章も悉く記憶からかき消えている。ふと手にとって再読して見る気になってからは時間さえあればそれを読みつづけて終に一日の正午に最終の頁を読了した。私の頭には小説の内のアマルフィーが最も強く印刻される。それはあの町のルナ・ホテルで昼食をした時にアンデルセンが即興詩人を書き綴ったという部屋を見たからであろう。然しそれにしてもサレルノから海岸沿いにアマルフィー、ソレントーをドライヴして紺碧の色の地中海、これに浮かんだカプリの島の風光を嘆美したその感動忘れ得ない。旅に出る機会あらば今一度アマルフィーを訪れようと私は心に堅く契っている(43)」

それから一カ月あとの六月二十七日、かれは日記につぎのように記した。

「二十五日の午後、沖縄戦終熄の大本営発表をラヂオで聴いた。現地指揮官牛島満中将の最後のメッセージは涙なくして聞き得ない切々たる辞句であった。誰が吾前線の将兵をしてかかる苦闘に曝露して顧みないのであるか。

二十六日、鈴木総理はラヂオ放送を以て沖縄戦の終止と本土決戦の心構えを説いたが、同時に内閣告諭と称するものが出た。率直に言えば一国の首相として何の識見も抱負もない演説であり、告諭と称するものは一属僚の作文に過ぎない。聴いている国民は泣くにも泣けない心持である。

本土で必ず勝つと総理は言うけれど、国民としては何故必ず勝つのか其根拠が聞きたいのである。

六月に入って国民の多数は必勝の信念を失ったかに見える。戦争は悲惨なものと覚悟は極めて居るものの、試に東海道線によって東京から神戸へ向う者には、既に廃墟に均しい東京、横浜、静岡、浜松、豊橋、名古屋、そして大阪と神戸を目撃する。此等の駅々に荷物を背負って右往左往する群衆、そのボロを纏った姿、血色のない顔貌、これは一体何だ。これが戦勝国民の姿か。泣くに泣けないとは此場合の印象だ。

七月から食糧の配給も減縮される。従って食用品の闇はポンポンはね上がって、麦一斗が二百五十円だと言われる。疎開して来た都会人は身の回りの衣料を売り尽くして裸になる者さえある。人々は漸次自暴自棄に陥っているように見えるではないか。

誰がこの国を救うのだろう。識者という者が手を拱いて崩壊して行く国の姿を眺めているのだろうか。

本土に敵が上陸すれば日本も亦ドイツと同じ過程を歩むのではないか。ドイツならばヒットラーと其一党が死ねばそれで舞台は一転するが、日本はそうは行かない。

私は身を殺しても何とかしなければならぬと思う。然し何が出来るのだ？　そう考えると身の微力を痛感する。

将来の日本——と言っても二年三年後の日本を誰が背負って行くのかと考えて見ると、一向に見当がつかない。潔く東京に見切をつけて丹波へ帰ろうかと考えて見る。自分独りはどうでも良いとしてスミ子とミヨ子は田舎へ帰した方が良いのかも知れぬ。

だが凡てかような物の考え方は自己中心の思想ではないか。日本人がかように考え始めたら日本という国はどうなるのか？」(44)

「主食糧一割減、十一日から実施」

同じ七月一日だ。岡本潤は朝から庭に出て、さつま芋の苗を植えている。かれの住まいは板橋区上板橋一丁目にある。かれについては前に記したことがある[45]。かれは大映多摩川撮影所の企画部に勤めている。前には京都撮影所の勤務だったが、転勤となり、昭和十七年はじめに家族とともに東京に住まいを移した。六畳と四畳半、二間の貸家住まいだ。かれは詩を書く。詩集を上梓したのは昭和十六年十二月一日だった。

かれは四十三歳になる。徴兵年齢の上限が四十五歳までになったのだが、幸いなことに召集令状はまだ来ない。五月二十三日夜の東京北部を焼いた空襲、二十五日夜の空襲にも無事だった。それ以来、この一カ月、夜中にサイレンに起こされたのは、六月十三日の深夜だけだった。その夜、焼け残った東京に住んでいる人びとは素早く寝床を離れた。だれもが五月二十三日の夜、それとも二十五日の夜の空襲の恐ろしさを忘れていなかったのだ。ところが、その夜の敵機はわずか十数機にすぎず、東京へは来襲することなく、新潟港沖への機雷の投下だった。それから昨夜まで東京に空襲がなく、寝不足に苦しめられることはない。しかし、岡本、そして東京都民のだれもが、東京にたいする空襲はこのさき必ずあると覚悟している。

岡本の家族は妻と娘ひとり、娘の一子は二十一歳だ。安宅産業に勤めている。潤が朝早くでるときには娘とともに家をでて、東武東上線の中板橋駅から池袋駅まで一緒に行く。丸の内に向かう一子と別れ、潤は新宿で京王線に乗り換えて多摩川まで行く。

　行き帰りの東上線、山手線、京王線の混雑のひどさ、ごくたまに座席に座れること、そして電車がときに一時間も来ないこと、いっぱいの人混みのホームで待ちくたびれて、家に帰ってしまったこと、こうしたことを日記に記入するのがいつからか習慣になっている。

　さつま芋の苗を植えているといったが、実際には苗ではなく、四、五枚の葉がついている蔓だ。家庭菜園用の芋の苗の配給があることは二週間ほど前に回覧板で知らされていたから、さつま芋の苗を挿すための畝はつくってあった。昨日、苗は配給になった。一坪に十本の割で配られた。潤は二坪とちょっとの場所に植える計画だから、二十本貰った。一本が六銭、一円二十銭だった。

　じつはそれより前、六月二十日に娘の一子が会社にさつま芋の苗を売りにきた人から五本買い、自分で庭に植えた。つづいて六月二十六日に潤は会社の台本部の知人から三十本ほど貰った。隣組の回覧板で芋の苗の配給の通知があり、申し込みをしたあとのことだったから、同僚に分け、十本を残し、午後早く帰宅して、それを植えた。その十五本の苗の葉はどれもしっかり立っている。根がついたようだ。

　新しい畝はその隣につくってある。小さなスコップでさつま芋の茎を畝の山に埋めていく。さつま芋の葉はすっかりしおれている。「苗半作」という言葉があって、苗の善し悪しで芋の出来は決まると教わったばかりだったから、枯れかかっているように見えるのが心配だ。しかも植え付けが遅すぎる。六月二十六日に会社の知り合いが苗をくれたとき、遅くなってしまってと詫び言を言うのを聞いたばかりだった。それからさらに五日遅れての植え付けだ。

苗と苗のあいだは三十センチ空けろというのだが、あいだを狭めねば植えきれない。それでも三本残ってしまった。さつま芋を植えた隣にじゃが芋が十数本ある。これを何本か抜くことにした。梅の実ほどの小さなじゃが芋がいくつか、もう少し大きいのが二つほどついていた。潤はがっかりした。つぎの一本も、さらにもう一本も、じゃが芋の大きさは梅の実ほどだった。結局、じゃが芋を四本抜くことになった。

植え終わった。頼りなげに土の上に並んだ芋の葉に向かって、じゃが芋の分も頑張ってくれと呼びかける。かれに大きな安心感を与えてくれるさつま芋畑だ。この三十五本のさつま芋畑が一家の主食を五日分か一週間分、しっかり保証してくれるのだ。

岡本は一週間前の日記につぎのように書いた。「大都市は殆んど焦土化し、小都市も片っぱしからやられ、海上交通を封鎖され、本土決戦を呼号しているが、その前に食糧はどうなるのか(46)」

だれもがこの戦争の明日を考えるのを避け、口にしようとしないが、明日の米の配給はどうなるのだろうかとの心配は口にする。新聞、ラジオが報じていることだから岡本も、かれの妻も承知していることだが、本当なら今日、七月一日から、これまでの米穀配給所が生活必需物資綜合配給所という名称に変わり、米、麦だけではなく、野菜、魚、調味料のすべての配給を扱うことになるのだという。そして配給所の数も減らすのだという。配給所はずっと遠くになるだろう、配給の行列はさらに延び、三十分、五十分、待たされることになるのかとだれもがぶつぶつ言っていたのだが、回覧板には綜合配給所ができたという知らせは載っていない。

配給所の数も減らすことになれば、ひとつの配給所は平均二千三百戸、八千人なのが、二千六百戸、九千人となる。倉庫と言いたいが、とても倉庫とは言えず、物置き場と言うことになるが、物置き場を建て増ししなければ、増えた分の米や新たに扱う醬油を置いておく場所がない。コンクリート、せめて板張りの物置き場をつくらねばならないが、その材料、人手がない。なにもかも同じこと、七月一日からの綜合配給所の発足とはいかないのだ。

だれもが主食の配給の不安を語り、日記にそれを記してきたが、もうひとつ、おおっぴらに日記に書くことができるのは、この不順な天候だ。この五月から六月、東京に住む人びとは日記に、手紙に、寒い、おかしいと不安を記してきた。

振り返ってみれば、この冬の東京は非常に寒かった。空襲、疎開、召集、強制疎開、そしてまた空襲といった異常な体験がとぎれなくつづき、そのあいだに最後の攻撃、玉砕といったニュースが重なり、寒さにこごえた冬のことなど遥かに遠い記憶となってしまっているが、二月のあの大雪の夜のことは、だれもがはっきり覚えている。東京は珍しく四十センチの大雪となり、電車は不通になった。必死の思いで暗闇の雪のなかを歩いて家に帰った記憶を多くの人が忘れてはいない(47)。つづいてほかの記憶がよみがえるだろう。一月の半ばには東京でマイナス九度という恐ろしい寒さの朝があったこと、水道が凍結したこと、玄関の防火用水に張った氷がちょっとやそっとの力では割れなかったことを都民は思いだすにちがいない。

このひどい寒さで麦の生育が遅れた(48)。そして東北から北陸地方は大雪だった。雪解けが遅れたそれらの地方では、麦は雪ぐされ病に痛めつけられ、銹《さび》病も発生した。

東京の寒さはつづいた。四月二十七日に俳優の古川ロッパは「寒い。カイロが要る」と日記に書いた。大蔵公望《きんもち》は五月になって、今年の天候を懸念すると書いた。大蔵は鉄道官僚、そのあと満鉄の理事になりもした。貴族院議員であり、宇垣一成の熱烈な支持者であり、宇垣内閣をつくるのが夢だ。六十歳になる。五月十日の日記に「時節としては頗る寒く厚い外套が欲しい程なり。本年は初めより雨少なく且寒気甚だしかりしため、春麦の出来頗る悪く、関東、九州共大凡五割減の見込みなる由。それに米も不足らしく、近く一名一日の配給量二合三勺が若干減量さるる模様なり。誠に困った事である(49)」

世田谷に住む志賀直哉は――前に記したことだが[50]――福井に疎開した娘に宛てた五月十二日付の手紙のなかで、「アメリカでは二千万人餓死者が日本にできるだろうといっているが、此数は恐らく六大都市（もう大都市というのも変だが）の人口を合せたもののように思われる」と書いた。

麴町三番町に住む作家の内田百閒は五月十五日の日記に「曇り、まだ薄ら寒し、時候の不順」と書いた。十日あとの五月二十五日の夜にかれの家が焼かれ、かれと妻が火の手から逃げた様子は前に記述した[51]。

五月二十一日に志賀直哉は長野に疎開した画家の九里四郎に宛てての葉書に「東京食糧大分窮屈になってきた。毎日変に寒いのは皆心配している」と書いた。陸軍大臣の阿《あ》南惟幾《なみこれちか》は同じ日の日誌に、「麦。十七県、六〇以下。二十数県、七〇以下。将来向上の余地もなきにあらず[52]」と記述した。東京帝大法学部教授の矢部貞治は五月二十二日の日記に「曇っていて寒い。驚いた天候だ[53]」と記した。

もう少しつづけよう。島木健作は鎌倉の扇ヶ谷《おうぎがやつ》に住む。四十二歳になる。かれは作家だ。今年に入ってからは、開拓時代の北海道の農民生活を主題にした長編小説を書きはじめている。五月二十九日の日記に横浜の方角の空に「おどろくべく巨大なもくもくした入道雲が高く高く上がってきた[54]」と書いたことは前に記した。五月三十一日に新潟の加茂町に疎開していた知人が訪ねてきた。召集令状が来て、明日は横須賀の海兵団に入るのだという。かれが語った話を島木は日記に丁寧に記した。「越後の農村の状態を聞くに、今年は稲の苗の成育じつにわるく、二週間おくれているという憂うべき状態だそうである。雪どけがおそかったので、かこっておいた野菜物も腐れるもの多く、この冬はじつに困ったという。加茂あたりは、小さな柴の束が一束三円五十銭し、一日に二束は要り、この燃料難に困って、一度疎開して来たるものが、再び東京へ逆疎開し、今度の空襲で死んだものもあるとのことである」(55)

五月から六月に入って、六月五日のことだ。前に記したことを繰り返そう(56)。内閣書記官長の迫水《さこみず》久常は綜合計画局の幹部、美濃部洋次、毛里英於兎《ひでおと》とともに農商省農政課長の東畑四郎から食糧問題の見通しを聞いた。三日あとに開かれる「今後採ルベキ戦争指導大綱」を定める御前会議で発表する「国力ノ現状」を作成するための集まりだった。東畑は満洲からの大豆の輸送にすべてがかかっていること、主食の配給量を一割減らすことになるということ、七月はじめから米の代替としてじゃが芋を配給しなければならなくなると語った。

つづいて迫水らは物資動員課長の渡部伍良からつぎのような説明を聞いた。大豆と玉蜀黍の満洲からの輸送は、四月に百二十万石、五月に百四十万石、すべてを大豆として十七万トン、二十万トンだった。三十三万トンを輸送する予定が大幅に減少したのは、満洲から内地への兵員と兵器の輸送が優先されたこと、日本海側の港がB29による機雷投下によって、港の使用が妨害されたことが理由だった[57]。

六月八日、午前十時から二時間にわたって御前会議が開かれた。農商務大臣の石黒忠篤が食糧の需給の厳しさを説いた。麦作は三〇パーセントから四〇パーセントの減少になると警告した。阿南陸軍大臣が五月二十一日の日誌に記した予測と同じである。参謀本部第一部長の宮崎周一はその日の日記に記した。「麦作不良、民心戦意に関係あり[58]」

東京帝大工学部教授の富塚清は六月十一日の日記に「今年は一体にひどい低温、凶作必至。まったく泣きっつらに蜂」と書いた。劇作家であり、六十二歳になる秋田雨雀は疎開先の青森でこれも六月十一日の日記に「田植えはじまる。苗、昨年より二寸短い[59]」と記した。六月十八日に矢部貞治は「足袋が欲しい程寒い。馬鹿げた陽気だ[60]」と記述した。

六月の「気候状態」をまとめた中央気象台の「農業気象」はつぎのように記した。

「本月はいよいよ梅雨の月に入った。……各地で田植が行われた。移植後の生育はなみあるいはそれ以下の所が多かった。麦類は成熟から収穫期になったが作柄も一般的に悪く成熟もおくれている」

そして根室、旭川から九州の熊本、宮崎まで全国三十カ所の測候所の「農業気象」の報告のなかで、麦作が「良」なのは佐賀だけだ。「なみ」が五カ所、「やや不良」が四カ所、ほかのすべては「不良」だった。「収量六割減収の見込み」という富山があれば、

「収量三割〜四割減」という彦根があるといった具合である。そこで今年の小麦の収量は九十五万トンに届かないのは確実だと「農業気象」は解説した。昨年の収量は百四十万トンだったから、昨年の七割の収量となる。大麦、裸麦を加えての推定収量は二百万トンとなろう。昨年は三百万トンだったから[61]、これまた七割となる。

　だれもが明日の主食の配給はどうなるのだろうかと心配しているのだが、現在の主食の配給はどんな具合なのか。

　主食の配給は半月が単位だ。一単位は十五日か、十六日となる。東京ではこの六月、一単位十五日のうち、米が七日分、大豆、雑穀パン、乾麵が八日分だったと東京食糧営団の幹部は語っている。政府幹部、農商務省、東京食糧営団の責任者にとって、東京都の主食の配給はできるかぎりよくしなければならない、都民の不満を抑えねばならないという至上命令がある。地方都市を犠牲にして、できるだけ多くの米を東京に運んでくるようにしている。米の配給が十五日のうちの五日でなく、七日あるというのは自慢に足ることなのである。

　七日分の米の配給ができるのは、敵の無差別爆撃のおかげなのでもある。なるほど東京食糧営団の倉庫、搗精所、配給所とともに、保管してあった米、小麦粉、大豆が焼かれてしまったが、そんなことよりも、同じこの半年のあいだに東京の人口が半分に減ってしまったことのほうがはるかに大きい。昭和十八年四月の東京の人口は七百万人、昨年七月が六百万人、今年の一月が五百万人、五月が三百万人、現在は二百四十万人なのである。農商務省と東京食糧営団を助けてきたのは、この人口減だ。これまた焼かれてしまった横浜、名古屋、大阪、神戸を抱えた各地の食糧営団をほっとさせたのも、同じ人口減だ。

さて、先月の米の配給は七日分だといったが、残りの八日分の「主食」の中身が問題となる。主食として配給になる大豆が「混入物資」と呼ばれるのは、米に混ぜて炊けということで、ときに「混合物資」とも呼ばれる。前に記したことがあるが[62]、もう一度記そう。昭和十六年、十七年の「混合物資」はもっぱら押し麦であり、学校、工場の寮ではずっと以前からお馴染みの「混合物資」だった。昭和十八年にサイゴン米、台湾米の輸送ができなくなり、満洲産の大豆に代わった。丸大豆であれば家庭の主婦の不平はまだ小さかった。高粱であればしかたがないと思った。挽き割り玉蜀黍と脱脂大豆には一家が音を上げた。

高粱は搗精度が低いために、表面の赤味が残っている。米に混ぜて炊けば、赤く染まる。兵営や工場の食堂では、家庭に配給される前から、高粱が混ぜられてきた。兵営の食堂のはじめての食事で、どんぶりに浅く盛られた赤飯を見た若者は、小豆入りの祝い飯を炊いて歓迎してくれるのだと感激した。口に入れ、渋みが舌を刺激し、これはなんだと慌てた。赤い薄皮に残るタンニンの渋みである。

だれもが困りはてている脱脂大豆は油を搾ったあとの大豆粕、豆かすのことだ。もともとは肥料だったのが、化学肥料の硫安が使われるようになってからは、高粱と同様、もっぱら飼料だ。大豆粕を米ぬか、大麦と混ぜて、牛に食べさせる。「近頃は家畜の餌が配給になっている」とだれもが日記に書くのだが、これは人と会っての挨拶でもある。「混合物資」として配給される脱脂大豆は丸大豆と同じように同量の米と差し引かれる。不平をこぼしながら、米に混ぜて炊く。口中に違和感があって、喉をとおらない。無理に食べれば下痢を起こし、下痢は慢性になる。

大佛次郎は六月末の日記に「数日前の鎌倉の配給米も豆かすが三分の二となった」[63]と書いた。一単位十五日分の主食の配給の十日分が脱脂大豆、米は五日分なのである。鎌倉のような地方都市はないがしろにされている。せめて丸大豆を二日分、大豆粕は八日分にとどめようといった配慮はしない。

中勘助は作家だ。もちろんのこと、出版社からの注文などとっくにない。静岡県安倍郡服織《はとり》村に昭和十八年十月から疎開している。妻の和子の親戚が住んでいる村だ。五月三日の日記に勘助はつぎのように記した。「擂鉢を持出してきのう配給された脱脂大豆をする。圧しつぶされて鱗みたいになったのが逃げ廻ってなかなかすれない。麦も、大豆も、唐もろこしも、高粱も、米とまぜてそれぞれ結構にたべられるのに、脱脂大豆だけはうまくいかないばかりかきまって腹をこわす。粉にひいてパンにまぜても、炒って味をつけてもいけない。ひとのするしかたをいろいろ試みたが面白くない。で、けさは私の考案で同量の味噌とまぜて味噌汁にした。これはむしろ成功だったけれどこの仕方では配給量を使いきれない。『とにかく私に委せろ』といって和子を出したあと擂粉木を廻しながら工夫する。いい匂いがあがる。これがうまくたべられないはずがない。粉のままでも湯でかいてもよさそうだが砂糖がこない。団子はどうか、酢味噌にもなるだろう。飴の素で糖化させる手もある、などと思案するうち二、三合すれた。汗ばむほどではなく体がほてる(64)」

丁寧な記述だが、働きにでている妻の留守のあいだの成果をそのあとの日記に書いていないところをみれば、粉にしても食べられなかったのであろう。

脱脂大豆をどうやって食べるのかは、空襲、疎開の話につづいて、人びとのもうひとつの話題となっている。森輝《あきら》は昭和電工を中心とする森コンツェルンのメンバーだ。四十九歳になる。なにごとにも関心があり、注意深い。脱脂大豆についても、一家言がある。フライパンでから揚げにして、醬油をたらして食べるのがひとつの方法だと会う人ごとに語っている。だが、これは食用油があっての調理法だ。

触れておこう。牛込の森輝の邸は四月十三日の空襲で焼かれた。三人の子のうちの長男の荘一は昭和十八年十一月の学徒出陣で武山海兵団に入団した。そのあと土浦航空隊で戦闘機乗りとなった。戦闘機・月光を主力とするかれの八〇四飛行隊は鹿児島の串良基地からルソン島のクラークフィールド基地に進出した。レイテ奪回のための増援の兵員輸送船の掩護の戦いをつづけて、戦力を消尽してしまった。今年の一月、敵地上軍がルソン島のリンガエン湾に上陸したときには、在比航空部隊の解隊の発令となった。航空隊要員の台湾への引き揚げができなかった。八〇四飛行隊員はクラークフィールド基地を捨て、山中で戦うことになった。森荘一の分隊の消息はそれっきりとなっている。[65]

　大豆粕よりさつま芋のほうがずっといいとどこの家庭でも語り合うのだが、もちろん、さつま芋の苗を植えたばかりの現在、さつま芋の配給はない。さつま芋が米やパン、乾麺と並ぶ主食となったのは昨年からだ。東京ではさつま芋の配給は昨年の十一月か十二月におこなわれた。一回だけだった。一人当り五百匁、二キロ弱だ。焼き芋にするさつま芋の大きさが三百五十グラムほどだから、一人当り六本分だ。米穀通帳を必要とせず、米と差し引かなかった。特別配給、特配である。前に記したことだが、農商務省と食糧営団の狙いは、さつま芋を扱うのは野菜の配給所ではなく、米穀配給所だとまずはだれにも承知してもらって、来年の昭和二十年の秋には米と差し引きで、芋の配給をおこなおうという魂胆だった。

　さて、農商務省は今年十月のさつま芋の収穫までとても待つことができない。米も、麦も、大豆も、脱脂大豆も、高粱も不足している。昨日のこと、六月三十日の午後、総理官邸で農相が主宰する食糧問題の懇談会が開かれ、あらかたの閣僚が集まった。一日二合三勺の主食の配給を一割減少したいと訴えた。農商務省は主食の配給を一割減少しなければならないと三月、四月から説いてきた。大蔵公望が五月の日記にそうした情報を記したことは前に記した。

だが、二合三勺の主食の配給は断固守りとおすと首相も、農商務大臣も繰り返し説いてきた手前があった。そして国民に与える衝撃が大きいと内務大臣、陸軍大臣が主食配給の削減に反対し、一日延ばしにしてきた。石黒忠篤農商務大臣は決意を固め、懇談会を開き、閣員たちを説得しておき、そのあと閣議に持ちだすことにした。

明後日、七月三日の閣議で主食の配給を一割減とすることが決まる。東京といくつかの「大消費都市」は一カ月遅らせ、八月十一日からの実施とする。農商務大臣は談話を発表し、一割削減は一応、十月いっぱいで終わらせるようにする、端境期だけの措置だと語ることになる。

そのさきの目安はあるのか。まずはさつま芋に頼る。そして早期供出を督励して、北陸産の早場米を十月末までに東京に送ればよい。そのときに鉄道が寸断されていたらどうする。満洲から送られてきて、七尾や酒田に陸揚げされた大豆や大豆粕の鉄道輸送も止まってしまうだろう。正直、三カ月、四カ月さきのことをいまから考えてもしようがないというのがだれもの本心だ。

そして情報局の担当官は陸軍省軍務局軍務課長と協議し、閣議決定の翌日、七月四日の新聞紙面に載せるにあたっての各新聞社への注意事項を決めることになる。第一面のトップは戦いのニュースにしなければならない。「主食糧一割減、十一日から実施」の見出しはその隣か、その下に載せるようにする。情けないと思いはしても、軍務課長がやらなければならない仕事である。だが、さらに情けないのは、もはや戦いらしい戦いをしている戦場はどこにもないのに、あるような嘘を言わなければならないことだ。

プログ山、ペグー山系、タラカン島、バリクパパン

沖縄の戦いは終わってしまった。八日前の六月二十三日、沖縄の第三十二軍の牛島満軍司令官と長勇《ちょういさむ》参謀長は自決した。軍がそれを発表したのは六日前の六月二十五日のラジオ、翌二十六日の新聞だ。朝日新聞の見出しは「二十日、敵主力に対し全員最後の攻勢　沖縄陸上の主力戦最終段階　軍官民一体の善戦敢闘三カ月」というものだった。

それから一週間足らずあとの今日、七月一日の朝、陸軍大臣の阿南惟幾は三鷹の自宅の庭のさつま芋畑を見て回り、カボチャの花の数を数えたあと、家に持って帰った上田情報を書斎で読み、その要点をノートに写している。

上田情報とは陸軍省調査局が月に数回出している情報綴りだ。局長が上田昌雄だから上田情報と呼んでいる。調査局は、軍務局、兵務局など陸軍省五局の外にある秘密機関だ。そして調査局は資料調査部という別動隊を持っている。近衛文麿や吉田茂、かれら

と接触する人びとを内偵してきている。吉田茂はこの別動隊に監視されていて、捕らえられたのだ。

阿南は上田情報からつぎのくだりを写した。「沖縄失陥は大なる反響なし。傍観的、敗戦観。大阪財、金融方面にビマン」

阿南は「傍観的、敗戦観」と記して驚きはしなかったのであろう。かつて欧州のファシズム勢力が「無国籍的資本家」といった敵をつくり、つねに標的にしていたように、昭和のはじめから、大阪の財界人を非難、蔑視するのは革新派を自称する役人、軍人、評論家のお定まりとなっていたからだ。

大阪財界だけのことではなかった。沖縄を失ったことに「大なる反響なし」はどこでも同じだった。日記を付けてきている多くの人が沖縄の失陥を記し、短くはあっても、自分の思いを書いた。たとえば芦田均が六月二十七日の日記に「現地指揮官牛島満中将の最後のメッセージは涙なくして聞き得ない切々たる辞句であった」と綴ったことは前に記した。だが、芦田であれ、だれであれ、戦いはそのようにして終わるととっくに諦めていた。阿南は記憶しているだろうか、都市に住む多くの人びとがはちきれる喜びで胸がいっぱいになった日がかつてあった。(66)だれもが水平線を上がってくる旭日を拝むような気持ちだった。前に記したことがあるが、もう一度記そう。

いまから二カ月前の四月十九日だった。沖縄の米軍が無条件降伏したのだという噂が物凄い速さでひろがった。はじまりは東京郊外と名古屋郊外の航空機工場で海軍省軍務局、軍需省航空兵器総局の海軍軍人がおこなった講演だった。沖縄水域の敵艦船の壊滅は、もう一息だ、すべては特攻隊の働きだ、沖縄に上陸した敵軍を降伏させるのも間近だ、いまこそ九州の前線基地にさらに百機、二百機の航空機を送り込まなければならない、君たちも頑張ってくれと叫んだ。聞いていただれもの胸が高鳴った。そのあとその話をだれかれに喋って、沖縄に上陸した敵は降伏するぞと声を張り上げた。

皆が皆、うなずいた。十八日の夕刻に大本営発表の放送があった。十六日と十七日の航空攻撃の戦果を告げるものだった。翌十九日の朝日新聞の朝刊は「勝機の把握は今にあり」との見出しを掲げ、沖縄水域の「戦果累計は三百九十三隻」との見出しを並べた。日本産業経済新聞は「必勝の神機開く」と載せ、「敵太平洋艦隊主力の掃滅近し」の大きな横見出しを掲げていた。

四月のはじめからつづいていた海軍航空隊の特攻攻撃が敵艦船を片端から沈めてしまったことから、沖縄の一角に上陸したアメリカ軍兵士たちの士気が瓦解してしまい、とうとう降伏したのだ。ついに特攻隊員たちの願い、全国民の願いはかなったのだ。

この喜びをすべての人に分かち与えねばならないとだれもが思い、会う人ごとに喜びを伝えた。駅では駅員がマイクロホンで電車を待つ人に伝え、客車内の乗客は総立ちとなって万歳をさけんだ。(67)

だが、降伏の話は事実ではなかった。四月二十日、新宿文化劇場の支配人の植草甚一は日記につぎのように記した。「昨日四時より沖縄敵兵4個師団無条件降伏の War-time falsehood 極めて迅速且つ広範囲にひろがる」

そして植草は自分の深い虚脱感、だれもの計り知れない絶望の気持ちをごく短く記した。「こん度はすべての人が疲れた(68)」

九十日の沖縄の戦いのあいだ、いや、今年になってから、いや、昨年、一昨年からはじめて、あの日、四月十九日か、二十日こそ、どれだけ多くの人がどれだけか嬉しかった一時だった。その直後の底知れぬ疲労感と絶望感は、沖縄の戦いが終わるまで、だれもの胸の底にずっと潜んできた。沖縄の守備隊の全滅を聞いて、「大なる反響なし」と前に記した。そのとおり、あの日、四月十九日か四月二十日にすべては終わっていたのである。

沖縄の戦いが終わってしまって、もはや戦いらしい戦いをしている戦場がどこにもないと前に記した。もちろん、戦いはつづいてきている。ルソン島中央部の山岳地帯に追い詰められた山下奉文《ともゆき》の第十四方面軍の残存部隊が戦っている。これらの部隊はプログ山を囲み、直径二十五キロほどの円周上にあるあちらの谷間、こちらの山あいに散在している。プログ山はルソン島第一の高山である。海抜二千九百メートルだ。各部隊はいまなお兵団と名乗っているが、その多くが戦死し、負傷兵、病兵も死に、残存する兵員は少ない。それでもこの最後の拠点の各兵団の総計は五万人ほどにもなる。

方面軍司令部の無線器械が壊れたため、サイゴンの南方総軍、東京の参謀本部にたいして、無線通信を送ることができず、なにも報告できないし、情報交換ができない。それだけではない。方面軍司令部は各兵団の配備、戦力、敵情など、正確にはなにも把握していない。電池の補充ができず、交信ができない。この一カ月、消息のない部隊がいくつもある。各兵団と連絡するためには方面軍司令部から将校を派遣するか、突然にやってくる兵団の参謀を待つだけなのだ。方面軍司令部の裏山の高所に展望哨をつくった。そこに詰める若い士官が双眼鏡で見えるかぎりの低地、そのさきの山地の味方部隊が潜む地域の動静をうかがい、電話線を繋げた司令部の参謀室へ報告している。

振り返ってみよう。捷号作戦を唱え、比島決戦をするのだ、フィリピンで一大決戦をおこなうのだとは、マリアナ失陥のあと、昨年の夏から陸軍、政府が唱え、国民だれもが信じていた。だが、昨年十一月の段階、ルソン島に敵軍が上陸するより前、十月下旬にレイテ島に上陸した敵軍との決戦がおよそ勝ち目のない一方的な戦いになるのを見て、第十四方面軍の武藤章参謀長がルソン島で決戦はしないと主張した。山下奉文方面軍司令官が賛成し、持久作戦、永久抗戦をすることにした。しょせん、決戦をおこなう戦力を持たなかったのだから、やむをえなかった。

こうして敵がルソン島に上陸する直前の今年一月のはじめに方面軍司令部をマニラか

らバギオに移した。「ついこの間までレイテ島戦こそ天王山の戦いだと、飽きるほど国民は聞かされていた。ところが今は、その天王山の戦いがどこでどうなったのか、まったく消息不明である」と風見章が日記に記したのは二月二十七日だった。これは前に記述した。

バギオも守りきれないと見て、三月二十一日にはラウレル大統領の一行は日本に亡命するために村田省蔵大使とともにバギオを出発した。四月十六日には山下と方面軍司令部の一隊がバギオを離れた。バンバン、そしてこの地、キャンガンへと司令部を移した。キャンガンは、前に触れたとおり、プログ山の山あいにある。プログ山はバギオの山下と武藤、部下たちが朝夕に北東の方向に見ていた山だ。バギオを撤退することになったら、あの山の麓に移るのだと思って見ていたのだから、美しい山だと思うだけでは済まなかったにちがいない。直線距離で四十キロ離れているだけだ。

バギオが敵の手に落ちたのは四月二十六日だ。そしてこの一カ月前の六月一日、ついにバレテ峠の防衛線が崩れた。弾薬、食糧の補給がなく、投入できる予備隊がなく、どうにもならなかった。この砦がカガヤン河谷を守っていた。カガヤン河谷はカガヤン平野と呼んでもいいのだが、プログ山を中央にして南北につながる山脈の東側にひろがっている。ルソン島最大の河、カガヤン河が南から北に流れる。バレテ峠が陥ちたあと、第二の防衛線をつくる力はまったく残っていなかった。敵側からすれば、完全な掃討戦となった。カガヤン河谷は六月下旬までにすべて敵の手に渡った。その河谷の北部にあるツゲガラオの滑走路は、ルソン島に敵軍が今年一月に上陸してからのち、日本とルソン島を結ぶただひとつの連絡路だった。前に記し、このあとでも記述しなければならないが、村田とラウレルの一行はそこから台湾へと脱出した。六月二十五日にツゲガラオは敵の手に渡った。そして四日前の六月二十七日、ルソン島のアメリカ軍は日本軍の組織的抵抗はやむと発表した。

この北部の拠点以外にルソン島にはまだマニラに近い山中に小部隊に分かれた一万人近くの将兵が潜んでいる。レイテ島に増派された部隊と南部比島に駐屯していた二十万の将兵は、いまはレイテ島、ホロ島、ネグロス島とにわずかに生き残るだけであろう。装備も糧食も乏しく、飢えとマラリアに悩まされているのはどこも同じであり、戦う力はまったくない。

第十四方面軍司令部のことに戻るが、軍司令部のラジオはまだ故障していない。これも故障していない手回し発電機のハンドルを痩せ細った兵士が息を切らしながら回す。山下と武藤は毎日、東京放送のニュースを聞いている。沖縄の戦いが終わったことは承知しているし、いまは中小都市が空襲されるようになっていることも知っている。ルソン島の戦況がニュースで報道されることはもはやない。バギオの失陥も、バレテ峠の防衛線が崩れたことも放送されなかった。

参謀事務室、といっても粗末な掘っ建て小屋なのはいうまでもないが、そこで士官がニューデリー放送を聞いている。五月の半ばには、「日本の財界人がアメリカ側に和平の申し入れをおこなった」というニュースが何回か放送された。担当者は武藤参謀長にそれを報告したにちがいない。

ところで、アメリカ軍はキァンガンの方面軍司令部を制圧する手を緩めていない。プログ山の周辺に布陣する日本軍を殲滅するために六個師団を残している。敵軍はブルドーザーを何台も揃え、山あいの低地に自動車道路をつくり、二輛、三輛の戦車が少数の歩兵部隊とともに前進してくる。崖の途中にある壕に隠れた兵士が戦車についてくる歩兵たちの頭上に擲弾筒の榴弾を浴びせる。前に進んでいた敵の戦車がこちらに砲塔を向け、七十五ミリ砲を撃ちはじめる。ほかの洞窟から迫撃砲が反撃する。敵は犠牲者がでること、犠牲者が増えることをなによりも恐れるから、ただちに引き下がり、応援の飛行機を呼ぶ。敵のP51戦闘機が真上を飛び、胴体に吊るした「ドラム缶」を落とす。陣地のある一帯は瞬時のうちに焼き払われ、そのときに発生する毒性の強いガスは壕内の兵士を窒息死させる。「ドラム缶」と呼んでいるのはナパーム弾だ。昨年八月にテニアン島で敵ははじめてそれを使った。「点火ドラム缶ヲ投下シタ」と報告した連隊があったと前に記したことがある。(69)

こちら側はすでに山砲陣地に砲弾はなく、迫撃砲弾もわずかだ。手榴弾と地雷だけが頼りだ。もちろん、食糧は不足し、赤痢とマラリアの蔓延に打つ手がない。武藤参謀長はここが陥落するのは二カ月さきの八月末か、九月はじめになると見ている。山下司令官の見通しも同じだ。残存部隊には脱出を命じることになろうが、山下と武藤はプログ山の北につづく山岳地帯へと移る考えはまったくない。ここが自分たちの城山だと覚悟を決めている。東京が戦争をやめる決断に到達するのはいつになるだろうと二人が考えるのは、毎夜、東京の放送ニュースを聞いたあとになるのではないか。山下は現在、五十九歳、武藤は五十二歳だ。

いまから半月前、六月十四日のことだった。参謀本部作戦課員の杉田一次がほかの課の課員三人と福岡、上海、広東経由でサイゴンに到着した。寺内寿一南方軍総司令官、そのあと昭南の第七方面軍司令部、バンコクの第十六方面軍司令部、モールメンのビルマ方面軍司令部を訪ねた。沖縄の第三十二軍司令部は失陥していたし、キァンガンの第十四方面軍の山下司令官を訪ねることはできなかった。マレー作戦を敢行したとき、杉田は山下司令官の幕僚のひとりだった。昭和十七年二月十五日にシンガポールのブキテマで敵英国軍司令官との降伏交渉をしたときに通訳をしたのが杉田だった。

杉田は南方軍の司令官、各司令官に会っても、東京が約束できる支援はなにもなかったのだから、司令官たちの問いに答えるのが唯一の土産であり、奉仕だった。空襲の被害状況、ソ連の参戦の有無、本土の作戦準備、そして今後の見通しを尋ねられた。一介の佐官が軍司令官を前にして、弱気や不熱意と受けとられる答えをするわけにもいかず、どれもこれもお座なりな説明となったのはやむをえなかった。

杉田の一行がビルマ方面軍司令部があるタイ国境寄りのモールメンの町に入ったときのことだった。かれらの足が思わずとまった。杖にすがり、よろよろと歩く一団を見た。杉田が即座に思いだしたのは、マレー作戦のあとに第八方面軍の参謀だった昭和十八年二月、駆逐艦上でガダルカナルから撤退してきた瘦せ衰えた兵士たちを見た痛烈な記憶だった。(70) いままた、ビルマの外れで、髪の毛は鼠色、青みを帯びた顔、汚れに汚れたボロ服、瘦せに瘦せ、骨に皮がついただけ、はだしの者もいる、人間とは思えない一団を見たのだった。杉田とほかの者たちはビルマの戦いは終わったのだと心の奥底で思ったのである。

昨十九年三月にビルマを防衛する三軍団のうちのひとつ、第十五軍が開始したインパール作戦は、十万の英印軍を包囲しても、敵側は空中からの弾薬、食糧の補給に頼って、びくともしなかった。前進し、敵を包囲しているわが軍が飢餓に苦しみ、弾丸もないといった有様となった。

インパールはインド領のアッサム州内にある。それだからこそ、この作戦には少数ではあったが印度国民軍が参加した。南アッサムに足を入れたならば、インド全域に英国統治に反対する叛乱が起きるという宿願を印度国民軍司令官のチャンドラ・ボースが抱いたのであれば、日本の指導者たちもそうなることを夢見たのである。だが、昨年七月には作戦の続行を断念し、雨季の豪雨のなか、敗戦の逃避行となった。

ビルマにたいする敵側の攻勢がはじまったのは、雨季が終わり、大地が乾燥し、戦車隊が活動できるようになった昨年の十月中旬からだった。戦車部隊と八百機を超す戦闘機と爆撃機を持ち、兵站はアメリカ空軍の輸送機隊に依存した。こちらの航空機は旧式な戦闘機と偵察機が五十機ほどあるだけで、地上戦力もはるかに劣勢だった。

南北に長いビルマの河はいずれも北から南に流れる。タイ国境の側からサルウィン河、シッタン河、そしてビルマ第一の大河、イラワジ河だ。三本の大河のうち、中央のシッタン河が一番短いが、河の西岸を基幹道路が並行する。ラングーンからビルマの中央部にあるビルマ第二の都市、マンダレーを結ぶマンダレー街道である。

マンダレーとその南にある要衝、ミークティラを失ったのは今年の三月下旬だった。ビルマの北部、中部に取り残されるか、敗退した第三十三軍と第十五軍の各師団の残存部隊はいずれもシッタン河、さらにはサルウィン河を渡り、タイ国境へと撤退している。

敵の戦車部隊はこれら敗残部隊に目もくれず、マンダレー街道沿いに進撃をつづけた。五月一日にはラングーン市の南の河口に上陸した英軍が翌日には同市に侵入した。マンダレー街道を南下してきた戦車部隊は五月六日にラングーンに入った。

ビルマを防衛する三個軍団のうちの第二十八軍はイラワジ河の西側の地域、ベンガル湾からアラカン山系を防衛地域としていた。わずか三個師団がこの任務を負っていたのだから、敵側が仕掛けるあちこちの奇襲攻撃に振り回された。そのあいだに敵の主力軍がマンダレー街道を南下してきたことから、第二十八軍は敵中に孤立してしまい、第三十七軍と第十五軍の残存部隊と同じように、これまた東に向かわざるをえなくなった。五月になって、各師団はイラワジ河を越え、ペグー山系に入った。

この山系は西のイラワジ河と東のシッタン河のあいだの分水嶺だ。南北百二十キロ、東西五十キロの小さな山系である。五百メートルほどの低い山がつづき、竹林があいだにある熱帯雨林に覆われ、野生の象の棲息地である。ここに三個師団、三万四千人の将兵が籠城することになった。ペグー山系の南端からわずか十キロ南にラングーン市があることから、最後の土壇場でラングーン在留者を召集、編成したラングーン防衛隊の隊員の大部分もこの山系に撤退してきている。

二十八軍を率いる桜井省三について記しておこう。現在、五十六歳になる。豪胆であり、情もあり、部下たちのだれからも敬愛されている。三年前の昭和十七年三月にラングーンを占領した第三十三師団の師団長だった。ビルマ領域を北進し、平定作戦を終えたあと、昭和十八年三月に内地に戻り、機甲本部長となった。ところが、それから十カ月あと、第二十八軍の軍司令官となって、昨十九年一月にかれは再びビルマに赴任した。

英国軍は第二十八軍を追ってペグーの山中には入ってこない。敵側にとって、いまはあらゆる戦場が残敵掃討なのだから、この戦場でも無理はしない。爆撃と砲撃だけだ。竹で組み立て、バナナの葉で屋根を葺いた軍司令部の小屋は二、三日おきに移動しているのだが、敵の砲弾はそのあとを追ってくる。無線通信をおこなっている箇所を探しあてるのだろう。それでも砲弾は当たらない。司令部周辺には直属部隊が数千人いるのだが、これまでにわずか二人がかすり傷を負っただけだ。敵は第二十八軍が山を下りるのを待っている。兵士たちが背負って山に運び入れた食糧はやがてなくなると読んでいる。山を下り、シッタン河を渡河し、東のタイ領土へ向かおうとすると見ているから、シッタン平原に二個師団を残し、シッタン河上空には偵察機が旋回飛行している。シッタン河で一網打尽にする肚だ。

たしかに第二十八軍は山を下りなければならない。五月中旬から主食の平均定量を一日三百グラムとした。内地の大人一日の主食の配給量が三百三十グラムだ。見てきたとおり、一割減となれば三百グラムだ。ペグー山系では、一週間もたたないうちに三百グラムは二百八十グラムに切り下げられた。山中の竹薮に行けば、どこにも筍が顔をだしていた。三食とも筍の粥になった。筍がなくなった。筍を食べていたのだ、筍の根を食べようということになった。ドラム缶に竹の根を入れ、灰を加えて朝まで煮た。これが常食となった。「混合物資」の大豆粕と同じで、下痢する者が増えた。下痢を起こすと急激に体力を消耗し、マラリアが再発した。

そして塩がはじめから不足していた。雨季に入っていたから、山中に運び込んだ塩は溶けだしていた。一人一日五グラムの塩と定めたが、二日で五グラムの供給も難しい。塩気のない竹の根のお粥がつづき、坂道を上がることができない兵士、動けなくなった兵士が増えてきた。朝、夜中、谷間で手榴弾の爆発音がこだましました。寝たきりになった兵士たちの自殺である。自決をしてはいけないとの指示がでた。

桜井軍司令官と参謀長の岩畔豪雄《いわくろひでお》は仮小屋のなかで鹵獲《ろかく》した携帯用の無線機で東京の放送を聞き、部下がニューデリー放送を聞いているのは、ルソンのキァンガンの司令部と同じだ。「日本の財界人がアメリカ側に和平の申し入れをおこなった」というニュースが放送された。

このニュースについては前に記したことがある。(71) 正確にはつぎのように放送したのだ。三井と三菱の代表がモスクワ経由で和平を申し入れてきたが、無条件降伏ではないので拒否したという内容だった。軍司令官の桜井は政府が財界を通じて打診したということであろうと語り、和平の瀬踏みにちがいないと言った。(72)

桜井と部下たちの論議がそれで終わったはずはない。米英ソの首脳会談がまもなく開かれることをかれらは承知していた。三国首脳会談でソ連は対日参戦を約束するのではないかという推測を語る参謀もいたにちがいない。和平の最初の話し合いは終わり、本格的な和平交渉はすでにはじまっているにちがいない、障害はなにか、決着はいつになるのかと桜井と岩畔は語り合うことになったのではないか。

桜井が願うのは、東京の最終の決断が一日も早いことであろう。ルソンのキャンガンの山下奉文、武藤章の胸のなかも同じにちがいない。だが、桜井は東京がどのような発表をするのかをずるずると待っているわけにはいかない。残り少ない食糧がすべてを決める。

かれは七月の半ばには山を下りる決意だ。部下にそのための準備にとりかかるようにと命じ、六月下旬から道路小隊が進路の偵察をはじめている。敵軍の宿営地、途中にある河川の状況、昼の間に潜むことのできるジャングルを調べ、シッタン河の河岸偵察もしなければならない。

ルソンの山下将軍の談話が新聞に載らないように、桜井将軍の一日も新聞に載らない。七月一日、今朝の読売報知新聞が一面トップに載せているのは、「沖縄戦況、北部で遊撃戦」といった見出しの記事だ。朝日新聞の一面トップの見出しは「バリックパパン戦果拡大す　更に二駆逐艦撃沈」というものだ。じつは今日、敵軍はバリクパパンに上陸した。

現在、いちばん新しい戦場がボルネオである。敵軍がタラカンに上陸したのがちょうど二カ月前だ。ブルネイ、ミリに敵軍が上陸したのは、いまから二十日前の六月十日だ。大きさはまったくちがい、形も全然似てはいないが、ボルネオを九州とすれば、タラカンは宇佐あたりであろうか。バリクパパンは宮崎ということになる。ブルネイ、セリア、ミリは福岡、唐津、伊万里といったあたりになる。

ブルネイ、ミリ、タラカン、バリクパパンは、いずれも近くに油田があり、製油工場があり、石油積み出し港だった。ミリ、セリアが敵の手に奪われた、タラカンに敵が上陸したと聞いた海軍省、軍令部に勤務する人のなかには、あれはいつのことだったか、喜びの声を上げたことがあったのを思いだす者もいるにちがいない。ミリの油田の破壊された精油所を修復し、油積み出し用のパイプラインの修理も終わり、戦いがはじまってはじめてミリの石油を積み込んだタンカーが徳山に入港したとのニュースが入ったときだった。そして昭和十七年五月のいつのことだったか、四月二十九日の天長節の日にタラカンを出港したタンカーがこれも徳山に着いたと知ったときだった。

だが、タンカーが少なく、内地に石油を送ることができなくなった。タラカンとバリクパパンの石油はもっぱら昭南のセレター軍港に送られるようになった。そして艦隊の主戦力はスマトラのバレンバン油田に近いリンガ泊地を利用した。昨年六月のあ号作戦に出撃する艦隊もその泊地から出撃した。そしてその戦いのあとからはタラカンに原油積み込みにくるタンカーはなくなった。ボルネオのほかの石油積み出し港も同じだった。石油基地防衛のための戦闘機はいつか飛行場から姿を消し、各地の燃料廠の女子職員は帰国してしまい、三十代から四十代の徴兵適齢者は徴集され、基地守備隊を編成することになった。そして敵の空襲がはじまり、製油施設が破壊された。

タラカンは淡路島の半分ほどの大きさである。島の大部分は二百メートルの高さの丘陵地だ。燃料廠の軍人が六十人、工員が三百人、海軍の警備隊が六百五十人、陸軍が五百人、総計二千人がいた。陸海軍合同でタラカン守備隊を編成したが、装備はとるに足らなかった。海軍警備隊はオランダ軍が海岸三カ所に据えた三門の大砲を持つだけだった。陸軍部隊は一門の大砲も持たなかった。六月十日に上陸した敵軍は戦車を先頭に一万八千人の部隊だった。大部分がオーストラリア軍であり、アメリカ軍とオランダ軍が少数加わっていた。わずかな守備隊は背後の島の中央部の丘陵地帯につくった洞窟陣地で抵抗した。敵の駆逐艦の一群はタラカン沖にとどまり、砲撃の支援をつづけ、B24編隊の爆撃もつづいた。六月二日の新聞には「一人十殺の反撃」の見出しがでた。十一日には「敵出血二千五百」、十三日には「タラカン第一線を固守」と見出しを掲げた。

そして六月十五日の朝日新聞はその第一面に「敵第一線へ総斬込　タラカン守備隊力闘」の見出しを掲げ、つぎのように記した。「タラカン守備部隊は敵の重囲下に寡兵を以て敵に多大の出血を強いつつ既に四十余日の戦闘に耐え、指揮官はその手兵が倒れ傷つい て日一日兵力の減少するにもかかわらず援兵を要請せず烈々の闘魂を示している」

同じ十五日付の読売報知新聞もまったく同じ記事を載せた。読者は長い経験からこのような文字を綴った文章がなにを意味するかを承知している。タラカンの守備隊の残存部隊が最後の総攻撃をおこない、全滅して終わったのだと思った。新聞はそのあとタラカンの戦いの記事を載せていない。

「敵第一線へ総斬込」の記事が新聞に載るより二日前の六月十三日のことだった。タラカン守備隊司令部がある隧道《ずいどう》内に各隊の隊長が召集された。陣地を放棄するという命令が下された。守備隊員は十人以下の小部隊に分散する。糧食はまだ三カ月分ある。これも分散する。こう決まった。

守備隊員はすでに半分近くが戦死し、千二百人が残るだけだ。洞窟陣地を覆っていた森林はナパーム弾と黄燐弾によって一掃され、敵は空中撮影によって、こちらの陣地の全貌を摑むことができるようになっている。五日あとか、一週間あとには敵はこちらの最後の主陣地に攻撃を仕掛けてくると覚悟しなければならなかった。

じつはそれより前にタラカンの防衛隊司令部で討議されていたのは、ペグー山系の桜井省三、キァンガンの山下奉文と同じように、ニューデリー放送が伝えた三井と三菱の代表がアメリカに和平を申し入れたというニュースだった。六月十三日の司令部内の会議で、洞窟陣地を捨て、玉砕、全滅を避けると発令することになったのは、戦争の終結は近いにちがいないという判断が大きな動機だった(73)。

千人ほどの隊員が島内山地に分散したことは、敵の集中的な攻撃を回避できることになりはしたものの、糧食を分配するにあたっての計画がいい加減なら、貯蔵のための充分な時間もなかったために、ばらばらになった隊員たちはたちまち飢えとの戦いに直面するようになっている。

さて、今日、はじまった地上戦は、前に触れたとおり、バリクパパンである。敵軍が上陸した。敵側は余裕たっぷりの戦いをおこなうようになっている。一昨年の十一月にギルバート諸島のタラワに上陸するに先立っての砲爆撃は三時間だった。昨年二月のマーシャル群島のクェゼリン島に上陸作戦をおこなったときには三日間だった。ところが、バリクパパンにたいする砲爆撃は二週間にもわたった。

慌てる必要はないし、びくびくすることもないと敵側はたかをくくっているからだ。日本の空軍は攻撃を仕掛けてはこない。あるとしても、少数機、一、二回だろうとこちらの戦力をみくびっているのだ。二隻の護衛空母が観測機と哨戒機を飛ばしている。もっとも、体当たり舟艇の深夜の奇襲を恐れ、午後五時になれば、すべての艦艇ははるか沖に後退した。

タラカンの戦いが新聞に載らなくなってから、バリクパパンの戦いが代わって載るようになっている。六月二十日付の新聞は、敵の二隻の護衛空母を伴った巡洋艦と駆逐艦の一群がバリクパパンに艦砲射撃をはじめたことを告げた。そして前に記したように、今朝の朝日新聞が「更に二駆逐艦撃沈」と報じることになった。実際には沈めた四隻の艦艇はいずれも掃海艇だった。上陸したのは、二百輛の戦車を先頭に立てたオーストラリア軍の地上戦闘部隊二万人である。こちらは陸海軍の守備隊と海軍燃料廠従業員を軍事編成した部隊とを合わせて、総兵力一万一千人という触れ込みだ。だが、陸軍部隊を除けば、小銃でさえ五十人に一挺という有様だ。しょせん、まともな戦いができるはずはないが、小さな島のタラカンと違って、守備隊は奥地に後退できるというささかの余裕がある。

もはや戦いらしい戦いをしている戦場はないと繰り返し記したが、ペグー山系、プログ山麓、タラカン島の戦いは述べてきたとおりだ。さて、「主食糧一割減、十一日から実施」を七月四日の新聞紙面に載せなければならないが、陸軍省軍務課長が決める戦いのニュースは、バリクパパンに上陸した敵軍を「肉迫攻撃、敵を圧迫」といったものになることだろう。

柳田国男家のさつま芋畑

上板橋に住む岡本潤は掘りだしたじゃが芋の大きさが梅の実ほどだったことにがっかりしたことは前に記した。まずまずのできだとにっこりした人がいる。世田谷の成城に住む柳田国男は六月十八日に畑のじゃが芋を掘った。一本だけ抜いたのだろう。新じゃがはひとつ、百グラムほどだった。その日の日記に「新ジャガ芋ほりてくう。自分の栽えたものとてことにたのしく食う」と記した。

つぎに六月二十七日の夕方、柳田国男は畑の草むしりのあと、またじゃが芋を一本抜いた。じゃが芋を掘りだした。今日も夕方、草とりを終えて、またも誘惑に耐えきれず、じゃが芋を一本抜いた。「もう植えたものの二倍はたしかにとれる」(74)と日記に記した。

柳田の家の庭は広いから、じゃが芋畑だけでなく、茄子、トマト、キュウリ、カボチャを植えているし、さつま芋畑もある。さつま芋の苗を持ってきてくれたのは大西伍一だ。かれは東京高等農林学校で教えている。四十七歳になる。柳田は大西と知り合ったばかりだ。柳田の書斎の本を運ぶためにかれは来ている。こういう次第だ。

国男は五月二十五日の夜に庭の防空壕の外にでて、遠くの東の空の、無数の焼夷弾の赤い火を見た。そして同じ東の空が真っ赤に映えるのを見た。翌日からどこが焼けた、だれが行方不明という話を聞くことになった。「赤坂青山の人死は意外なり、石井子爵も姿見えずという。(75)麴町にても爆死の人多し」と日記に記した。つづく二十九日の午前中、南の横浜の方向に空高く上がっていく巨大な煙を見た。やがては世田谷のこのあたりも焼かれるのではないかと不安になった。

書籍だけでも分散させておこうと思って、書斎の本の整理をはじめた。書斎には三万冊が並んでいると聞いたのは清沢洌《きよし》である。昨年の十一月、かれは柳田の家を訪ね、通された書斎が二十坪もあるのに感心しての質問だった。(76)蔵書の一部を東京高等農林に寄託することにした。高等農林は昭和十年に北多摩の府中に開校された。成城よりは安全だと国男は思った。その本の運搬のために柳田宅を何度も訪ねてきたのが大西である。トラックの利用は不可能だし、馬車を頼めば、一時間百円、米一升をつけてくれと言われるのだという。そして運んでくれるのは、近くを通るときということで、日にちの約束はできないと言われる。結局はリュックサックに背負って、何回も運ぶしかない。

七回目だったか、六月二十日には大西はさつま芋の苗を持ってきてくれた。時間があるから自分が植えるといって、柳田がやっとの思いで掘り返した庭の芝生をたちまちのうちに倍に拡げ、畝《うね》をつくり、さつま芋の苗を挿してくれた。知り合ったばかりの人に、畑作業をつづけてもらうのが気がかりで、隣家が苗を欲しがっている、苗の半分を隣に譲ると言って、作業をやめてもらった。

あとになってそれが悔しい。さつま芋の苗を分けてくれる人が多摩川を渡ったさきの登戸にいるのだが、一日延ばしにしているうちに七月に入ってしまった。片道四キロある。三穂《みつほ》が私が行ってくると言っている。三穂は柳田の長女だ。夫は仙台に赴任していることから、三穂は三人の娘とともに柳田家に移ってきている。一番上の娘は三月末に集団疎開地の静岡から帰り、成城学園に進学し、次女は玉川学園に通っている。ついでに記しておけば、東京女子師範に勤務する長男の為正の一家も柳田家に同居していたのだが、為正は五月はじめに召集され、妻と二人の子は那須に疎開した。

さつま芋のことに戻る。パラオ島の守備隊が「現地自活」をしなければならなくなり、

「さつま芋の恩恵」に頼ろうとしていると前に記した。柳田国男が「薩摩芋の恩恵」と書いたことがあるのを思いだしての引用だ。ずっと昔、柳田は「木綿以前の事」という論考のなかでそう記した。九州、四国の海岸地帯、瀬戸内海の貧しい島々に住む人びとが生きつづけ、それらの村落を維持することができたのは、さつま芋の恩恵があってこそなのだと柳田は説いた。

「恩恵」はつぎのとおりだ。焼き芋百グラムあたりのエネルギーは同じ重さの米と同量だ。ビタミン量は玄米と変わりないばかりか、生鮮野菜に負けないビタミンCを含む。そして保存食になる。さつま芋を輪切りにして、乾燥させ、それを粉にした「かんころ」を団子にして食べる。ちまきにする。瀬戸内海沿岸であったら、どこでもサルトリイバラの葉に包む。山帰《サンキ》来《ライ》とも呼ばれる。つるで這い上がる低木の光沢のある葉だ。

もちろん、「さつま芋の恩恵」は九州、四国沿岸の山を背後に負った僻村や沖合の小さな島だけのことではない。九州、四国、本州の水田がある農村でも、八月の末から翌年二月ごろまで、さつま芋を食べる。芋を食べることを「穀《こく》かばい」と言っているとおり、米と麦を節約するためだ。

鈴木昇は千葉県東金町郊外の丘陵で洞窟掘りをしている。もっとも、日曜日の今日、かれもまた、さつま芋畑の草取りをしているのかもしれない。

かれは昭和十八年四月に千葉県国府台《こうのだい》にある部隊に入営した。大正十三年の生まれだ。

同じときに入隊した仲間たちの大部分はビルマに送られ、インパール作戦に参加し、あらかたが戦死してしまった。

昇はさつま芋と切り離すことのできない少年時代を送った。かれは大磯の西小磯の生まれだ。家は農家だ。長く伸びたさつま芋のつるをひっくり返しながらの畑の草取りは、小学校時代の夏休みのもっとも辛い思い出だ。学校を卒業したあと鉄道に勤め、新橋駅に勤務していたかれは、いつからかさつま芋のつる返しが芋の増産にはならないということで、やらないようになっていることを知った。

さつま芋の食べはじめは八月の七夕祭のときだった。まだ細い、小さな芋だった。つぎは八月のお盆にご先祖さんにさつま芋を供えた。夏休みが終わり、二学期がはじまって、雨が降らなければ、留守番のおばあさんのいない昇の家では、かれがしなければならない毎日の仕事があった。授業が終わって、家に帰り、服を着替え、鍬と籠を持ち、裏の芋畑へ行く。芋を十数個、掘りだす。家に戻り、井戸ばたで芋を洗い、台所のかまどの二升釜にその芋を入れ、ひしゃくの水を入れ、ふたをする。枯れ松葉で火を燃やし、二十分ほど蒸気でしっかり蒸す。蒸しあがった芋を大きなざるに入れ、風呂敷に包み、これまた二十分ほどかかる遠くの田圃か畑で野良仕事をしている両親のところまで持っていき、皆で蒸し芋を食べる。相模の方言で「おちゅうはん」と言った。

冬になって、囲ってあったさつま芋がなくなると、切り干しにしたさつま芋を食べる。

輪切りにしたさつま芋をむしろにひろげ、日にあてて乾かす。袋に入れて貯蔵しておいた切り干し芋を製粉所に持っていき、粉にしてもらう。そして芋団子をつくる。前に記した九州、四国のかんころもちだ。

芋団子をつくるのも、学校から帰ってきた子供の仕事だった。大きな木鉢にさつま芋の粉を入れ、水を加えて練る。手で握って、団子をつくる。手の指の形がそのまま残っている。それを釜に入れて蒸す。ざるにあけ、畑にいる父親と母親のところまでもっていき、皆で食べた。この芋団子がまたとびきりおいしかったことを昇は思いだす[77]。

よもや軍隊でさつま芋づくりをすることになるとは、入営のときに昇は思いもしなかったであろう。今年の一月の末には衆議院の予算委員会でそのときに陸軍大臣だった杉山元が軍も甘藷の増産に励むと語ったと新聞に載った。三月二十五日には第十二方面軍参謀長が茨城県の水戸、鹿島、千葉県の茂原、大網、東金、神奈川県の大磯、伊勢原に駐屯する各師団に宛てて、「沿岸築城」の命令を通達した。その末尾につぎのような指示があった。「陣地ハ従来ノ観念ヲ一擲シ全面的ニ耕作物ヲ以テ之ヲ覆イ遮蔽偽装ヲ完カラシムル[78]」

築城と同時に自活に努めよという命令である。こうして鈴木昇は対戦車壕を掘りながら、芋畑にするために荒れ地を開墾し、坑道掘りのあいだに、芋の苗を植える半日があったのだし、草取りもしなければならない。もちろん、昇の故郷の大磯で陣地をつくっている兵士たちも、鹿児島の大隅半島で隧道を掘っている兵士たちも同じだ。人手がないことから雑草に覆われた畑を耕し、さつま芋のつるを挿し、今日はかれらも畑の草むしりをしていよう。

ところで、さつま芋を主食としているのは沖縄だ。沖縄本島の北端から南端まで水田は少ない。毎日、米の飯を炊くのは、以前は那覇と首里の市民ぐらいだった。「やまと米」はわずか、蓬莱米と呼ばれる台湾米が町で売られた。一般の農家では白いご飯を炊くのは正月、お盆のときであり、子供の運動会、遠足の日の弁当が白米の握り飯だった。

沖縄ではさつま芋を「うむ」「んむ」と呼んでいる。沖縄の主婦は四時に起きて、「しんめんなーび」と呼んでいる鉄の大鍋で「うむ」を炊いた。一日三回分をまとめて炊く。朝から山盛りのいも膳だ。一日分の「うむ」は前の日の夕方に主婦が畑から掘ってくる。そして掘ったあとには、五月、六月か、それとも九月、十月にまた「うむ」の苗を植える。こうして「うむ」は一年中食べられる。台風の多い沖縄で、水田の稲や畑の粟や大豆と違って、烈風に畑の芋の葉がすべて吹き千切られ、茎だけになってしまっても、地に這う茎を元に戻してやれば、一週間あとには芽がでてくる。沖縄を支えてきたのは「うむ」なのである。

柳田国男はこうしたことを知っている。かれは沖縄を訪ねたことがある。官界から足を洗って二年のちの大正十年のことだった。そのあと「海南小記」を朝日新聞に連載した。かれは日本中、どこの土地にも関心を持ってきたが、沖縄にたいする思い入れは、なぜか格別である。故郷の歴史、人びとの生活に関心を持つ沖縄出身の研究者を集めて、南島座談会を長くつづけた。だが、空襲がはじまり、柳田家の他の研究会と同じように、その集まりも途絶えてしまった。

三カ月前の四月四日、柳田の家に南島座談会の主要メンバーだった伊波普猷《いはふゆう》と島袋源七が訪ねてきた。柳田はまもなく七十歳になるが、伊波はかれより一歳若い。東京帝大を卒業、沖縄県立図書館長を務め、沖縄研究をおこない、「古琉球」を発刊したことから、東京の研究者のあいだにも知られる存在となり、沖縄を訪ねた柳田が伊波と会う機縁ともなった。伊波はそのあと東京に移り、沖縄研究をつづけてきた。島袋も沖縄の研究をしてきた。

伊波は熊本県の八代に住む甥のところへ疎開するつもりであり、別れの挨拶に来たのだと柳田に言った。柳田は伊波がこの二十年のあいだに東京で集めた沖縄関係の資料のことが気になった。伊波は友人の浦和の家へ預ける考えだと言った。結局、なにもできないまま、二カ月足らずあと、伊波は家と書籍のすべてを焼かれてしまう。

国男はその日、四月四日の日記に「沖縄の惨状(79)」と記した。かれは敵軍が上陸した三日前からの沖縄地上戦の模様を伊波と島袋から聞いたはずはない。昨年の敵の空母機部隊、延べ千四百機による空襲でその九割が焼かれた七万人が住む那覇市の「惨状」であったことは間違いない。

いまから八カ月前の十月十日、朝から夕方まで敵の空母機が沖縄を襲った。迎え撃つ味方の飛行機は一機もなかった。那覇市は灰になり、死者は七百人にのぼった。そのあとの混乱が「惨状」に輪をかけた。火に追われ、町の外へ逃げた人びとのあいだで、明日の朝には敵が上陸するという噂がひろがった。警察首脳は大慌てとなり、島の北部、国頭《くにがみ》郡へ避難するようにとの命令をだした。丘陵がつづく森林地帯である。いったい、どこに収容するのか、食糧はどうするのか。そうした問題は後回しだった。沖縄を襲った敵の機動部隊は迅速につぎの作戦水域へ向かい、翌十一日にはルソン島を襲うことになるのだが、首里の第三十二軍司令部はこれまた狼狽、混乱し、正常な判断ができないでいた。住まいを焼かれた那覇市民は、家から逃げるときに持ってでたわずかな食料と衣類の包みを背負い、那覇から八十キロ、百キロ離れた国頭に向かった。その行列は夜通しつづいた。

伊波と島袋はその十月十日の空襲のあとに沖縄から九州に疎開した人からそのような話を聞いたのであろう。昨年の七月から今年の三月上旬まで、疎開学童を含めて六万人が熊本、宮崎、鹿児島の三県に疎開している。

だが、その六万の人びとがなにも知ることができず、伊波と島袋がまったくわからず、柳田が想像できないできたのは、四月一日に敵軍が沖縄の嘉手納に上陸してから今日までの沖縄の「惨状」である。沖縄で戦った将兵はあらかたが戦死してしまったのであろう。一般住民も激しい戦いの巻き添えとなり、犠牲者は少なくないにちがいない。それでも生き残った住民は多いはずだ。生き延びた人はどれほどいるのだろう。現在、その人たちはどのような生活をしているのか。軍はなんの発表もしないし、内務大臣はなにも言わず、新聞はなにも伝えない。敵軍に占領された地域に生き残った住民がどのようにして生きているのかといったことは、じつのところ、だれも考えたくない問題である。

柳田国男がぼんやりと考えることになれば、本土と違って、沖縄には一年中、畑に行けば「うむ」があるのだから、生き残っている人びとは「うむ」を食べて生きているにちがいないと思うのであろう。伊波普猷、島袋源七も、沖縄から南九州に疎開している人びともそう考えて、自分を慰めようとするにちがいない。

では、内務省、陸軍省、参謀本部、そして明日には戦場となる南九州を抱えた西部軍管区司令部の幹部たちは沖縄の生き残った住民がどうやって生き延び、生きているのかを承知しているのか。かれらはそれを調べ、部内で論議したことがあるのか。

沖縄の人びとが、今日、どのように生きているのかはこのさきで記さなければならない。

マロエラップのさつま芋、豊原市のじゃが芋

柳田国男が「さつま芋の恩恵」と書いたのは大正十三年だった。それから二十年がたった今、議会では「国を救うものは芋の増産」だと首相が語り、「さつま芋は立派な兵器だ」と軍需大臣が説き、前に見たとおり、上板橋の岡本潤の一家三人は庭の三十五本のさつま芋の苗にこの秋の「さつま芋の恩恵」を願っている。岡本の家だけではない。この五月、六月の異常な寒さの懸念を日記に書いた人たちのことは前に記したが、かれらの家の庭にはいずれも三十本、五十本のさつま芋が植えてある。そしてこれも前に綴ったとおり、パラオ本島やヤルート島の守備隊員が「さつま芋の恩恵」にすがっている。

もちろん、パラオ、ヤルートだけのことではない。柳田国男はなにも知らず、陸軍省軍務課長が語ることなく、新聞は報道したことがないが、ラバウル、ニューギニア、そして太平洋に散在する島々、陸軍が濠北と呼んでいる旧蘭領東印度のハルマヘラ島やほかの島々、さらにはインド洋のアンダマン諸島、これらすべての地域の守備隊員が「さつま芋の恩恵」に頼っている。

それらのうちのひとつ、マーシャル群島のマロエラップ島を見ることにしよう。マロエラップ島と呼んでいるが、マロエラップ環礁のひとつの島だ。さつま芋の形をした長径五十キロの環礁内に五十の小島があり、一番南にタロワ島がある。この島をマロエラップと呼ぶことにしている。

平林和夫は海軍短現の九期生、昭和十八年一月の卒業だ。二五二空に赴任が決まった。

戦闘機隊であり、零戦隊である。呉からトラックまで巡洋艦鈴谷《すずや》、トラックから大艇でラバウルに着任した。二五二空はラバウルからマーシャルに転進することになり、平林もマーシャルのルオット島の二五二空本部に移った。昭和十八年二月末のことだ。ラバウルの本部があった山上からラバウル湾の艦艇、輸送船の一群を見下ろしたときには、平林は意気天を衝くという思いであったし、ルオット島での毎日はバレー、テニスをやり、分隊対抗の相撲大会、駆け足競技大会を楽しんだのだった。

だが、日本の海軍航空戦力がガダルカナルからソロモンの戦いのあいだにじりじりと損耗を重ね、アメリカ側が強大な力を蓄えつつあったのが同じときだった。すべてが一変したのは、ルオット島のはるか南にあるギルバート諸島に敵軍が上陸した昭和十八年十一月からである。ルオット島の二五二空の零戦隊と七五二の陸攻隊が出撃した。そして十二月、二五二空は本部をルオット島からマロエラップ島に移した。

昨年の一月二十九日の早朝だった。マーシャル群島のわが方のすべての航空基地、マロエラップ、ルオット、クェゼリン、ウォッゼ、オレ、ヤルート、エニウェトクにたいする敵空母群の飛行隊の攻撃が同時にはじまった。夕刻までにマーシャル群島のわが方の飛行機は一機もなくなった。つづいて戦艦部隊が航空基地のある島に近づき、飛行場に一トン半の巨弾を撃ち込み、滑走路の修復ができないようにして、こちらの航空機の増援を断った。敵の爆撃と砲撃は翌日もつづいた。ギルバート諸島から飛来したB24の爆撃があり、さらに戦艦、巡洋艦の砲撃を中断させて、空母飛行機の機銃掃射がつづいた。そして水陸両用装甲車と歩兵を載せた揚陸艇が島に接近してきた。ルオット島の航空隊員とわずかな警備隊は全滅した。

マーシャル群島全域への敵の大攻勢がつづくさなかの二月五日のことだった。夜半、下弦の月が上がったとき、総員で爆撃跡を修復した滑走路に陸攻二機が滑り込んだ。搭乗員と通信科の要員、二十人を収容し、ただちに飛び立った。マロエラップの隊員が味方機を見送った最後となった。二五二空はそのあと内地で再建されるのだが、マロエラップに残された二五二空の隊員は警備隊に転勤となり、平林和夫は警備隊の主計科士官となった。

敵はマーシャル群島の奪うべき島を奪い、ただちに巨大な海空基地の建設にとりかかった。マロエラップは取り残され、弾薬、兵員、郵便、糧食、消耗品の輸送、補給はまったくなくなった。だが、敵地上部隊の上陸があるやもしれなかった。糧食配給を一割減、そして二割減にし、農園づくりをはじめ、守備隊員のいない島々に開発隊を派遣したが、まだ自活のための農作業は真剣ではなかった。

敵が昨年六月にマリアナ諸島の攻撃を開始して、もはやマロエラップに敵軍の上陸はありえないことは疑う余地がなくなって、自給自活が唯一の目標となった。マロエラップ島の司令直轄の糧食増産委員会が設けられ、さつま芋、カボチャを植える畑を増やすことが毎日の日課となった。

どこの島でも、さつま芋づくりは司令が陣頭に立ち、最高責任者になっている。トラック島のことを語ろう。トラック島が昨年の二月に敵の空母飛行隊に完膚なきまでに叩かれたことは前に繰り返し記した。そしていま述べてきたとおり、敵の側とすれば、トラック攻撃はマーシャル群島の制圧と占拠の行動の一環となる作戦だった。その完敗の戦いのあと、東京はトラックの第四艦隊の司令官を代えた。軍令部総長も解任されたのだから、これは当然だった。新司令官に原忠一を任命した。だが、トラックに内地から航空機を補給する余裕はまったくなかった。ラバウルの可動の海軍陸上機のすべてをトラックに移した。一式陸攻二機、零戦三十七機、九九式艦爆四機といった淋しい戦力だった。原忠一は珊瑚海海戦の空母戦隊の指揮官だった。世界の海戦史上はじめての空母対空母の戦いの主役のひとりだった。そのあとのミッドウェー作戦と同じように、暗号を解読されて待ち伏せをされての戦いだった。勝ち戦だといっても、ポートモレスビー攻略を断念することになったのだから、戦略的には負け戦だった。原はもともと水雷屋の出身だった。それを誇りにしてきたのだが、まさにそのとおりの気質の持ち主であり、謙虚で飾らなかった。余計なことを記しておこう。かれは山本五十六より兵学校は七期下、山口多門、福留繁より一期上である。

敵の航空攻撃に完敗したあとのトラックの若い海軍士官たちは海軍航空のホープが来

たと喜んだ。だが、環礁内の春島の航空基地に飛行機が来ないのではどうにもならなかった。原司令は「芋畑の管理に来られたようなものだ[80]」と言ったのは、かれらの胸中の無念さを自嘲に変えたものだった。

　マロエラップ島のさつま芋畑に戻る。敵側は何度かビラを撒き、降伏勧告をした。受け入れられないと知るや、マロエラップ島を爆撃の練習地とした。爆音が近づけば、どこの畑にもつくってある小さな蛸壺壕に入るから、隊員の死傷者はわずかだった。大変だったのは爆撃のあとだ。芋畑に大穴がいくつもあく。悔しいかぎりだが、どうにもならない。さらに大変なのは、砂をかぶったさつま芋の葉を一枚ずつ洗わなければならないことだ。放っておくと葉は黄色くなり、落ちてしまい、茎も枯れてしまうと知ってのことだ。兵士たちは水の入ったブリキ缶をになってさつま芋畑に行き、さつま芋の葉を洗った。口惜しさのあまり、泣きながら作業をする兵士がいた。

　だが、ルオット島の敵の爆撃機隊の指揮官の神経は普通なのであろう。トラック島を爆撃するアドミラル諸島の爆撃機隊の指揮官はずっと意地が悪い。爆弾は着弾する十メートル上で破裂する。芋畑に穴はあかない。蛸壺壕からでてきた隊員は茫然として四方を見回している。毎日の慰めを与えてくれた緑の畑は一瞬のうちに消えてしまっている。五十メートル四方の芋畑のすべての芋の葉が爆風によって吹き飛ばされてしまった。司令官から兵員ひとりひとりがしっかり覚えている数字がある。さつま芋の苗挿しからさ

つま芋を掘りだすまでの期間が三カ月という数字だ。この畑の収穫は完全に二カ月は遅れるのだと溜息をつく。(81)

マロエラップ島だけのことではなく、どこの島でも同じだが、つる苗を植えて一カ月半がたつと夜中の農園荒らしに悩まされるようになる。まだ芋が小さいから、手あたり次第に掘られてしまい、その被害は大きい。マロエラップ島でも、実弾を込めた銃を手にした立ち番が欠かせなくなっている。またべつの事件が起きた。ひとりで魚採りに行った者が水死体となることがつづいた。事故ではない、殺されたのだ、どうしてなのだろうという推測があれこれ語られるようになった。弁当の乾燥芋を狙ったのだろうといった噂がひろがり、ひとりで魚採りに行くことが禁じられた。施設部の軍属のなかには筏をつくり、環礁内の無人島に逃げようとする者もでてきた。

飢えはひろがっていく。兵士たちの体重は三十キロ台となり、胸は一枚の薄い板になった。軍医長がカロリー数を計算したところ、隊員の一日の栄養量は五百九十二カロリーだった。軍の一日の規定量の十九パーセントである。顔色は青く、浮腫がでている。なにをする気力もなくなり、寝ているだけとなる。毎日、どこの分隊でもそのような隊員が一人、二人と死んでいった。栄養戦死という言葉がつくられた。自滅を待つより、出撃したいと願った。だが、いかなる方法もなかった。敵が攻めてくることを望んだ。だが、戦いらしい戦いができないで死ぬのだと思うとそれも嫌だった。栄養戦死者が毎日つづくのを我慢する以外になかった。

マロエラップ島は、当初、航空隊員が九百人、警備隊員が千二百人、施設部、その他の人員、わずかな数の陸軍部隊までを加え、総計三千三百人だった。一昨年十一月の航空攻撃戦、そして昨年一月三十日の夜から数日にわたる空母機隊とB24の爆撃と十数隻の敵巡洋艦、駆逐艦の砲撃を受け、合わせて六百人が戦死した。二千七百人ほどになった。そのあとに爆撃の訓練地になって殺されたのがおよそ五十人だ。そして昨年の九月、十月から栄養戦死がつづくことになった。各分隊の隊員の数はじりじりと減りつづけた。

マロエラップ島だけではない、どこの島でも、糧食増産と主食配給の責任を負わされている主計科士官はある陰鬱な計算を秘かにしていた。島のさつま芋畑の収穫量で生きていくことができる人数の計算、いや、どれだけの人が死ぬのを待たねばならないのか、それはいつごろになるのかという恐ろしい計算だった。

マロエラップ島の栄養戦死者の毎日の総計は八人、九人、十人だったのが、ある日から減りはじめた。五月になって栄養戦死の毎日の総計は二人、一人となった[82]。五月の末には完全になくなった。司令が忘れていた笑みを浮かべれば、司令部の糧食委員会の集まりの論議の声はにわかに活発となった。雨季のあいだに植えたさつま芋の苗がよく育ったからだとだれもが笑いを浮かべて語った。敵が爆撃を止め、哨戒だけにしたことも大助かりだった。だれも口にしなかったが、栄養戦死者が減り、ついになくなったもっと大きい理由はべつにあった。隊員の総数が二千七百人から千三百人足らずとなって、マロエラップ島の全員が「さつま芋の恩恵」を受けることができるようになったからだった。

本州の東半分、そして北海道では「さつま芋の恩恵」はない。さらにその北、樺太のことを語ろう。鎌倉に住む島木健作は一カ月前の五月十九日の日記につぎのように記した。

「玉貫光一、宮崎の飛行基地にある東重男君から来信があった。玉貫君によれば、樺太は、万一敵によって遮断された場合、食糧難のためただちに手をあげねばならぬので、一戸宛一反歩の馬鈴薯作付の命令で、役所も会社も天気のいい日は半日休んで百姓だそうだ。東君は基地に在って連日敵と戦いつつ、なお益々歌が出来るといって数首書いてよこした。綽々として余裕ありというべきだ。

沖縄に敵上陸と知りし夜は間遠き蛙を聞きてねむりぬ

花見達二、小林秀雄、来訪す[83]」

島木健作については前に記した。体の具合が悪いが、毎日、机に向かい、長編小説を書きはじめている。かれの評価を高めたのが昭和十二年に発刊した長編小説、「生活の探求」である。多くの人に読まれたが、遅ればせながら、この六月の末にそれを読み終えたのが岡本潤だ。日記に読了と記した。島木は農村と農民に強い関心を抱きつづけているから、「越後の農村の状態」を日記に記述したのだし、樺太のじゃが芋増産の話も日記に写すことになる。

島木は「万一敵によって遮断された場合」と樺太のことを記した。北海道の稚内と樺太の大泊《おおどまり》を結ぶ稚泊航路、亜庭丸《あにわまる》と宗谷丸の二隻の連絡船が昭和七年から運航をつづけてきた。両船とも総トン数三千トン、旅客定員は八百人だ。八時間の航行であり、以前は大泊を午後十一時半に出港して、稚内に朝の七時半に着くという夜間運航があった。昭和十八年九月に海軍の命令で夜間の航行は禁止となった。敵の潜水艦の魚雷攻撃を受けて、夜では乗客の救出が難しいからだ。

亜庭丸と宗谷丸はいずれも砕氷船だ。稚内湾には二月には流氷があるし、大泊沿岸には海氷の氷域ができる。そして冬のあいだは大シケがある。五月から六月にかけては濃い霧が宗谷海峡を覆う。海岸に住む人なら、霧のさきから聞こえてくる連絡船の霧笛の響きはお馴染みだ。

かつては鰊《にしん》網がはじまる前には、連絡船は北海道や東北から出稼ぎに来る漁民たちであふれた。昭和十二年からは樺太炭が脚光を浴び、ブームがつづき、船室は炭鉱夫でいっぱいだった。だが、貨物船が不足して、樺太炭を内地に輸送できなくなり、残っていた炭鉱夫も北九州に移ることになった。鰊を内地に運ぶこともいまはできない。この一カ月前の六月八日の御前会議で、石黒農商務大臣が逼迫をつづける食糧事情を説明し、その対策を何点か挙げたのを、下村宏国務大臣がノートに記した。その何番目かに、樺太方面で始末に困っている鰊の搬出とあった。

その鰊とは身欠《みが》き鰊のことだ。身欠き鰊については前に記したことがあるが、このさきで述べることになろう。

さて、島木健作が日記に記したとおり、万一の場合の食糧の欠乏が樺太の人びとの最大の問題となっている。豊原市の四万人、それ以外の住民が六万人、そして樺太に派遣されている陸軍部隊が三万人、かれらのための米、味噌、醤油、酒は北海道から連絡船が運んでくる。

樺太に専業農家が生まれたのは、昭和三年の恐慌がはじまって、内地から農民の移入を奨励してからのことだ。だが、満洲事変のあとに農業移民は満洲に向かうようになり、内地から樺太への農業移民は途絶えた。そして樺太のわずかな農民は材木の運搬、鰊場、炭鉱で働くようになってしまった。

米と味噌、醤油を連絡船で運ばなければいけないと記したが、毎年七月からは野菜の輸送が増える。長い冬に備えて、樺太の家々は、八月末までにタマネギ、キャベツ、にんじんを買いだめしなければならず、漬け物にする白菜、大根も大量に必要である。

北海道との交通路が断たれたときのことを考えなければいけないということで、樺太庁は昨年からじゃが芋とカボチャの増産を説き、島木健作が日記に記したとおり、今年になって、樺太庁は「一戸宛一反歩の馬鈴薯作付」を唱えてきた。樺太庁は内務省の管轄下にある。樺太の県庁が樺太庁である。

前に記したとおり、「さつま芋の恩恵」は樺太にはない。さつま芋は気温が十五度を割ると生育が止まる。東北地方、北海道、ましてや樺太ではさつま芋の栽培は不可能だ。三月から四月にかけて、亜庭丸と宗谷丸は毎航海、じゃが芋のたね芋を運んできた。十勝産のたね芋は二万俵にのぼった。そして五月十五日から会社や工場は朝六時半に出勤することになった。樺太は緯度が高いから午前三時頃に明るくなる。仕事は午後一時まで、そのあとはじゃが芋を栽培するための荒れ地の開墾だ。

石山博子は十三歳、豊原女学校の一年生だ。大泊から汽車で一時間、豊原市は人口が四万人だと前に記した。戸数七千戸だ。碁盤状の町の中央に神社通りと呼ばれるメインストリートがある。博子の学校はこの神社通りにある。神社通りは豊原駅と樺太神社を結ぶ。神社は旭ヶ丘の中腹にあり、駅から二キロの距離だ。鈴蘭灯が立ち並ぶこの通りに豊原市役所と樺太庁がある。樺太庁と向かい合って白樺邸と呼ばれる白樺の林に囲まれた長官官邸がある。そのさき、官邸と同じ側に豊原高等女学校がある。そして市内では珍しい三階建ての博物館があり、さらにそのさきに豊原中学があり、樺太神社に向かう石段になる。

博子の学年は松、竹、梅、蘭、菊まで五クラスあり、二百五十人だ。博子が入学してから、授業は五週間ほどあったであろうか。姉のお古、手をつくして卒業生のいる家から譲ってもらった校服、母親が似せてつくってくれた校服を着て、晴れがましい気持ちで神社通りを歩いたのも、一カ月で終わった。

　根雪が解け、雪が消えた五月のはじめ、各クラスがそれぞれ開墾地を割り当てられた。市の北の郊外の荒れ地の端に立った一年生は溜息をついた。背の低い、九十センチほどの高さの笹原がどこまでもつづいている。長い冬のあいだ、雪の下にあったはずなのに笹の葉は枯れた色をしていない。こんなところを畑に変えることは自分たちにできるはずはないと思った。上級生が笹を刈ってくれるということなので、ほっとしたのも束の間だった。

　深さ二十センチまで掘らねばいけないと言われた。笹は根を四方に伸ばしていて、打ち下ろす鍬の刃をはねかえした。博子も、ほかの子たちも、国民学校五年生、六年生のときから、校庭をじゃが芋畑にするので、鍬やシャベルの使い方は知っていたし、てのひらに豆をつくってきたのだが、この笹の根との格闘には息を切らしつづけ、腰を伸ばすときには顔をしかめた。六月十日までにじゃが芋の植え付けを済ませなければいけないと受持の先生から言われていた(84)。樺太は六月が春だ。九月は秋だ。吐く息は白くなり、雪がちらつきはじめるのだが、収穫の季節である。

　一週間、十日がたち、少しずつ植え付けを待つ畑に変わっていくのを見るのは嬉しいかぎりだった。雨の日は嬉しいと思うより、作業の遅れることが気になった。まだ日にちがある、もう少し、もう少しとじゃが芋を植える地面を増やしていった。

六月のはじめにクラスの何人かが学校に行き、届いているたね芋を大きいのと小さいのに分けた。小さいのは二つに切り、大きいのは四つに切った。そして六月九日からクラス全員が畝に三十センチ間隔で穴をあけ、たね芋を植え、半日ですべてが終わった。皆は畑の端に並び、万歳を三唱した。ここが二十数日前までは笹が生い茂り、見渡すかぎりの荒れ地だったのを見事にこのような畑に変えたのだと博子と級友たちは誇らしく思ったのである。

その数日あとだった。校庭に防空壕をつくることになって、一年生は二年生の手伝いをして、土運びをした。汚れた軍服を洗う作業をしている上級生もいた。気になるニュースを上級生が話し合っているのを一年生が聞いた。大泊を出港したばかりの宗谷丸が敵の潜水艦に危うく沈められるところだったというのだ。六月十二日の朝のことだという。珍しく大泊に入港した貨物船が木材と身欠き鰊を積み、これも稚内に向かおうとして同じときに出港したのだが、この船が敵の潜水艦に沈められた。宗谷丸と間違えたのだ、身代わりになったということだった。

それから十日ほどあと、博子の級友たちは、親が語っていたというさらに気がかりな話を聞いた。亜庭丸が故障し、連絡船は宗谷丸一隻になってしまったという情報だ。亜庭丸が機関部に故障を起こし、北海道の函館ドックに回航されてしまい、大泊と稚内のあいだを航行するのは宗谷丸だけとなったのだ。故障修理のために、連絡船は一隻だけとなり、航路が隔日となることは前にもあった。だが、何年か前とはまったく事情が違うと博子と級友たちは思った。そして彼女たちがつづけて思ったことは、じゃが芋を植え終わってよかったということだったにちがいない。開墾した畑全体にじゃが芋の芽が出ていることは、だれもが承知している。来週の土曜日には、全員、じゃが芋畑に行かねばならない。「芽かき」をするのだという。五、六本出ている芽のうち、太い芽を二、三本残し、他のを取り除かねばならない。

第39章 天皇、東郷茂徳、米ソの動き（七月一日）

紅葉山を登りながら天皇はなにを考えるのか

七月一日、今朝は旬祭の拝礼があった。旬は「しゅん」と発音する。毎月一日、十一日、二十一日におこなう祭だ。十一日、二十一日は侍従の代拝だが、一日は天皇が三殿で拝礼し、神祇と皇霊に祈念する。皇霊は歴代の天皇の霊、神祇は天神地祇、八百万《やおよろず》の神々である。三殿とは賢所、皇霊殿、神殿の総称である。昨年十一月に三殿の御霊は生物学研究所のさきの丘の地下の仮殿の斎庫に移したのだが、祭事はそこでおこなわれていない。

昨日の節折《よおり》の儀式は前に記したとおり、神嘉殿の前庭でおこなわれた。午後二時半に終わった。そのあと午後三時から四時のあいだに軍令部総長、そして参謀総長の戦況奏上があった。天皇は軍令部総長の豊田副武《そえむ》に向かって、つづいて参謀総長の梅津美治郎《よしじろう》に向かって、戦いがうまくいかないのを御祓いしたよと語ったであろうか。天皇はその儀式のことについては触れなかったのではないか。それを語ったのはいつのことだったかと天皇は思いだしてみたであろうか。二年前、昭和十八年六月三十日の大祓の日だった。戦況奏上のために参内した永野軍令部総長に天皇はそう語った。杉山元に向かってもそれを告げた。

長くなるが、その年、昭和十八年のことをもう少し思いだしてみよう。節折の儀式の日から三カ月前の十八年四月七日のことだった。連合艦隊の空母機部隊と基地飛行隊、合わせて四百機がソロモンとニューギニアの基地の敵空軍にたいして航空撃滅戦を挑んだ。おかしな作戦だった。連合艦隊の根幹となる空母機動部隊、その中核である、容易に育成できない空母航空戦隊を陸上の基地に移して、戦わせることなど論外のはずだった。山本五十六長官はその至極当たり前の理屈を無視しなければならない辛い立場にあった。それより一カ月前の三月二日と三日、陸軍部隊一個師団と弾薬糧秣をラバウルから東部ニューギニアのラエに輸送する船団と護衛艦船がニューブリテン島と東ニューギニアとのあいだのダンピール海峡で敵の航空部隊の集中攻撃に遭い、大損害を受けた。陸軍側は「ダンピールの悲劇」と言い立て、船団航行の安全確保に手を抜いたと海軍を非難し、連合艦隊の空母は遊んでいたではないかと連合艦隊司令部の怠慢をなじった。じつは東部ニューギニアへの増兵は、珍しいことであったが、天皇じきじきの指示によるものだった。

さて、海軍が久しぶりに敢行せざるをえなくなった航空撃滅戦、空母航空戦隊を含め四百機投入した、い号作戦は思いどおりにいかなかった。補充交代ができる敵空軍にたいする四回の攻撃は苛酷な消耗戦となり、作戦は二週間で打ち切らざるをえなかった。発表はできなかったが、相討ちというよりは我が方の航空機の損害の方が多かった。その翌日の四月十八日、山本長官が前線の航空基地を激励しようとした。かれの搭乗した中攻は敵の待ち伏せ攻撃に遭った。覚悟の死か、闇討ちによる突発の死であったのかの詮議はここではどうでもよい。早すぎもしなければ、遅きにも失しない、自分が予言したとおりの悲惨な局面となるより前の、まことに時機を得た死だった。

そしてかれの国葬が日比谷公園内の斎場でおこなわれてから二十数日あとの大祓の日のことに戻るが、天皇は侍従武官の城英一郎に向かっても、御祓いしたよと語ったにちがいない。そのときに城が思い浮かべ、天皇の脳裏に浮かんだのは、山本長官のことのはずであった。かつて山本の部下であった城の目がうるんだのであれば、天皇も目をしばたたかせ、思いだすのは昭和十六年十一月三十日のはるかに遠い、そして昨日のことであるかのような苦渋の記憶となったはずであった。

昨年の大祓の日は、サイパン島の生き残った守備部隊がいよいよ最後のときを迎えようとしていたときだった。天皇はなにを祈願したのであろう。昭和十六年、十七年、十八年までは侍従武官だった城英一郎は昨年二月に空母、千代田の艦長になり、十月二十五日、エンガノ岬沖で命じられた孤立無援の戦いをして、全乗員、艦と運命をともにした。(1)

そして昨日、天皇は神祇と皇霊になにを祈念したのであろう。

今日のことに戻る。旬祭の祭事が終わったあと、午前十時二十分、天皇は日曜日の散策に出掛ける。警戒警報は関東、東海地域のどこにも出ていない。紅葉山《もみじやま》に向かう。お供は侍従の戸田康英ひとりだ。

紅葉山は吹上御苑のいちばん西にある丘だ。小さな丘だが、皇居内でいちばんの高所となる。丘を下りてお堀の向こう側は麹町だ。

ついでに記しておこう。紅葉山の名称は古い。太田道灌の家臣が建てた寺院の山号であり、この寺は徳川幕府の時代に入って、四谷に移された。四谷北寺町の西迎寺《さいこう》である。べつに山王神社があったが、これも移って、山王日枝神社となっている。徳川家光の時代に開設された紅葉山文庫もあった。ここに収められていた書籍は内閣文庫が継承した。すべての建物がなくなったあとの紅葉山の丘は手を入れていない。天皇は大木のあいだの小道を登る。とりわけ大きいヤブツバキが五本ほどある。天皇はしばらくこれらの木を見上げ、根元に生えている下草を注意深く観察し、前に見たときの記憶と照合するのであろう。

天皇は小道を登りながら、考え込むことになれば、九日前、先月二十二日の会議を思い浮かべることになるのだろう。「時局収拾案」を実行に移すことが決まった。よかったと改めて思うのであろう。終わってしまった沖縄はしかたがないとして、九州を戦火に巻き込まずにすむのだと思うのではないか。もちろん、天皇は「もう一回の勝利」に期待を懸けることはない。陸軍大臣の阿南惟幾とかれの部下たちが「もう一回の勝利」を会議で主唱し、会う人ごとに喋っているが、天皇はそのような期待はとうに捨ててしまっている。

天皇が「もう一回の勝利」を信じたときはたしかにあった。いまから四カ月半前の二月十四日に近衛文麿が参内し、「国体の護持のためには、一日も速やかに戦争終結の方策を講じなければなりません」と言上したのにたいし、天皇は「まだ見込みはある」と言い、「もう一度戦果を挙げてからではないと中々話は難しいと思う」と語った。(2)

その二月、「もう一度戦果」が必要だ、それはできると天皇はだれから聞いたのであろう。それより前の一月、アメリカ東部のホットスプリングスにグルーの対日政策を葬り去ろうとする強硬勢力が集まり、戦後の日本にたいする苛酷な政策を発表した。(3)「天皇を廃する」「天皇制度を破壊する」と打ちだしていた。これは前に何回か記した。

木戸と外務大臣の重光が天皇にこの出来事をどのように説明したかは容易に想像がつく。アメリカにはグルーのように日本の皇室に敬意を払う人物がいる。だが、日本を憎み、徹底的に破壊せよと説く者がべつにいる。レイテ島、ルソン島の戦いが容易に進捗していないのを見て、日本の戦力は急速に弱まっているのだと判断したこのグループは、日本に融和策をとる必要はまったくないと説くようになったのだ。木戸と重光はこのように説いたのであろう。そして木戸と重光の二人は、対ソ接近策こそ、日本の採るべき道だと言上したのではなかったか。

そして「もう一度戦果」を挙げることができる、そして「日本処理案」を吹き飛ばすことができる、「まだ見込みはある」と天皇が思ったのは、軍令部総長の及川古志郎の主張があってのことだった。まもなく桜花作戦を敢行する、「戦略的反攻」をするのだと説き、サイパン島をはじめ、マリアナ諸島を奪い返してみせるとそのとき政府閣僚や重臣、天皇に説いていたのが及川総長だった(4)。

及川古志郎は本気でそれを信じていたわけではない。真の狙いはべつにあった。今年一月、二月、及川総長と米内大臣、かれらの部下たちが懸念を強めていたのは、陸軍が昨年末から執拗に展開していた陸海軍合同の計画だった。海軍が事実上、陸軍に吸収合併されてしまうようなことになるのを絶対に許してはならなかった。やがて死を迎える海軍は海軍軍人の手で葬らなければならなかった。そしてもうひとつ大事なことがあると米内と及川は考えたのであろう。海軍が消滅してしまったら、戦争終結の目途が立たなくなってしまう。

ところで、陸海軍合同の是非は天皇が決める事柄だ。そこで陸軍は陸軍軍人の皇族すべてを動員し、天皇に働きかけていた。海軍側の切り札が「桜花作戦」だった。及川軍令部総長は海軍による「戦略的反攻」の時機が迫っていると政府閣僚、そして天皇に説き、海軍を解体して、その人材と資材を陸軍に投じるべきだと説く陸軍の主張を葬ろうとした。天皇は陸海軍の合同を支持しなかった。天皇の助言者である木戸の判断は、いまこの際、そして戦争が終わったあとのことまでを思量するなら、宮廷が海軍に憎まれ、恨まれるようなことをしてはならないということだったのであろう。

桜花作戦は失敗に終わり(5)、海軍は「戦略的反攻」を言わなくなったが、陸軍は陸海軍の合同が天皇の支持を得られないと知って、すでにその主張をつづけることを断念している。そして「もう一度の戦果」を陸軍が唱えるようになっている。天皇は海軍の及川が「戦略的反攻」を説いたのは陸軍の合同論を抑え、海軍の名誉を維持しつづけようとしただけのことであって、「日本処理案」を叩き潰す「戦略的反攻」などとてもできないのだと知ることになった。いま本土の戦いを迎えようとして、陸軍の幹部はこれまた陸軍の最後の名誉を守ろうとして、「もう一度」と言っているだけのことだと天皇は承知しているのであろう。

六月二十二日、天皇が出席した会議で参謀総長の梅津美治郎が対ソ外交は慎重におこなうべきだと語ったとき、天皇は梅津に向かって、「もう一回の勝利」をと言うのではないだろうね、引き延ばしを考えているのではないだろうねと念を押したのだった。

天皇がいま考えるのは、モスクワ行きの特使はだれにするかということになろう。外務大臣の東郷を出すわけにはいかないだろう。木戸も出すことはできない。重光はソ連に嫌われている。ソ連とかかわりの深い広田か、それとも近衛か。急がねばならない。向こう一週間のうちに決めなければならない。

そして天皇が足をとめるのは、その昔に植栽されたであろう、樹勢の衰えたユズとカリンの前になるにちがいない。これらの古木が枯れてしまえば、この山のすべては武蔵野の昔に戻ってしまうのだと天皇は考えもするのであろう。ムクノキ、タブノキ、サクラの大木が生え茂り、その数は百五十本以上になる。そしてシジュウカラがそこでもここでも啼いている。

モスクワに派遣する特使の問題のつぎに、天皇の念頭に浮かぶ重要事があるにちがいない。それを記す前に一年前に戻ろう。

昨年六月、高木惣吉は「C.P.を戴く時」と書いた

昨十九年の六月四日、アメリカ軍がローマを占領した。翌五日に我が海軍の偵察機がマーシャル群島の環礁のひとつ、昨年一月の末に敵に奪われたメジュロ環礁の上空を飛び、敵の空母群、戦艦部隊を中心とする厖大な艦艇が礁湖内に勢揃いしているのを一望した。敵のつぎの大攻勢の時機が迫っていると連合艦隊司令部と軍令部は確認した。その翌日の六日には米英軍がノルマンディーに上陸し、ヒトラーの「大西洋の壁」に大穴を開けてしまい、ローマ失陥のニュースなど吹っ飛んでしまった。

同じその六月六日、もうひとつのニュースが人びとの目を釘付けにした。前に記したことだが、繰り返そう。政府主要機関に配布される同盟通信社の海外ニュースの綴りにそれは載った。「米軍ローマに進入、独軍はローマを解放せり(6)。エマニエル三世退位、

皇太子のウンベルトに王位を譲る。署名発表（五日一三〇〇）」

説明をしておこう。一昨年の九月一日、エマニエル国王は米英軍に無条件降伏し、同月三日には休戦協定に調印した。それが公表されたのは五日あとだった。そのあとはドイツ軍の行動のほうが迅速だった。アメリカの空挺師団がローマに降下できないでいるあいだに、ローマ市を占領した。国王とその一家、首相のバドリオはローマを脱出し、ドイツ軍占領地から遠いイタリア南部のアドリア海に面した小さな港町、ブリンジジに逃れた。ドイツ軍はたちまち支配地のイタリア軍の武装解除をし、捕らえられていたムッソリーニを救出した。

米英軍のイタリア半島北上の戦いは遅々たるものだった。やっとアメリカ軍はローマを占領し、エマニエル国王もローマに戻ることになったのだが、そのときに国王は退位を宣言したのである。

昨年の六月六日、退位、王位を譲るという文字を見た人びとは、これは明日の日本で起きることなのだという考えが頭に浮かんだに相違ない。陛下は退位されるのを覚悟しなければならない。それだけで済むなら、よしとしなければならない。ところで、皇太子殿下はまだ小学生だ。摂政が必要となる。秩父宮は御殿場で療養されている。高松宮が摂政となるのか。だれもがその不快な想像をそこで打ち切ったのであろうが、政府幹部、重臣、宮廷高官はいずれもこのような連想、推考をしたはずだ。

ところで、エマニエル三世退位のニュースを知った人びとは、だれもが最初は思い違いをした。イタリア国王の譲位はアメリカ、あるいは英国からの圧力に直面してのことだと思った。(7)やがて新聞記者、外務省員はべつの事実を知った。戦争責任者である国王とバドリオ首相はイタリア国内の反国王勢力からの攻撃に囲まれ、引退を迫られていた。国王はイタリアの王制を維持していくためには、反国王勢力に譲歩するしかないと思って、引退を決意したのだった。

やっぱり共産党がやったことなのかと思った人びとは、共産主義国に頼るのは絶対に危険だ、クレムリンとイタリアの共産党は一歩一歩、イタリアの王制の廃止へともっていこうとしているのだと思った。

ところが、それより前には、人びとはイタリアのやり方を日本は参考にすべきだという主張に耳を傾けていたのである。こういうことだった。バドリオ首相はソ連と取引をした。トリアッチがイタリアに帰国することを認め、それと引き替えにバドリオ政権はソ連から外交承認を得た。トリアッチはムッソリーニが政権を樹立したときにモスクワに亡命し、イタリア共産党のコミンテルン代表となり、スターリンとモロトフに気に入られていた。

千島と南樺太を与え、共産党を公認するのと引き替えにソ連と友好関係を結べばよいと説く人が増えた。そんなことで済むはずはないと思いながらも、そんな具合に言い立てた。そしてエマニエル三世の退位が共産党による権力奪取の第一歩だと気づくことになっても、ソ連と取引をするのをやめるべきだと説く人は少なかった。イタリアと異なり、日本の場合は、天皇の退位を求めてくるのは、間違いなくアメリカだと考えるからだった。

アメリカからそのような要求を突きつけられる前に、こちらの自主的な対応が必要になる、この問題をしっかり検討し、その用意をしておかねばならないと考えたのは高木惣吉だった。

「エマニエル三世退位」のニュースを読んだときに、高木惣吉は海軍省の教育局長だった。かれはそれから三カ月あとに次官の井上成美の指示を受け、病気という名目で役職から離れ、戦争終結のための工作をはじめることになる。だが、かれは教育局長という椅子に座っていても、自分がやらねばならない仕事がなんであるのかを承知していた。

六月の何日だったのであろう、もちろん、昨年の六月だが、高木は備忘録の余白に「C.P.を戴く時の懸念」と記した。「C.P.」とはクラウン・プリンス、皇太子のことであろう。つづけてつぎのように書きとめた。

「一、上との関係　二、御性格　三、無批判となる　うまく行かぬとき　四、Aの態度　五、大塔宮、中大兄皇子と見立てるは、現政権を幕府と見ることになる」(8)

尋常ならざる問題を高木は手帳に記したのだが、前にも記したとおり、だれが考えるのも同じであり、秩父宮は療養中、高松宮を摂政にしなければならなくなると高木も考えた。だが、高木はノートに摂政の二字を書こうとせず、高松宮の名前を書くこともせず、高松宮の名前を符号にして書くこともしなかった。高松宮を頭に入れて、「懸念」する問題を記した。

「一、上との関係」とはお上と摂政となる高松宮との関係を「懸念」してのことなのであろう。昭和十六年十一月三十日に高松宮が参内して、天皇に向かって対米戦争に反対したという出来事は、事実の半分だけを承知していた原田熊男から高木は聞いたことがあったにちがいない。そして天皇と高松宮が「激論」することがあるといった情報は、高木は内大臣秘書官長の松平康昌から聞いていたのであろう。高木はそれを心配して、「上との関係」と書いたのだろう。

「二、御性格」とは高松宮の性格のことなのか。戦争を終結させるためにはなみなみならぬ勇気が必要だ。高松宮にそれができるだろうかという「懸念」だったのであろうか。

「三、無批判となる　うまく行かぬとき」のうちの「無批判となる」は、天皇が退位したことで、アメリカ国内の強硬派を黙らせることができるということなのか。「うまく行かぬとき」とは、天皇が退位しても、アメリカの日本憎しの世論を抑えることができないかもしれないという「懸念」なのか。

「四、Ａの態度」とは、摂政となる海軍出身の高松宮にたいして、陸軍省と参謀本部の中堅どころが穏やかでない気持ちを持つことになり、これが戦争の終結を妨害することにならないかという「懸念」なのか。

「五」は高松宮を一千年の宮廷の歴史に残る皇弟のだれに見立てたらよいのかと考えて、思いついた名前を並べたものなのであろう。

高木がノートに「C. P. を戴く時の懸念」と書いて十日足らずあとの六月十四日だった。海軍の偵察機がメジュロ環礁で確認した敵の艦隊はマリアナ水域に襲来した。サイパン島に砲爆撃を開始し、地上戦闘部隊を揚陸させるのも一両日と思われたときだった。

近衛文麿は木戸幸一を訪ねた。容易ならぬ事態に立ちいたった、日本の最終的な敗北は不可避となったと近衛は言い、陸軍指導部の総入れ換えを図り、皇道派の将軍たちを起用すべきだと説いた。支那事変、そしてアメリカとの戦争の開始にまったく無縁な真崎甚三郎や小畑敏四郎を陸軍の指導者にしてこそ、この戦争を終わりにさせることができるというのが近衛の唱えつづけていた主張だった。だが、木戸は聞く耳をまったく持たなかった。このさきで述べることになろうが、かれこそが皇道派の将軍の追放を決めた昭和十一年二月の蜂起事件収拾の基本方針を策定した陰の主人公だった。それ故に真崎や小畑の復活を認めることなどできるはずもなかった。この事実はほかのだれよりも、近衛が一番よく承知していることだった。にもかかわらず、近衛がそうしたことを木戸に語ったのは、マリアナ水域で数日中に起きるであろう海上決戦に、もしも連合艦隊が大敗する結果となれば、近衛が考えている本当の提案を木戸に突きつけるつもりであり、陸軍首脳陣総入れ換えの主張は、まずは木戸の顔面への先制のジャブだった。

六月十九日、空母航空隊はマリアナ諸島西側水域に展開する敵空母群を襲おうとした。日本の運命を決したこの海戦については、これまでに何回も記した。[9]

それから二週間足らずあとの七月二日、近衛は今後採るべき対策を文書にまとめ、内大臣秘書官長の松平康昌に手渡し、内大臣に見せて欲しいと頼んだ。木戸が考える時間の余裕を与えてやろうとしたのである。「全戦局に好転の見込絶対になし……敗戦必至なり」と最初に記し、天皇は東条に「厳然たる書面の形式」で下問され、「辞表捧呈」したのであれば、高松宮に「組閣の大命を降され、新内閣の輔弼により時を移さず停戦の詔勅を下し給う。……」

「停戦は速やかなるを要す。但、速やかに停戦することにより和平条件を多少にても緩和し得べしと期待するは誤なり。停戦即無条件降伏と覚悟せざるべからず。……」

「速やかに停戦すべしというのは只只国体護持のためなり。サイパンにおける敵基地完成せば、今月中にも我国六十余州はことごとく空爆範囲内に入るべく、……」「もし即時停戦が真相を知らざる軍人及び国民に異常の衝撃を与え、動揺のおそれ濃厚にして皇族内閣を以ってするも、これが統制困難なりと認めらるる場合には、やむを得ず中間的内閣を組織せしむべし。……」[10]

近衛はこの文書をつくる前に、近衛系の人たちの考えを聞いていた。近衛は高木惣吉とは会わなかったが、富田健治が高木の考えを聞いたはずであった。高木から天皇退位、譲位の問題をその計画表に加えなければならないとの提言を近衛は耳にしていたにちがいない。高木の考えを聞くまでもなく、近衛とかれの側近の外交専門家はエマニエル三世退位の問題を検討したであろうし、第一次大戦の敗戦国の王制の運命についても論議したはずであった。

前に記したことだが[11]、藤原鎌足以来の家系を誇り、皇室にもっとも近い家柄の自分こそ、皇室の安泰、その存続のために努力する責務があると思ってきた近衛であったから、天皇の退位、譲位の問題に取り組む用意をしなければならないと内大臣に説くのは、なんの気兼ねや遠慮もなかった。ところが、木戸宛ての文書に近衛は天皇譲位の問題を加えなかった。三年前に東条を首相に奏請したのは木戸なのだから、東条を退陣させろと迫られ、恥ずかしさに震えているはずであり、あるいは開きなおって反撃してくるかもしれなかった。そしてもうひとつ、木戸にとっては恥ずかしいでは済むはずのない問題、かれの大きな間違いが引き起こすことになる天皇退位、譲位の問題をいまただちに取り上げるのはやめておこうと思ったのであろう。

サイパン島の最後の三千の残存部隊全員が突撃を敢行した翌日、七月八日に近衛は木戸に会った。近衛は木戸が語りだした話にびっくりした。木戸が六日前に松平康昌を通じて告げた近衛の主張に反対し、現在、この最大の危機に直面して、内閣の交代と弱音を吐いているような場合かと逆ねじをくわせられると思っていたのが、まったく違った。天皇譲位の問題を木戸が切りだした。

近衛の知らないことがあった。その前日の七月七日に、木戸は高松宮から昭和十六年十一月三十日にかれが冒した過ちを厳しく糾弾されるという事実があった。日本の敗北が不可避であることを隠すことができなくなったまさにそのとき、開戦直前の木戸の決定的な過ちを高松宮によって明るみにだされ、二人の宮廷高官、宮内大臣と侍従長の面前で批判、非難されることになってしまい、木戸が秘かに抱いていたであろう罪責感に大きな屈辱感が重なったことは間違いなかった。

前に記述したことをもう一度繰り返そう。その夜、木戸は怒りと恥ずかしさ、痛恨の念もあって、眠ることができないでいるあいだに考え、気づいたことがあった。翌日に会うことになっている近衛に向かって、内閣の交代はまださきになる、この内閣をもうしばらくつづけさせなければならないと説き、東条支持をつづけることにしたら、そのさきで東条に引導を渡そうとするときになって、重臣、議員たち、高松宮、さらには秩父宮から、木戸自身の責任が問われ、かれの政治生命が断たれるのは必然ということだった。かれは東条をただちに見捨てる決意を固めた。その夜のあいだにつくった解決策を翌七月八日、近衛に示したのである。

近衛は木戸が説いたことをその日のうちに秘書に口述した。「敗戦の責任のなすり合いが陸海軍その他の間に起こるだろう。そこで、陛下御自らすべての責任を背負いかぶられて、国内のこういう争を押さえられることが必要と思う」

そして木戸は中間内閣をつくることに賛成し、「最後の皇族内閣の首班に就いては内府は、高松宮殿下よりも東久邇宮殿下がよいと思うとの話。其の理由として、高松宮殿下は、時々陛下と非常に喧嘩せられる。それから又、摂政という問題が起こることも考えなければならぬから、皇族内閣ならば東久邇宮殿下がよかろう」(12)

木戸は近衛に自分の戦争終結までの計画を語った。ところが、自分の日記にそのような文字を一字たりと記さなかった。「現下の政情を中心に懇談す」と記述しただけだった。

近衛はといえば、その日、七月八日のことだが、木戸に会ったあと、ただちに東久邇宮を訪ねた。木戸が語った戦争終結の計画を東久邇宮に語ったのだが、注意深く、内大臣の案だとは言わなかった。東久邇宮は日記に近衛が語ったことの要点を記した。

「一、戦争は最悪の結末に近づきつつある。……
四、東条内閣のあとには、誰か短命内閣をつくらなくてはならぬ。寺内(元帥、南方軍総司令官)がいいだろう。
五、寺内の後に、私が内閣を組織し、講和問題をやってもらいたい。

六、近衛の考えでは、講和はイギリスに申入れをするのがよい。
七、そのさい、今上陛下は御退位になり、皇太子に天皇の地位をおゆずりになって、高松宮を摂政とする(13)」

七月二十二日に東条内閣が退陣し、小磯国昭内閣が発足した。木戸が望んだ寺内寿一内閣とならなかったのは、木戸に裏切られ、退陣に追い込まれた東条の小さな意趣返しだった。

小磯新内閣はソ連との関係を改善するといった主張を公式政策とした。そして小磯首相自身は重慶政府とのあいだの戦いを収拾することを考えた。政府と軍の幹部たちは、重慶政府、あるいはソ連政府と関係を改善し、つぎに和平を依頼するのだと考えた。その同じ人びと、あるいはべつの人びとはアメリカ国務長官代行、ジョゼフ・グルーがやがて日本に和平を呼びかけてくるのだと思い、漠然とした期待をグルーに懸けた。

今年の一月六日、細川護貞が小田原に近衛を訪ねた。そのあと細川は近衛が語った言葉を日記に記した。「それで申すも恐れ多いが、その際は単に御退位ばかりでなく、仁和《にん な》寺《じ》或いは大覚寺に御入り被遊《あそばされ》、戦没将兵の英霊を御供養被遊《あそばさ》るのも一法だと思っている。僕も勿論其の時はお供をする(14)」

仁和寺と大覚寺はいずれも現在まで空襲を受けていない京都にあり、平安時代の九世紀に建立され、両寺とも皇室との関係が密接だ。仁和寺は光孝天皇、つぎの宇多天皇が建立し、ずっと皇族出身者が門跡だった。大覚寺は嵯峨天皇の皇女が創建し、十三世紀には亀山法皇、そして後宇多上皇が入寺した。どちらであれ、退位された天皇がこのさき、政治の動きから没交渉の隠遁生活を送られるのにふさわしい場所にちがいなかった。

天皇譲位の問題を考え、それを親しい人びとに語っていたのは、これまでに記述した人を挙げるなら、高木惣吉、近衛文麿、木戸幸一、芦田均、鳩山一郎である。かれらはその問題を滅多に口にはせず、木戸はそれを近衛に語っただけ、侍従長にも、宮内大臣にも語らなかったのであろう。そして木戸は天皇にも言上しなかったにちがいない。ほかにその問題について考え、語ってきたのは、秩父宮と高松宮であろう。

秩父宮は御殿場で結核の療養生活を送ってきた。御殿場は箱根外輪山の斜面の一角にある。富士山と向き合っている。秩父宮は一昨年末から容態が悪化した。お妃の勢津子は戦局が悪化するのと符節を合わせてのことなのだと心配した。昨年五月には仮死状態に陥りもした。高松宮は勢津子妃に電話をかけ、「お姉様」を励ましつづけた。そのときに侍医を代え、べつの療法、人工気胸に頼ることにしたことが幸いして、昨年十月には秩父宮はいくぶんか健康を取り戻した。高松宮が秩父宮を訪ねたのは、昨年は一度だけ、今年はまだ一度も見舞っていない。だが、勢津子妃が連絡役となり、兄弟のあいだに意思の疎通はある。勢津子妃は今年になって、三月に上京した。五月二十五日に赤坂表町の秩父宮邸が焼かれてしまったから、五月末、六月に上京したときには高松宮邸に泊まった。

さて、秩父宮と高松宮の二人の胸中にしっかり刻まれている記憶がある。昭和十六年十一月三十日の夜の語り合いである。繰り返すことになるが、その日の午前中に高松宮は日本はアメリカと戦うことはできない、戦ってはならないと言上した。そして山本五十六海軍大将をお召しになるようにと説いた。天皇はうなずかなかった。そのあと木戸幸一は天皇に向かって、山本長官が参内したいと言ってきていることを総長と大臣に告げないようにと進言したことは間違いない。

その日、昭和十六年十一月三十日の午後、高松宮は東京に来ていた秩父宮妃が御殿場に戻るのと行動を共にした。山本長官に依頼された重大な使命を果たすことに失敗してしまった、日本を救うことができなかったのだと高松宮は思い悩むことになり、御殿場に向かう車中で胸苦しくなりもした⑮。

そして御殿場で、高松宮は秩父宮に向かって、午前中に「御二階」でお上に山本長官を参内させるようにと説いたこと、お上との問答、最後には怒鳴り合いになってしまったことを語ったのであろう。そして高松宮は自分にはお上を説得する力が欠けていたのだと嘆き、なによりも忍耐が欠けていたのだと後悔を語り、開戦が決まる明日になってしまえば、避戦の「聖断」を仰ごうとしたことを山本長官は口が裂けても言えなくなるのだと高松宮はつづけて語り、男泣きしたかもしれない。さらに高松宮は兄君をお上の相談相手にしようとした三カ月前の私の願いを内大臣に潰されたことが最初の取り返しのつかない失敗だったと嘆いたにちがいない。

秩父宮は高松宮の話を聞き終え、同じように長嘆息したことであろう。そして昭和十三年、十四年に支那事変を終了させようとした何回もの自分の努力が陸軍内の反対のために実らなかったことが、今日、この悲劇に繋がることになったのだと悲痛な面持ちで語ったのではなかったか。

繰り返すことになるが、秩父宮と高松宮にとって、ストーブの火を囲んでの昭和十六年十一月三十日の夜の話し合いは忘れようとして忘れることのできない記憶となっていよう。秩父宮は病床からツゲや小松のさきの冬の真っ白な富士を望みながら、初夏には鶯、ホトトギスのさえずりを耳にしながら、ガダルカナルからの撤収、あるいはトラック島大敗のニュースを読みながら、戦いとなる八日前の夜に高松宮と語り合ったすべての事柄を思い浮かべて、胸がきりきりと痛む思いとなったことがどれだけかあったにちがいない。

そして高松宮はお上より一歳年下の「お兄様」が昭和十五年六月に病に倒れさえしなかったら、日本の運命をあの内大臣の私心と恣意に任せることはありえなかったのだ、日本がアメリカとの戦争に踏み込むことなど決してなかったのだとどれだけか無念に思ったのである。さらに高松宮は自分を責め、私は健康であるにもかかわらず、非力なためにアメリカとの戦争を阻止できなかったと悔しさを嚙みしめることが何回もあったにちがいない。高松宮のその万感こもごもの胸のうちは、いまから二カ月足らず前、五月十八日に綴ったまことに短い、なんの飾りもない日記の一節にすべてが言い尽くされている。「お兄様の御病中に大戦争となり(16)」

当然ながら秩父宮と高松宮はお上が退位、譲位しなければならないと考えてきた。昨年の七月に天皇は譲位しなければならないと木戸が近衛に説いたことは、近衛から細川護貞、そして高松宮の耳にすぐに入ったはずだ。木戸が皇太子への譲位をと語ったこと、その前日に高松宮が木戸に向かって、昭和十六年十一月三十日に克服不可能の過ちをかれがしてしまったという事実をはじめて糾弾したというもうひとつの大事を、二つともに勢津子妃に伝えたであろうから、秩父宮はすべてを承知することになったはずだ。

もちろん、秩父宮と高松宮は天皇譲位の問題をほかの人に相談したことはなかったであろう。だが、高松宮は皇太后と末弟の三笠宮にはそれを告げたにちがいない。

三笠宮は二十九歳になる。陸軍軍人だ。三笠宮は高松宮から昭和十六年十一月三十日の出来事をはじめて聞くことになったのは、昨年の夏、恐らくは七月の下旬だったのではないか。そして戦争の回避ができたはずの最後の機会を葬った木戸の間違いを追及したこと、木戸が自分の置かれている立場にやっと気づき、慌てて東条を捨て、保身を図ったこと、それればかりか、木戸は天皇の譲位をも考慮していると近衛に語ったことを、三笠宮は高松宮から明かされたのではなかったか。

そのあとのことであろう。八月二十四日、三笠宮は戦争指導班長の種村佐孝に明日の戦場はどこになるかと尋ね、その冴え切るはずもない見通しの説明を受けた。聞き終わった三笠宮は手元の紙になにやら書き記し、それを種村に見せながら、「この方針はいかがですか」と言った。「帝国は速やかに大東亜戦争を終息せしむ」とあった。(17)

三笠宮についてもう少し触れておこう。前に触れたことだが、四月八日に陸軍は本土防衛のために第一総軍、第二総軍、航空総軍を発足させた。そのときに三笠宮は航空総軍の参謀となった。そして六月、海軍が横須賀勤務だった高松宮を軍令部第一部に持ってきたというニュースを知って、陸軍側はその人事をどのように読んでのことなのか、急いで三笠宮を参謀本部第一部にもってきた。

そこで皇太后のことになる。現在、六十一歳になる。皇后の時代には、病弱の大正天皇を守って、心身ともに辛苦を重ねたのだし、年若い皇太子が摂政となってからも、皇太后の心労はずっとつづいた。さらに皇太后となってからも、皇室の安泰のために十二分の注意を払ってきた。自分が口出しすることが若い天皇の態度決定の妨げになると気づいてからは、政府の責任者にたいしてはもちろんのこと、会う人たちに向かって、政治問題を語らないようになみなみならぬ忍耐をつづけた。

皇室の理想像を高めるために、秩父宮の妃に「逆賊」会津松平の娘を選んだのも、高松宮の妃に十五代将軍、徳川慶喜の孫娘を選んだのも、徳川家最後の徹底した忠臣、殺害された小栗上野介の銅像をかれが残した海軍工廠のある横須賀につくらせたのも、すべて皇太后の裁断だった。(18)

皇太后は英語が読めなかったが、アメリカの写真雑誌をいつもひろげ、そこから知るアメリカの生活の豊かさはそのままアメリカの巨大な軍事力に繋がるのだと感知していたから、アメリカと戦争をすることには絶対に反対であった、そこで昭和十六年になってアメリカとの友好関係を取り戻せないことに皇太后は心配をつづけた。アメリカとの外交交渉にいよいよ真剣に取り組まねばならないというまさにそのとき、アメリカとの戦争になるやもしれないから、疎開地を決めて欲しいと天皇から勧められて、皇太后は心底から怒った。それから四年あとのこの六月十四日、疎開して欲しいとの天皇の説得についにうなずかなかったときに胸中で渦を巻いていた怒りとまったく同じだった。戦争を一日も早く止めて欲しいというのが皇太后の現在の願いであるのなら、昭和十六年に皇太后が願ったのは、疎開などと誤魔化しを言っていないで、是非ともアメリカとの関係を友好的なものに戻すことに全力を尽くして欲しいということだった。

今年の一月半ばにアメリカの半官半民の団体が「日本処理案」なるものを発表し、天皇制度の廃止を唱えたと皇太后は知った。高松宮の協力があってのことであろうが、皇太后はずっと我慢をしつづけていた政治行動に踏み切った。前に何回も記したし、このさきでも触れることになるだろうが、「処理案」の発表から二週間足らずあと、皇太后は木戸を呼ぶことなく、女官長を通じて、この戦争をやめることはできないのかと天皇に問うた。皇太后が天皇譲位の問題をしっかり胸に収めたのは、そのときであったにちがいない。そして皇太后は高松宮に向かって、二人の兄に代わって、皇太子を守って欲しい、お頼みするよと声を詰まらせたことがあったのは、これまた間違いないところであろう。

さて、高松宮は前に会ったことのある歴史家に天皇譲位の問題を尋ねることができず、書斎を探したのであろう。歴史学者、白鳥庫吉《くらきち》の著書、全五巻の「国史」をひろげたことであろう。神武天皇から明治天皇まで六十人に近い天皇の事跡が記されているが、譲位についての記載はない。大百科事典の「古事類苑」を探すことになったのではないか。大正三年に出版された洋装本の五十冊は高松宮邸の書棚に当然ながら並んでいるはずだ。そのうちの一冊、「帝王部」をひろげ、「譲位」の頁を繰ったことがあったのであろう。皇位を皇太子、皇孫、皇姪、あるいは従兄弟に譲られた天皇が何人もいることを知ったにちがいない。譲位の式は、譲位を受けた新帝が即位する受禅の式にそのままなるということも知り、節会《せちえ》の儀、つぎに剣璽渡御《けんじとぎょ》の儀をおこなうことになるのも知ったのであろう。剣璽渡御とは神剣と曲玉を先帝から新帝に相承する儀式である。

そして譲位された天皇を太上《だいじょう》天皇と呼ぶこと、上皇はその略称だということも知ったにちがいない。病気が理由で譲位された光仁、淳和《じゅんな》、醍醐、一条天皇、老衰から皇位を譲った元明、光仁、正親町《おおぎまち》天皇、そして争いが原因で皇位を譲ることになった崇徳、六条、後宇多、花園、後西院、三条天皇があることも承知したのではないか。このさきお上が譲位されることになれば、これらのどれとも異なる理由となるのだと高松宮は改めて思いに沈むことにもなったにちがいない。

天皇は譲位の問題をどう考えているのであろう。

天皇はその問題をだれかと話し合ったことがあるのか。天皇の耳にも「エマニエル三世退位」のニュースは入っていたはずだ。天皇は重光葵外務大臣から、どのような説明を聞いたのであろう。そして天皇は木戸から、かれが七月八日に近衛に語ったような譲位の問題の説明を受けたのであろうか。前に記したように、木戸はその問題をお上の耳には入れなかったのであろう。繰り返し述べることになるが、木戸はその前日の七月七日の夜に高松宮にかれの戦争責任を厳しく追及されたことに周章狼狽し、東条首相をただちに捨てさらねばならないと気づき、天皇の譲位までを含めた戦争終結の計画を近衛に語り、素早く転進、転向したのである。

ところで、東条内閣退陣のあと、小磯内閣と軍の幹部たちのあいだに、戦争を終わりにさせる道を進むことになったのだという いい加減な、上っ調子な空気がひろがるようになった。だが、今年に入って、一月の中旬、天皇、秩父宮、高松宮、三笠宮、そしてだれよりも皇太后、さらに宮廷、政府、軍の幹部たちは恐ろしいニュースに愕然とした。繰り返し述べてきたことだが、国務省を支配するグルーに対抗しようとする対日強硬勢力がホットスプリングスに集まり、敗戦後の日本にたいする政策を発表したのだ。

四月、天皇は「責任をとって辞めない」と言った

アメリカの対日強硬勢力の「日本処理案」の発表につづいて、アメリカの爆撃機は東京、名古屋、大阪、神戸の市街地にたいする無差別の焼き打ちをはじめた。三月十日の焼夷弾攻撃は十万人の市民を殺した。ニューヨーク・タイムズはその空襲を報じて、「三百機のB29が東京の三十九平方キロを燃やす」という見出しを掲げ、翌日の続報は「東京を中心、焼夷弾で壊滅、都心消える」、「百万の日本人が火の中で焼け死ぬ」という見出しを載せた。ニューヨーク・タイムズはその記事のなかで「ホロコースト」という文字を使った。何日かあとにリスボンに駐在する日本の公使館員、ストックホルムの商社員はニューヨーク・タイムズのその記事を読み、その名詞にぶつかり、首をかしげ、字引を引き、もう一度、首をかしげ、よくもこんな不快な言葉を使うものだと嘆じたにちがいない。

東京では、外務省、海軍省、通信社、新聞社の関係者のなかには、「ホロコースト」はまさしく「日本処理案」そのものだと思った者もいたことであろう。そしてグルーに

密かな期待を寄せていた人たちは、日記に記すことはしなかったが、グルーが対日政策に指導力を持っているのであれば、このような無差別爆撃をさせないのではないか、かれの力が弱まっているのだと思った者もいたにちがいない。

いや、違うと言い、そのような観方に反対する者はいたのであろうか。「処理案」と無差別爆撃とのあいだにはなんの関連もないし、グルーの影響力の強弱と無差別爆撃のあいだにも因果関係はないと説く者がいたのかもしれない。アメリカ海軍の司令官が内輪では、女子供を殺すのがルメイの戦いなのかと軽蔑しているとしても、B29の司令官に面と向かっては、そうは言えないにちがいない。ましてや国務省の文官が軍の作戦に口出しができないのだろう。このように考える者もいたにちがいない。

三月十日の午前零時から東京江東、十二日午前零時から名古屋、十四日午前零時から大阪、十七日午前二時から神戸、十九日午前二時から再び名古屋といずれも二時間から三時間にわたる深夜の都市焼き打ちがつづいて、百二十余時間のあいだに百七十万人が住まいを焼かれ、十万人以上が殺されて、たちまち本土は戦場となった。

そして沖縄に敵の地上部隊が上陸した翌日、四月二日のことだった。近衛グループの勉強会があり、食糧庁長官の湯河元威の話を聞いた。

日本の命運は満洲から雑穀をどれだけ運ぶことができるかにかかっているというのが湯河の結論だった。今年の末から来年はじめまでのあいだに二千万人が餓死するという噂があるが(19)、どのように見るかと問う者がいた。もちろん、食糧庁長官たる者がうかつなことを喋るはずはなかった。湯河はもう一度、満洲からの大豆、高粱、玉蜀黍の輸送にすべてが懸かっていると言ったのであろう。

そのあと細川護貞と富田健治の二人が残って、話し合った。戦争を終結するためには近衛公が出馬しなければならないと細川が言った。小磯内閣が行き詰まり、その総辞職が近いという噂は、小磯退陣の本当の理由を知らないながら、細川、富田も耳にしていた。

細川は戦争を終結するための内閣を近衛が組織するべきときだと語った。前年の七月、木戸が近衛に向かって、中間内閣のあとに、東久邇宮内閣によって、戦争の終結を図るようにすると説いたということは、細川も、富田も近衛から聞いて承知していたであろう。だが、目安としていたドイツの敗北の前に小磯内閣は瓦解してしまいそうだ。にもかかわらず、なによりも肝心なこと、戦争終結のためのいかなる準備もできていなかった。

細川と富田の話し合いに戻るが、近衛公がでなければ駄目だと細川が言った。富田はそうはいかないのだと答えた。細川は富田が語った近衛の言葉を日記に記した。「国体の問題は極めて重大にして、外国より万一御譲位等を要求することありては、国体に瑕を生ずるを以て、それ以前に御上の御意志によって遊ばさるるに非ざれば、恐らく国体は保たれじ。この点を心配すればなりと」

昨年七月八日に木戸は近衛に向かって、お上が譲位されることにもなると語った。だが、木戸はそのことを天皇に語らなかったに相違ないとは前に繰り返し記した。

富田と細川が話し合い、敗北と降伏に備えて宮廷はなんの用意もしていないと懸念を語り、譲位の問題を決めていないことが心配だと語り合ってから三日あとの四月五日のことになる。海軍の航空隊と海上部隊が沖縄水域の敵艦船に総攻撃を開始するのがその日であったが、一日延期となった。

その四月五日に高松宮は参内したのだが、つぎのような経緯があってのことだった。高松宮は天皇の名代として四月九日と十日に伊勢神宮に参籠、参拝することになっていた。三月中旬から、高松宮は天皇に宛てて二度ほど書簡を届け、神前で奏上するお告げ文《ふみ》の内容について自分の考えを書き送った。

伊勢神宮参拝といえば、じつはそれより二年三カ月前、天皇が伊勢神宮に参拝した。昭和十七年十二月十一日に東京を出発、翌十二日に伊勢神宮に参拝、翌十三日に帰京するという慌ただしい日程であり、首相の東条英機が天皇の親拝を願って、内大臣に相談したのはその二十日足らず前のことだった。東条、木戸が戦いの前途に不安を抱くようになってのことだった。そして天皇は内大臣や軍令部総長が説いていたような早期講和、話し合いによる和平の回復は到底できないのだと思い悩み、はじめてしまった戦争をやめることはできないのだと繰り返し考えるようになっていたときだった。[20]

同じときにひとりの高級軍人がなにをしたかを記しておこう。参謀本部第一部長だった田中新一だ。このさきで詳しく叙述することになろうが、[21]独善、傲慢さを押し通して、対米戦争を遮二無二はじめさせてしまいながら、開戦からわずか十二カ月がたったばかりのときに、あざとい芝居を演じ、天皇の伊勢神宮参拝より一週間足らず前、第一部長の椅子から逃げ去ったのだ。

昭和十七年十二月の天皇の伊勢参拝は戦勝の祈願だった。それから二年と四カ月あとのこの四月の高松宮の参拝はなんであったか。

高松宮は天皇に宛てた手紙のなかで、お告げ文は陛下が奏するものなのだから、陛下は皇祖の霊に向かって、なによりもさきにお詫びしなければなりませんと書いた。[22]宮内次官の白根松介が高松宮に天皇の返事を伝え、お告げ文には「お上の御徳の足らざりし」と記すと告げてきた。

高松宮はそれではとてもお詫びにはならないと思った。そこで四月五日の参内となったのだった。天皇と高松宮の話し合いは、たちまちぴりぴりした雰囲気となった。そんな曖昧な文句では皇祖の霊にたいするお詫びにはなりませんと高松宮は言ったのであろう。

そう語った高松宮が忘れようとして忘れることのできない大凶の記憶は、もちろんのこと、昭和十六年十一月三十日の出来事だったのであろう。高松宮は天皇に向かってその問題をそれより前に取り上げたことがあるのか。木戸幸一に言っただけだったのではないか。昨年七月七日に木戸に向かって、かれの過ちをはじめて痛言し、まことに無念に思っていると言い放ったのであろう。これはすぐ前に記述したばかりだ。

ところで、木戸は自分の大きな失敗を高松宮から指摘、糾弾されたという事実を天皇に明かさなかったに相違ない。そしてもうひとつ、その翌日の七月八日に天皇が譲位することになると近衛に語ったことも、そのあと天皇に委細説明しなかったのであろう。前に繰り返し述べたとおりだ

そこでこの四月五日の天皇と高松宮との問答に戻らなければならない。高松宮は天皇に向かって、三年四カ月前の問題を一気に語ってしまい、お上が山本五十六長官を召されようとしなかったことが今日、この悲劇を招いたのだと言い切ってしまったのではなかったか。

天皇はなんと答えたのであろう。そして高松宮はどのように反駁したのか。問答がつづいたあと、高松宮はつぎのように説いたのではなかったか。沖縄には増援軍を送ることができず、軍需品の補給も難しいであろうから、やがては失陥すると覚悟しなければならない。ドイツは向こう一カ月のちには降伏しよう。日本は早急に戦争の終結を準備しなければならない。高松宮は天皇にこのように説いたあと、皇祖の霊に向かってのお

告げ文のなかに、お詫びの言葉とともに、皇太子に譲位をするとはっきり申し述べるべきではないかと歯に衣《きぬ》を着せず、言ってしまったのではなかったか。天皇はなんと答えたのであろう。そのときに天皇が答えた台詞だったのであろうか、「責任をとって辞めない㉓」と天皇が語った言葉を高松宮はそのあと日記に写したのである。

天皇と高松宮の言い合いはつづいたが、高松宮が冷静さを取り戻した。争いをつづけることをやめた。伊勢参拝を「お受け」すると言上して、戦争責任問題の論議を打ち切った。

付け加えておこう。

高松宮が伊勢神宮に参拝することは侍従から侍従長に伝えられ、侍従長は海軍の侍従武官に伝えたのであろう。侍従武官はただちに海軍省と軍令部にこれを伝えた。鹿屋の第五航空艦隊の司令部にいる宇垣纏《まとめ》は四月七日の日記に戦艦大和の沈没の悲痛な思いを綴り、沖縄水域で開始した敵機動部隊にたいする第五航空艦隊を中心とする航空攻撃の戦果を記述した末尾につぎのように記した。

「天皇陛下におかせられては戦勝御祈念の為高松宮殿下を御名代として伊勢大廟に御参拝あらせられる旨長官限り内示の電あり。

七日東京御出発。八日御参籠。九、十日御祈念㉔」

四月十三日付の新聞はその数日前の高松宮の伊勢神宮参拝を第一面のトップで報じ、

「国難打開を御祈願」と記した。

天皇が高松宮に向かって、「責任をとって辞めない」と言ってから一カ月あとの五月二日、ムッソリーニが殺害され、ヒトラーが死去したというニュースをラジオが伝え、翌三日の新聞朝刊はスイスのベルンから「ヒ総統薨去す」という見出しの特電を載せた。

五月五日の夕刻、近衛は木戸を和田小六邸内の住まいに訪ねた。木戸が語ったことを近衛は富田健治に伝えた。富田は五月十三日にそれを高木惣吉に語った。高木から米内海軍大臣に伝えてもらおうとしてのことだ。高木は日誌に富田が語った木戸の談話を記述した。

「従来は、全面的武装解除と責任者の処罰は絶対に譲れぬ、夫れをやる様なら最後迄戦うとの御言葉で、武装解除をやれば蘇連が出て来るとの御意見であった。そこで、陛下の御気持を緩和することに永くかかった次第であるが、最近（五月五日の二、三日前）御気持が変わった。二つの問題も已むを得ぬとの御気持になられた。のみならず今度は、逆に早い方が良いのではないかとの御考えにさえなられた。

早くといっても時機があるが、結局御決断を願う時機が近い内にあると思う[25]」

同じ五月のことだが、一カ月ほどあとの五月の末のことになる。松平恒雄と米内光政が話し合った。五月二十九日に松平が米内に使いをだしたのではないかとの推測を前に記した[26]、松平と米内は青年時代から親密であり、外交、内政にたいする観方が一致したことから、松平は米内に海軍を担ってもらおうと側面からの支持をつづけ、松平の思いどおりになったことは、これも前に記述した。だが、松平がどれだけか無念に思ったにちがいなかったのは、アメリカとの戦争を阻止しなければならない昭和十六年のそのとき、米内が首相ではなく、海軍大臣でもなかったことであろう。

松平恒雄は秩父宮妃の父であり、英国大使、米国大使を歴任し、帰国して宮内大臣となってからはグルー・アメリカ大使と親密だった。松平は、もちろん、アメリカと戦争をすることに絶対に反対だった。そこで昭和十六年にかれがそのとき外務省のアメリカ局長だった寺崎太郎、さらには外務大臣だった東郷茂徳を助け、戦争回避のためにどのようなことをしたのかは、このさきで触れる機会があろう。無論のこと、すべては空しく終わった。

エピソードをひとつ、ここに記しておこう。対米開戦になってしまってから数日あと、大戦果、そして大攻勢が順調につづき、だれもがたかぶる感情のなかにいたときだった。大金《おおがね》益次郎も長いあいだ視界を妨げていた霧が綺麗に吹き払われたように思っていた。かれは内務省から宮内省へと移り、そのとき宮内省総務課長だった。かれは大臣の松平恒雄と顔を合わせた。明るい言葉を掛けられると思っていたのが、大臣がぽつりと洩らした言葉を耳にしたときの驚きを今日まで大金ははっきり覚えている。「日本に国難が来たね」と大臣は言ったのだった。(27)

ところで、この五月の末に松平と米内が会ったという事実を二人のうちのどちらも明かしていない。そこで、その会話の中身などあるはずもない。だが、二人は顔を合わせ、内大臣更迭の協議をしたことは絶対に間違いのない事実である。互いに異常に高い血圧のことを語り合って、ただちに本題に入り、木戸をやめさせなければ、この戦争を終わらせることができないと松平は米内に言い、つづいてどのような論議になったのかはおよそ見当がつく。

一日も早く戦争を終わらせるためには、お上が早くからその決意をしていなければいけなかった。そのために助言しなければならないただひとりの人物、内大臣がなにもしてこなかった。

松平と米内のその話し合いのなかで、木戸の言い訳が取り上げられたのかもしれない。五月三日に木戸が近衛に喋った説明である。高木が知り、米内に報告され、松平も承知していたことは間違いない。それを耳にした人がいずれも嘆いたにちがいないが、松平と米内も木戸の無責任さを非難したのであろう。ドイツが滅亡するよりはるか以前に、木戸はお上に向かって、ドイツ滅亡のあとには、いかなる犠牲を忍んでも、この戦争をやめなければならないと言上していなければいけなかった。木戸は昨年の夏には、松平にたいして、また近衛にたいして、戦争終結の計画についてはっきり説いたにもかかわらず、天皇にはそれを申し上げなかった。理由は簡単だ。木戸は昭和十六年八月、九月、十月、十一月、戦争を回避しようとするためになにもしなかったからだ。お上に申し訳のないことをしてしまったと悔やみ、お上にたいして大きな心苦しさと後ろめたさがあることから、内大臣府官制二条の「常侍輔弼」の責任を再び果たせないでいるのだ。ヒトラーの死のあとになって、木戸はやっとお上に決断を促すことになったのだ。

ところが、それからすでに二十日以上がたつにもかかわらず、木戸はなにもしようとしない。松平と米内との対話はこのような経緯になったはずだ。

つづいてもうひとつの重大な問題を松平は語ったのではないか。ソ連に和平の仲介を求めようとして、ソ連との関係を是正しようとする計画、二人の外務大臣と陸軍、そして内大臣が唱え、お上も支持してきている外交方針は間違ってはいないか。日本は現在よりはるかに大きな悲境に落ち込むことになってしまわないのか。そして二人は木戸に代わる内大臣をだれにするかを相談したのである(28)。

六月、天皇は米内光政の摂政の用意を認める

米内光政と松平恒雄の秘密の話し合いから数日あとの六月二日になる。その日の午後のことであったか、いや、その日の午前十一時過ぎだったのではないか。米内光政が参内した。内奏する問題がいくつかあったのだろう。その最後に横須賀の砲術学校に勤務する高松宮を海軍中央に転勤させたいと海軍大臣は言上した。

天皇と米内とのあいだでどのような会話が交わされたのであろう。それから数日あとのことになる。高木惣吉は米内大臣から聞いたことを日誌につぎのように記した。「高松宮は神経過敏だから、中央に転職させてよろしいかね」と天皇が問うた。米内がそれに答えて、今回は高木惣吉少将がついているから「御心配ありません」と言上したのだという(29)。

米内が天皇に高松宮を中央に転任させたいと願いでたとき、天皇はただちに思いだすことがあったのであろう。昨年夏の事件を思いだしたのだ。マリアナの敗戦が理由で、東条・嶋田体制が瓦解し、嶋田繁太郎が退任せざるをえなくなった。嶋田にたいする批判の急先鋒であった高松宮も同じときに軍令部から横須賀砲術学校へ転任となった。侍従武官の天皇への進言だったのであろうか。侍従武官がそんな差し出口をすることはまずないだろう。内大臣の木戸の助言があってのことだったにちがいない。

天皇はその昨年夏の嶋田総長と高松宮とのあいだの争いを思いだしたからこそ、高松宮を「中央に転職させてよろしいかね」と米内に問うたのかもしれない。

そして同じその日、六月二日の午後二時、退任する予定の宮内大臣、松平恒雄が参内した。天皇はすでに木戸から説明を受け、松平の辞める決意は固く、引き止めるには及ばないとの助言を受け、後任には松平が石渡荘太郎を推していると聞いていた。石渡は前に大蔵大臣、内閣書記官長をやったことがあるから、天皇はかれを知り、かれが宮内大臣になることを了承していた。ところが、天皇は参内した松平からまったく違う話を聞くことになった。木戸には宮内大臣に移ってもらい、石渡を内大臣に任命していただきたいというのである。十年にわたってつづけた宮内大臣を辞任したいという願いにびっくりしたばかりのところへ、この五年のあいだ内大臣という重職にあった木戸を更迭させたいと松平は説くのだ[30]。

内大臣が交代しなければならない理由について、天皇は松平からどのような説明を受けたのであろう。天皇がうなずくことになった松平の木戸更迭の理由はどのようなものだったのであろう。松平は天皇に向かって、大転換のときが迫っておりますと言上して、それにつづいてまことに口に出しにくい問題を天皇に説いたのではなかったか。大転換となるより前に木戸侯は内大臣の椅子から離れるのが賢明でありましょうと語ったのであろう。松平はこの微妙な問題を天皇にどのように細説したのであろう。昭和十六年十月の政変のときに、次期首相を選ぶにあたって、内府は東条大将を選ぶといった間違いをしてしまったと説いたのか。いや、松平が説明をはじめようとするとき、天皇はそれを遮り、残念だが、そうしなければいけないだろうと言ったのかもしれない。

松平の参内のあと、当然ながら天皇は木戸を呼んだ。木戸の言い分を聞いて、天皇はかれの更迭を思いとどまった。

そこで木戸のことになる。かれは天皇から宮内大臣のポストに移ってはどうかと言われて、その驚きは尋常ではなかったはずだ。天皇は木戸にどのように語ったのかはわからない。天皇は松平の名前は口にしなかったのかもしれない。だが、木戸はその策謀をだれとだれが企んだかをたちどころに探りあて、大きな衝撃からすぐに立ち直り、天皇に向かって、そのあと日記に記したとおり、「諸般の事情より推して其の不可なる所以」(31)と言上したのである。かれがどのような弁明をしたのかは、容易に想像がつく。

木戸は天皇に向かって、石渡が内大臣になった場合、陸軍はこれはなにごとかと猜疑心を燃やすことになるにちがいない、昭和十五年前半の七カ月間、首相だった米内と内閣書記官長だった石渡が協力し、さらに宮内大臣だった松平がひそかに助力し、そのとき陸軍が推していた三国同盟締結に反対をつづけた。再び松平と米内が組んで、今回は皇室を引きずり込み、なにを企むのだろうと陸軍は猜疑心を燃やし、宮廷にたいして警戒心を抱くことになり、できるはずの大転換もできなくなりますと訴えたのであろう。天皇は木戸が説いた反対の理由をもっともと思い、石渡を内大臣にもってくることを思いとどまった。

木戸は危うく解任されるところだった。なるほど四月はじめに首相だった小磯国昭が天皇に向かって、木戸を更迭したらいかがと言上した。そのとき小磯はすでに総辞職をすると肚を決めていたのであり、内大臣にたいするかれの嫌悪がどれほど大きいかを天皇の耳に入れたいだけのことだった。だが、松平恒雄が木戸を内大臣の椅子から逐おうとしたのは、まさに真剣だった。木戸は慌てた。「時局収拾案」をつくることになった。そして六月二十二日の午後三時に懇談会という奇妙な名前の、実質はこれこそ正真正銘の御前会議の開催となった。天皇が司会したのである。会議はわずか十五分で終わったが、ソ連に和平の仲介を依頼することが公式の政策となった。天皇は口にしなかったし、政府と統帥部の六人の代表も黙っていたが、本土における戦いはしないという暗黙の合意ができた。

今日、七月一日、天皇は紅葉山の上まで来て、思い浮かべるのは、六月九日に木戸から「時局収拾案」の説明を聞いたときのことになるにちがいない。天皇はほっとしたのであろう。戦争を終わりにする道筋が見えてきたと思ったのである。木戸の説明を聞いて、天皇が嬉しく思ったことは、もうひとつあったのではないか。自分の親書を持った特使をソ連へ派遣する。天皇はこれが自分の最後の大事な仕事になるのだと思ったにちがいない。譲位の前に日本のためにする重大な仕事となる。天皇はこれがなによりも嬉しかったのではないか。天皇は自分の感謝の気持ちを木戸に上手に語ることができないもどかしさがあったのであろう。もうひとつ、内大臣を辞めたらどうかと一度はかれに言ったという悔いの気持ちもあったにちがいない。木戸に贈り物を二回した。「侍従長より賜物を拝受す」(32)と木戸は六月十一日、そしてまた、翌十二日の日記にも記した。

天皇は木戸にはっきり語ったかどうかはべつとして、いま記述したように、六月九日に木戸から自分の親書を持った特使をソ連へ派遣するという計画を聞くより前から、譲位の決意を固めていた。紅葉山の頂きから山道を下りながら、天皇の脳裏に浮かぶのは、六月二日の午前に米内光政が高松宮の転任を願いでたときのことであろう。

天皇がそのときに思いだしたのは昨年夏に起きた高松宮の中央からの転出の一件だったにちがいないと少し前に書き留めた。だが、本当はそうではなかったのであろう。六月二日、米内が高松宮を中央に転任させたいという願いを語ったとき、天皇の胸中に思い浮かんだのは、昨年の夏のことから瞬時に飛んで、昭和十六年十一月二十日の高松宮の海軍中央への転任の一事になったはずであった。開戦間際のその十一月二十日、高松宮を軍令部第一部に移したいと申し出た永野総長の考えは、高松宮の軍歴を綺麗に飾ろうとする総長の親心であろうと天皇はそのときに思ったにちがいない。だが、あとになって、天皇は高松宮転任の本当の理由は開戦の日を海軍の最高機関、軍令部第一部で迎えさせることではなかったのだと気づき、永野総長の意図はまったく異なっていたのだと思い当たることになったはずである。

高松宮を海軍中央に転任させたのは、山本五十六長官の参内をとりはかろうとしての準備であり、山本長官だけでなく、永野総長もその計画を承知し、同意していたのだと天皇は推し当てることにもなったのであろう。そして連合艦隊司令長官だけではなく、軍令部総長もまた、あの最後の最後の段階でなおも一週間あとにはじまる戦争を避けたいという願いを隠し持っていたのだという恐ろしい事実が浮かび上がり、天皇は息苦しくさえなったことがこれまで何回となくあったのではなかったか。

天皇にとって、昭和十六年十一月二十日の高松宮の中央への転任は、その十日あとの出来事と重なり、決して忘れることのできない、そして思いだすのが辛い記憶となっているはずである。そこで今から一カ月前の六月二日、米内大臣が高松宮を海軍中央に戻したいと説くのを聞いたとき、天皇は米内の考えを即座に読み取ったのである。自分が譲位をするときに備えて、高松宮を中央に戻して、摂政をたてる準備を整えているのだと理解したのであり、その日の午後、松平が内大臣の更迭を願いでたことと繋がり、米内と松平が協同しての計画だったのだと気づきもしたはずである。

高木惣吉が覚書に「C.P.を戴く時」と書いたのは昨年六月だった。木戸が近衛に向かって、皇太子に譲位するといった問題を口にしたのが翌七月だった。前に何度か記したように、木戸はそれを天皇に言上することはなかったのであろう。だが、アメリカとの戦いをはじめて一年あとの昭和十七年十二月十一日、伊勢神宮参拝帰途の京都の夜、侍従と侍従武官に向かって、「自分の花」[33]はずっと以前に終わったと洩らしたとき、天皇はどのような予感を胸に秘めていたのであろう。それから一年半あとの昨年六月、七月の眠ることのできない夜、自分の戦争責任、そして退位の問題、譲位の問題を考えることが毎夜つづいたのではなかったか。

なるほど今年の四月五日、「責任をとって辞めない」と天皇は高松宮に言った。年齢の離れた弟から、あの十一月三十日の間違いを指摘、批判されるという恥辱に震え、さらに売り言葉に買い言葉がつづき、興奮した状態で口にしてしまった台詞だったにちがいない。同じ四月のことであろう、前に記したことだが、天皇は木戸に向かって、責任者の処罰は絶対に譲れぬと何回も語ったのだという。木戸は近衛にそのように明かしたのだが、近衛に言わなかったことがあったのではないか。天皇は自分が退位することで、すべてを収めることができないだろうかと繰り返し木戸に語ったのではなかったか。そして六月二日、天皇は辞任しようとする松平恒雄から、木戸を内大臣の椅子から外すことにしたらいかがかと問われて、そのあと天皇は考えを変えることになるのだが、一度は松平の主張にうなずいたのであり、木戸は退任する、私も皇太子に譲位することになるのだという考えが胸のなかをかけめぐったにちがいなかった。

高松宮は草むしりをしているさつま芋畑で、この一カ月、繰り返し浮かんだ同じ疑問が再び浮かんだのではないか、私の中央への復帰をお上が認めたのはなぜだったのかという問いであったにちがいないと前に記述した。高松宮が予想したであろうとおり、すぐさきに譲位するときが迫っていると天皇は覚悟しているのであろう。

天皇は紅葉山の小道を下りながら、これも何度目になるか、考えるのはつぎのようなことであろう。中央に戻った高松宮は内大臣から「時局収拾」計画の説明を受けたはずだし、海軍大臣からも本土の戦いはしないと決めたことを聞いたにちがいない。高松宮は安心したであろうし、ただちに大宮さまにそれを報告することになったにちがいない。六月二十五日は大宮さまのお誕生日だったから、高松宮は祝詞を申し上げに大宮御所を訪ね、大宮さまに戦争を終わりにするために動きはじめたと説明したにちがいない。あの日、内大臣も大宮さまにそれを申し上げたのだ。

天皇にわかっていたことは、六月十四日に大宮御所を訪ね、皇太后に疎開をされるように繰り返し説いたにもかかわらず、皇太后が最後まで疎開はしないと頑張り、東京から離れないと強情をとおされた理由である。お上が長野の松代に動座することには反対だ、本土で戦うことには絶対反対だという皇太后の意思表示だった。だが、高松宮、内大臣の説明を聞かれて、大宮さまはそれはよかったと安心されたにちがいない。決して疎開はしないと強情を張っておられた態度を変えられることになるだろう。まずはよかったと天皇は重ねて思うのではないか。

松代には行くことにはならないだろうと天皇はいま思うようになっている。

天皇が紅葉山を下り、御文庫《おぶんこ》に戻ったのは午前十一時過ぎである。

東郷茂徳、あの年十一月に「乙案」に賭けた

七月一日、東郷茂徳は麻布広尾町の自宅にいる。かれが局長時代に建てた有栖川宮記

念公園に近いこの家は焼け残った。三年町の外務大臣官邸は五月二十五日の夜に焼かれた。外務省庁舎も同じ夜に焼かれた。外務省の中心機関は焼け残った文部省の建物内の四階に移り、かれの執務室もそこにある。

東郷の妻のエディと娘のいせは軽井沢の別荘に疎開している。エディはドイツ生まれだ。ベルリン勤務時代に結婚した。ひとり娘のいせは大正十二年の生まれだ。彼女は本城文彦と昭和十八年十一月に結婚した。文彦は東郷家に入籍し、東郷の姓を継いでいる。東郷は文彦を高く買っている。今年四月に大臣となって、文彦を自分の秘書官にした。二人は起居をともにしている。

東郷の家の庭も、芝をはがし、野菜畑にしている。芋畑もある。芋挿しは二週間ほど前に終わっているのではないか。そして今日、日曜日、ここでも、朝のうち、芋畑の草取りをしたのかもしれない。

東郷はソ連に和平の仲介を頼むつもりでいる。ところが、この十日ほど前からワシントン、重慶、モスクワから伝えてくる外電はただならぬ気配をうかがわせる。すべては日本を絶対の孤立に追い込もうとする動きだ。

東郷が現在、やろうとしていることを見ていこうとすれば、三年半前にかれがやったことをどうしても思いだすことになる。昭和十六年十月、十一月にアメリカと外交交渉をつづけ、ついに戦争となってしまったときの外務大臣がかれだった。かれは昭和十六年十二月八日に宣戦の詔書に署名したひとりだ。

かれはそれに署名をすべきではなかった。署名するより前に外務大臣を辞めなければいけなかった。十一月五日の御前会議で「国策遂行要領」を正式に決めた。御前会議はまったくの儀礼的なものであり、政府と統帥部がその「要領」を定めたのはそれより三日前の十一月二日の連絡会議だった。その前日の十一月一日か、それより前の十月三十日に辞めるべきだった。なぜ辞めなかったのか。かれは自分が辞めたところで、対米戦争は阻止できないと思ったのであろう。そして辞めることのできない理由がべつにあった。そのとき東郷はアメリカに提案する予定の暫定和平案を手にしていた。これによって十二月の開戦は避けられるのではないかという希望があった。その案を作成した外交界長老の幣原《しではら》喜重郎とその協力者である元駐英大使の吉田茂が考えたことも同じだった。だが、その暫定和平案はアメリカ側に無視されて終わり、東郷の最後の望みの綱は断たれたのだった。

そこで不思議なのは、東郷が現在、あの年の十月、十一月に自分はとんでもない間違いを冒した、残念だ、暫定和平案にすがってはいけなかったのだと後悔していないことだ。

昨年の夏のことだ。軽井沢でのことになるが、東郷はすぐ近くの近衛の別荘を訪ねた。東郷は昭和十七年に外務大臣を辞めてから、軽井沢に引き籠もっていた。日本の敗北がぼんやり形を見せるようになった昭和十八年の秋、かれは近衛と会い、東条を退場させねばならないと説いたことがあった。それから一年あと、マリアナ諸島を失い、東条内閣が退陣したあとのことだったのであろう。東郷は近衛とともに、このさきの見通しを語り合った。

昭和十六年十一月二十九日の重臣会議のことを近衛が語って、臥薪嘗胆の主張を貫徹できなかったことをいまだに残念に思っていると言った。東郷もうなずき、それより前の十一月はじめの政府と統帥部の連絡会議で、自分も臥薪嘗胆を説いたのだと語り、(35)陸軍大臣が勝利の見込みがあると言い、海軍大臣も悲観するにはあたらないと説き、どうにもならなかったのだと語った。

近衛は第三次近衛内閣の海軍大臣だった及川古志郎が対米戦争の賛否について自分の考えを言わず、首相一任といった態度をとったことを取り上げ、無責任だったと批判した。東郷はその通りだと言った。ところが、東郷はそのあと近衛を批判した。「あなたも日米交渉という難物を持ち出し、南部仏印進駐でのっぴきならぬこととなり、九月六日には戦争決意にさえ捲き込まれた。猶又問題は其れに伴うた戦争準備で、これにより爆弾に火が附いた訳である。されば第三次近衛内閣退陣の際之を再検討ということにはなったが、火の附いた爆弾は手のつけようがないので自分は非常に困った、されば単に再検討と云うだけでは此火の附いた爆弾を其儘にして退却したのも無責任と云わなくてはならぬ[36]」

近衛は反論しなかったのだという。珍しく悄気た顔になり、「それは自分も国家に対し、お上に対しまったく済まなく思っている[37]」と語った。そしてその翌日に東郷は近衛の友人の後藤隆之助から、「昨日は関白に深刻な批評をせられたそうで、関白も東郷君にひどくやられたと恐縮しておりました[38]」と言われたのだという。「関白」とは近衛の親しい友人たちがかれを指しての呼称である。

ところで、「火の附いた爆弾」と東郷が近衛に向かって言ったというのは事実なのであろうか。本当に東郷は近衛にそう言ったというのなら、奇怪至極というしかない。その年、昭和十六年の十月十六日、近衛内閣が総辞職したとき、陸軍大臣だった東条は首相が「火の附いた爆弾を其儘に」して逃げてしまったとは思わなかったから、そんな具合に非難するはずもなかった。そのとき海軍大臣だった及川古志郎も決してそうは思わなかった。外務大臣だった豊田貞次郎もそのように見ることはありえなかった。

第三次近衛内閣が総辞職したのは、これまた前に何回も記したとおり、これ以上はっきりした例を見ることのできない「閣内不統一」がただひとつの理由だった。首相の近衛は東条と個人的に三回会い、中国からの撤兵の決意をするようにと求めた。東条は反対した。そしてかれは閣議という公けの場で中国からの撤兵に反対だと主張し、閣内不統一の事実を明らかにしてしまった。東条の意図ははっきりしていた。さらに三日、もう五日と近衛首相とこの問題の論議をずるずるとつづけていくわけにはいかないと焦り、それこそ内大臣に裁定を求めての行動だった。そして木戸が東条を後継首相に選んだのは、これまた、だれひとり、これまで公然と口にはしていないが、中国からの撤兵に反対する東条の側に木戸が与《くみ》したからだった。

東郷茂徳がこうした事実をなにも知らなかったということはありえなかった。かりに知らなかったとしても、東条内閣の外務大臣になるにあたって、前大臣の豊田貞次郎と新外務次官の西春彦から、そしてもうひとり、東郷がなにごとも相談していた宮内大臣の松平恒雄から詳しい説明、要点の指摘を受けたはずであったから、「火の附いた爆弾を其儘に」して逃げてしまったといったたぐいのつくり話を信じることなどありえるはずはなかった。

昨年の八月に東郷と近衛が話し合って、国の運命を決することになった三年前の政変を振り返ったのであれば、二人が第三次近衛内閣の退陣の理由である「閣内不統一」の問題を話題にしなかったというのは、不思議というより、奇怪であった。昨年の八月に東郷が近衛と話し合い、東郷が真剣に話し、近衛が率直に語ったのであれば、「火の附いた爆弾」などといったばかばかしい言葉がでてくることはありえなかったはずだ。

東郷と同じ外務官僚の天羽英二が同じ問題を近衛に尋ねている。それを見よう。天羽は東郷より五歳ほど年下だが、外務省入省はともに大正元年だ。今年の二月三日に天羽は小田原入生田《いりうだ》に近衛を訪ね、昭和十六年の第三次近衛内閣時代の日本の対米外交について、一時間五十分にわたって近衛の説明を聞いた。天羽は昭和十六年八月から十月まで第三次近衛内閣の豊田外相のもとでの外務次官だったのだから、当然ながらかれはその三カ月のあいだに起きた出来事のすべてを承知していたはずだった。それでも首相だった近衛だけが知っていたこと、考えていたこと、やったことを本人からしっかり聞いて、それを記録して戦後に残そうとしたのである。

近衛は注意深い。米内光政やほかの人びとが近衛の短所として批判するように、迂闊なもの言いをする男だ、口が軽いと批判し、近衛に話すとその日のうちに私のところへ戻ってくると木戸は笑うのだが、それは誤解であり、誤りだ。かれは喋っていいことと悪いことの区別を知っている。かれは天羽に向かって、木戸内大臣がやったこと、やろうとしなかったことを明かさなかった。「閣内不統一」の問題を話題にしても、問われなければいけないのは内大臣が冒した過ちであるとは口にしなかった。そもそも天羽を相手に二時間近くにわたって昭和十六年のその三カ月の話をしながら、木戸の名前を挙げることさえしなかった。だからといって、近衛は天羽に向かって、「火の附いた爆弾」といったたぐいの事実とかけ離れた話をするはずはなかった。昭和十六年九月と十月の陸軍大臣と海軍大臣の対米戦争にたいする態度とその主張を淡々と天羽に語った(39)。そこで昨年の七月か、八月に近衛が東郷と話し合ったとき、今年の二月に天羽に向かって喋った内容と違うことを喋らねばならない理由が近衛にあったはずはない。

東郷の昨年七月か、八月の近衛との会話に戻る。かれが近衛と昭和十六年の秋から冬の出来事を語り合ったのであれば、自分が外務大臣となってからの昭和十六年十一月の対米交渉の主題である「甲案」の核心となる撤兵期限をもう少し引き下げることがどうしてできなかったのかという痛恨を語らなければいけないはずであり、「乙案」と呼んだ暫定和平案に期待を懸けたのは自分の大きな誤りだったという悔悟を口にしなければいけなかった。

東郷は昭和十六年十月と十一月に自分は間違いを冒したと思っていないと前に記したが、事実、かれは自分が「乙案」に執着したのが間違いだったと認めてはいない。

前に記したとおり、東郷が昭和十六年十月末の二晩、三晩のあいだ、自分は辞めるべきではないかと考え、夜半、眠れなかったことがあったはずだ。かれが辞任を思いとどまったのは、「乙案」があったからだった。そしてこれも前に触れたように、「乙案」は吉田茂が先輩の幣原喜重郎と協議し、幣原がつくった案だった。アメリカが日本の在米資産を凍結し、対日経済封鎖に踏みだした七月二十四日前の段階に、日米関係を戻そうというものだった。日本は南部仏印から陸海軍を撤収する、それと引き替えに、アメリカは日本にたいして石油を輸出する、こういう案だった。

十一月一日の最後の政府と統帥部との連絡会議で東郷はその案を持ちだした。前もって説明を受けていなかった陸軍幹部が怒り、姑息な案だと反対したが、東郷は頑張りつづけた。結局は陸軍側の強い要求で、「日支両国ノ和平ニ関スル努力ニ支障ヲ与ウルガ如キ行動ニ出デザルベシ」という項目を付け加えることになった。蔣介石政権にたいする援助をアメリカは打ち切らなければならないという陸軍の要求を曖昧な形に変えたものだった。

前に記した通り、この暫定和平案を政府部内では「乙案」と名付け、駐留二十五年を主張する案を「甲案」と呼ぶことになった。ところで、会議はその「乙案」を討議するより前に、アメリカとの外交交渉をいつまでつづけるかの期限を決めてしまっていた。杉山元と次長の塚田攻《おさむ》、その二人を督戦する第一部長の田中新一といった面々が前の九月六日の「国策遂行要領」のような不明瞭、曖昧なものには絶対にさせないぞと力み返り、つぎのように定めてしまっていた。「対米交渉ガ十二月一日午前零時迄ニ成功セバ武力発動ヲ中止ス」

どうにかして「乙案」をアメリカに吞ませ、一カ月あとの「武力発動」になるのを「中止」させなければならない。このように考えて、東郷に協力したのが松平恒雄宮内大臣だった。明確な証拠はなにひとつないが、松平は間違いなく行動にでた。

ここで松平恒雄について触れなければならない。松平については、昭和十六年十二月十日か十一日、宮内省総務課長の大金益次郎が松平大臣の洩らした「国難が来たね」という言葉を今日まで忘れていないということを前に記述した。この五月末から六月はじめにかけて、かれがなにをやったかはこれも前に記したし、さらにこのさきでも触れることになろう。ここでは昭和十六年の八月、九月、十月の松平がしたことを振りかえる。松平は日米交渉が妥協点を見つけるためには日本側はなにをしなければいけないのか、それができないのはなぜなのか、そのすべてを承知していた。前に触れた外務省の寺崎太郎から詳細な情報を得ていたからである。

松平は外務省時代を通じて、東郷を重用したが、大使としてロンドンにいた時代、部下の寺崎太郎に目をかけた。第二次、第三次近衛内閣のときに寺崎は外務省アメリカ局長だった。寺崎はアメリカとの戦争を避けようと努力した。そのためにかれがしたことは、およそ役人離れしていた。グルー大使と秘かに意見の交換をつづけていた吉田茂に日米間の外交交渉の一部始終を告げていたのだし、父親の代から親しくしていた右翼の総帥、頭山満に日米戦争は絶対に避けねばならないと繰り返し説いた。寺崎は日米首脳会談の開催に最後の望みを懸けていたから、首脳会談に右翼が反対運動をおこなうのを阻止しようとしてのことだった。そしてまた、首相の近衛に知ってもらいたい情報があれば、大臣の松岡洋右に内密で一局長が首相と連絡することは控えねばならなかったから、第三者の政治家、小川平吉を経由して首相に情報を伝えるといった芸の細かいこともした。日米戦争を回避するために、ぎりぎりできるかぎりのことをしていた寺崎が宮廷の松平宮内大臣を放っておくはずがなかった。寺崎がロンドン時代に松平に信頼されていたことは述べたばかりだ。寺崎は松平に向かって、内大臣を説得し、アメリカとの戦争に反対するようにさせて欲しいと繰り返し訴えたはずだ。

寺崎の努力も空しく、第三次近衛内閣の退陣となり、もはや戦争を避けることができないと落胆し、憤慨した寺崎はアメリカ局長を辞め、外務省からも身を引く決意をしたこともある。その寺崎が昨年末にやったことは前に記した⑩。三島の禅僧、山本玄峰が皇太后に信頼されていることから、かれに依頼して、この戦争を一日も早くやめなければならないと皇太后に進言してもらうといったことまでした。今年の一月末、皇太后は内大臣を介することなく、女官長を通じて、天皇にこの戦争をやめることはできないのかと問うたことも、これまた前に記した㊶。

昭和十六年十月の松平恒雄のことに戻る。かれは自分が木戸を説得する機会を見出せないでいるあいだに、近衛内閣の総辞職、寺崎の辞任となってしまったことをひどく無念に思ったことは間違いない。寺崎は去った。だが、松平がこれまた信頼する東郷が大臣となった。連絡会議で「乙案」を決めたあと、東郷は松平を訪ねたはずだ。来栖三郎が「乙案」を携行して、十一月五日に東京を出発することを伝え、どうしても松平大使にお願いしたいことがあると説いたのであろう。敬意を払う先輩をそのような称号で呼ぶのは松平の部下のだれもが同じだった。そのあとのことであろう。十一月四日に松平は木戸と会った。木戸は日記に「対米策の見透等につき話あり(42)」と記しただけであり、松平はなにも記録を残していない。だが、松平が木戸になにを説いたのかは、簡単に想像できる。

アメリカ政府をして、暫定和平案である「乙案」を受諾させるためには、本格的な外交交渉をただちにはじめるとアメリカにはっきり約束しなければならない。そこで政府と統帥部は中国駐兵の駐留期限の問題をもう一度、協議しなければならない。松平は木戸に向かって、どのような言い方をしたのかはわからないが、「駐兵は生命線」と言い張る東条を支持することをやめて欲しいと言ったにちがいない。だが、木戸は駐兵問題でアメリカに譲歩をするつもりはまったくなかったのだから、かれが松平の頼みに曖昧な返事をしたであろうことはこれも間違いない。

松平が木戸と話し合った翌日の十一月五日、前に記したとおり、来栖は、横須賀の航空基地を海軍機で出発した。広東、そしてマニラからクリッパー機で太平洋を飛び、ワシントンへ向かう予定だった。同じ十一月五日、御前会議が開かれ、外交交渉の最終期限を十二月一日に切った「帝国国策遂行要領」が正式に決まった。

ワシントンではどうであったか。野村吉三郎大使がアメリカ側に手渡した「甲案」にハル国務長官はなにも回答しなかった。野村は外交電報によって「乙案」の中身を承知したことから、来栖の到着前に、私案といった形でアメリカ側にそれを告げた。その反応が良好なことを東京に知らせ、アメリカ側でも数カ月に切っての暫定協定を結ぶ動きがあることを東京に伝えた。政府閣僚と海軍首脳の胸に希望の灯がともった。陸軍の幹部は海軍がずるずるとアメリカに妥協してしまうのではないかと恐れた。参謀総長の杉山は連絡会議で明年度はアメリカに石油四百万トン、蘭印に二百万トンを要求せよと迫り、妥協のバーを高めようとした。

杉山元と陸軍幹部のそのような努力は不要だった。ルーズベルト、スティムソン、ほかの幹部は諜報部からの情報を手にした。「日本の大軍が上海に集結し、すでに約三十～五十隻の輸送船が出航しており、その輸送船は台湾の南方で見られた(43)」

上海から海南島の港、三亜に向かう第五師団と台湾の高雄からこれも三亜に向かう第四十六師団の輸送船団だった。いずれもマレー半島を攻略する予定の部隊だった。

北から南への兵力の移動は、陸軍が対ソ戦を断念した八月からはじまり、ソ連、アメリカ、英国、蔣介石政府の諜報機関が訳なく嗅ぎつけ、駐日大使のグルーがこれはどういうことかと日本側に尋ねていたのだし、ルーズベルトとかれの部下たちもそのときから承知していた。

陸軍側は新しい戦争の準備を隠し切れないと知り、雲南省昆明を攻略する作戦をおこなう準備だということにして、アメリカと英国を欺瞞する偽情報をそこらじゅうに流しはじめた。

ところで、アメリカ政府最上層の一ダースほどの人びとが知る日本の戦争準備の知識のすべては、アメリカのアジア各地の大使館と公使館、英国政府と重慶政府からの電報だけではなかった。かれらはとてつもない電報を手にしていた。東京の外務省とワシントンの日本大使館のあいだの外交電報をすべて解読していた。日本側はその事実に気づいていなかった。驚くべきことと言うのか、情けない限りと言うべきなのか、それは四年前だけのことではない。今日、七月一日、外務省とモスクワの日本大使館とのあいだの外交電報がアメリカ側に筒抜けとなっていることを外務省はまったく気づいていない。

「乙案」のことに戻れば、アメリカ政府は日本の外交電報を盗み見していたから、それが日本側の最後の案であり、そして十一月二十九日までにアメリカからの返事を貰えと命じていることをルーズベルトとかれの部下たちは承知し、「乙案」を拒否すれば、日本は戦争をはじめるのだ、マニラ、シンガポールを攻略するつもりなのだと予測していた。そこで海南島か、南部仏印に向かう日本軍の輸送船団はその侵攻作戦の準備なのだとかれらは見ていた。

それはともかく、ルーズベルトは日本と暫定協定を結ぼうという考えを持っていたのか。

アメリカ政府は日本と公式の交渉に入ったときに英国政府と重慶政府に約束し、日本と取り決めを結ぶにあたっては事前に協議をすることにしていた。そこでアメリカ政府は「乙案」を重慶政府に示し、意見を求めた。

蔣介石政府はアメリカが日本と暫定協定を結ぶことに絶対に反対だった。当然だった。蔣介石政権はアメリカが日本と戦争をはじめてくれることをずっと望んでいた。

東郷茂徳、幣原喜重郎、吉田茂、松平恒雄が百も承知していながら、それでも見ないようにし、真剣に考える必要はないと視野の外に置いていたのは、蔣介石の国民政府が昭和十二年から、いや、その前から、アメリカをして日本に経済制裁をさせようと外交努力をつづけていたこと、そしてさらなる望み、アメリカをして日本と戦わせようと願いつづけていたことだった。

日米戦争の導火線に火がつくチャンスが必ずやあるという強い期待を持っていたからこそ、蔣介石の国民政府は華北で起きた戦争を上海、そして揚子江へと移動、拡大させたのだった。はたして昭和十二年十二月に揚子江でパネー号事件が起きた。アメリカの海軍首脳がルーズベルトに向かって、日本の「首を締め上げる」作戦を敢行するときだ、日本にたいして経済封鎖をおこなうべきだと進言した。もちろんのこと、待ちに待っていたチャンスがやってきたと蔣介石と部下たちは小躍りした。だが、かれらの望みはかなえられずに終わった。

それから長い四年のあと、蔣政権が罠を仕掛けたわけでもないにかかわらず、かれらがずっと抱きつづけた夢が見事にかなえられた。昭和十六年七月、アメリカは日本にたいして経済封鎖にでた。それより前の四月にアメリカ政府は給料をアメリカ側が支払う傭兵の操縦士を重慶へ派遣することをやっと決めたばかりだった。そんなまだるっこい、小さな援助などもはやどうでもよかった。いま日本の首に巻きつけた縄を緩めてやろうなどと決して言ってはならなかった。日本が南部仏印に送り込んだ軍隊を引き戻すと約束しただけで、これまでの十年の辛苦の末にやっと手に入れた経済封鎖を解除するなどとんでもない愚挙だった。絶対にアメリカをして暫定協定を認めさせてはならなかった。

いや、そうではないのだとアメリカ政府高官が説明し、暫定協定の三カ月の猶予のあいだにフィリピンに戦略爆撃機のB17をさらに送り込み、その島の防衛体制を完璧なものにするのだと言っても、蔣政権の幹部はまったく聞く耳を持たなかった。フィリピンとわが中国の存亡となんの関係があるのだと怒った。

東郷、幣原、吉田から松平までが蔣介石の国民政府の日本にたいする宿恨、どうあってもアメリカをして日本にたいして経済封鎖をさせる、つぎに日本と戦わせるといった執念に燃えていることを見逃していた。そして同じかれらがはっきり承知していながら、無視するように努めたのは、ワシントンに送り込んだ日本政府の外交代表と重慶政府の外交代表の力の差が幕下と大関ほどもあるという事実だった。重慶政府がワシントンに派遣していたのは胡適《こせき》と宋子文《そうしぶん》の二人だった。蔣介石政府の駐米大使の胡適は中国第一級の知識人とアメリカ人に認められていた。宋子文は蔣介石ファミリーの一員であり、かつては上海を基盤にしていた金融資本家、行政院長代行、中央銀行総裁をやったことがあり、一九四〇（昭和十五）年からワシントンに駐在していた。蔣介石個人の駐米代表という肩書を持ち、宋本人は宋家の事業の発展のためにアメリカに来たのだと記者たちを煙に巻いたのだが、これはまことに意味深長な台詞だった。ルーズベルトの母方のデラノ家は十九世紀から中国貿易を家業としていた。かつて宋家と経済的な繫がりがあった。そこで宋の任務はルーズベルト家との以前の連繫をはるかに大きく復活させることであり、アメリカからの軍事援助をかち取ること、そしてアメリカをして日本と戦わせるようにさせるのがかれの使命だった。

日本側はどうであったか。その昔にルーズベルト大統領と顔を合わせたことがあったという野村吉三郎が駐米大使であり、最後の段階で東郷外相の親友である前駐独大使だった来栖三郎が加勢に駆けつけた。野村と来栖が頼りにしていたのは、ルーズベルト政府の閣僚、ウォーカー郵政長官ひとりだった。日米関係を改善しようと願ったカトリック系の神父の活動を応援したのがウォーカーだった。「乙案」をアメリカ政府は受け入れると野村吉三郎大使に絶対の保証をしてくれたのがかれだった。野村とはじめて会う来栖大使に向かって、アメリカは日本に石油を輸出するようになる、すべては順調に運んでいると言い、野村に向かって、日本海軍はもはや戦う必要はなくなったと念を押し、「提督は軍事用の石油と民需用の石油の区別はよくご存じであろう」と軽口を叩き、(44)その電報を読んだ永野、嶋田とかれらの部下たちをほっとさせたのだった。

たしかにウォーカー郵政長官は日本側の主張の善意あふれる代弁者となっていた。だが、いまにして思えば、ルーズベルトとアメリカ陸海軍の首脳は戦争準備の時間稼ぎのためにウォーカーを利用し、日本側を騙していただけのことだったのである。

幕下と大関ほどの違いがあるという話をつづけよう。外交の遂行には社交活動が大きな役割を果たすのはいうまでもないことだが、日本は蔣政権の代表に対抗できるどころではなかった。まさに完敗だった。来栖三郎が嘆じたとおり、ワシントン駐在の歴代の大使が築きあげたアメリカの友人との絆は、日米関係の悪化に伴い、すべてが消えてしまっていた。(45) 互いの友情を修復することは、いまとなってはまったく不可能だった。

なによりも肝心なことは、アメリカ人の脳裏にある日本人と中国人がまさに対蹠的となっていた事実だった。アメリカ人が思い描く中国人は、パール・バックの長編小説、「大地」をもとにつくられたメトロ・ゴールドウィン・メイヤー社の映画のなかにでてくる農民の映像だった。二千三百万のアメリカ人がその映画を観た。中国人は誠実、勤勉であり、なによりも礼儀正しかった。それにひきかえ、アメリカ人の胸中につくられた日本人像は、平気で嘘をつく性悪な小男であり、善良で、罪のない中国人をいじめつくしている残忍な悪党だった。

胡適と宋子文は道義上の優越性は自分たちの側にあるのだと信じ、その絶対的に有利な舞台で存分に活躍した。しかも宋は一介の役人に過ぎない野村や来栖と違って、自由に使うことのできる豊富な軍資金を持っていた。アメリカからの借款を自由に使うことができたのである。宋はルーズベルトの顧問と政府閣僚を定期的に自分の邸に招き、シナ料理をご馳走し、食後には必ずポーカーをやった。

さらに胡適と宋子文はアメリカの最高裁から上院、下院内に友人をつくり、訪ねた州知事や市長に大歓迎される関係を築き、大学教授、新聞記者、国際問題を論じる評論家とはいつでも電話連絡をすることができ、重慶政府の主張を新聞やラジオで伝えさせていた。日本大使館一等書記官の寺崎英成や横浜正金銀行出身の財務官、西山勉のどれだけの努力も、それこそ、何本も火柱が上がり、火流が走る大火を前に、バケツひとつを持つ女性と変わりなかった。

そして東郷、幣原、吉田、松平はアメリカ人の日本にたいする敵意と嫌悪を承知していたにもかかわらず、そんなことはないのだと装い、それでもときに日本嫌いのホーンベックとハルがアメリカ国務省に居座っているのが癌だと渋面をつくった。だが、かれらが気づかぬふりをしたか、まったく無視していたのは、ロンドンの英首相官邸、あるいはクレムリンに派遣されるときだけ、「大統領特使」の肩書をつける不思議な人物、大統領官邸に居住していたハリー・ホプキンスの存在だった。

道草を食うことがつづいた。東郷茂徳が昭和十六年十一月に「乙案」で和平に繋げることができると大きな思い違いをしたことを記述し、今日、七月一日、かれがなにを考えているのか、再び思い違いをしているのか、それとも九分通り駄目だと知りながら、それでも戦争を終わらせるためにはソ連に仲介を求めるしかないと思っているのかを見なければならないのだが、もう少し寄り道をしよう。

ハリー・ホプキンスはまさしくルーズベルトの右腕だった。そのときホプキンスは五十一歳、ルーズベルトは五十九歳だった。ルーズベルトの大きな問題の決定には必ずホプキンスの助言があった。ホプキンスは同盟国にたいする武器貸与の執行機関を支配するようになって、英国、ソ連、蔣介石政権への軍需品の供給を一手に握ったことから、それら諸国の首脳たちはいずれもホプキンスに大きな敬意を払うようになり、かれの外交力の源泉となった。かれは大統領に代わって対連合国外交をおこなうようになり、もちろん、ハル国務長官など歯牙にもかけなかった。そしてかれは軍事戦略を決める最高会議に出席するようになった。大統領と統帥部の首脳だけの会議であり、ホプキンスはひとり例外だった。こうしてホプキンスは大統領署名の電報を自在につくるようにもなった。

前に記したことがあるが、もうひとつ触れておこう。ホプキンスはスターリンに信頼されてきたが、その源は一九四一（昭和十六）年にあった。その年の七月三十一日、独ソ戦争がはじまってわずか四十日足らずあとのことであり、アメリカのソ連に詳しい軍人や専門家はソ連の崩壊は近いと語っていたときだった。そのときホプキンスは訪れたロンドンから帰国する予定であったのだが、前もってソ連訪問を決めていたようであった。ロンドンから自分の目論見をルーズベルトに伝えた。かれはモスクワに飛び、喜色を取り戻したスターリンと協議し、ソ連への武器の供与を取り決めた。それより五日前の七月二十六日にアメリカが日本にたいして全面禁輸の経済戦争を仕掛けていたことと重大な繋がりがあった。スターリンに大々的な援助を約束するに先立ち、日本をしてソ連に戦争を仕掛けることができないようにさせ、アメリカの援助物資のロシア極東の受け入れ港とシベリア鉄道の安泰を確保したのは、すべてホプキンスの遠謀だったのではないか。

さて、宋子文の仕事がデラノ家との繋がりを太く、大きくすることにあるのなら、それこそデラノ家の大番頭であるホプキンスをないがしろにすることなどありえるはずはなかった。二人の関係がどのようなものだったのかを記しておこう。日米戦争がはじまってからの一九四二（昭和十七）年のことだ。重慶のアメリカ大使館の陸軍武官が蔣政権の幹部から厭味を言われたり、なにやら弁解を聞かされるようになって気づいたのは、かれがワシントンの陸軍長官宛てに送っていた電報の内容を重慶政府の幹部がすべて承知しているという事実だった。調査の結果、洩らしていた人物が判明した。大統領の第一の側近が重慶からの電報の写しを宋子文に見せていたのだった。

もうひとつ挙げよう。陸軍長官のスティムソンが首をかしげ、ホプキンスはなにごとにも当を得た考えの持ち主なのだがと言ったあと、ただひとつ手を焼くのは、日本の天皇制度についてまことに過激な考えを持っていることだと嘆じた。日本の天皇を処罰、追放してしまわなければならないとホプキンスは説いていた。なぜだったのか。ホプキンスは宋子文から日本と天皇にたいする強い憎しみを聞かされ、日本をどのようにしてしまわなければならないかを教えられたことが一度や二度ではなかったからであろう。

ホプキンスの日本観が宋に教えられたものであったのにひきかえ、スティムソンは日本をだれよりも詳しく承知していた。この機会にもう少し記しておこう。かれは日本を訪れたことが三回あり、幣原喜重郎、若槻礼次郎、岡田啓介と面識があった。アメリカの最有力の政治指導者のなかで、これだけ日本と日本人との繋がりを持つ政治家はいなかった。ほかにグルーがいるだけだった。

ホプキンスについてもうひとつ記そう。一九四三（昭和十八）年十二月一日に公表されたカイロ宣言の草案を書いたのがホプキンスだったのだし、それより少し前の十一月二十三日、同じカイロでルーズベルトが蔣介石と会談したとき、「琉球」の返還を求めるかと誘いをかけたのも、ホプキンスの助言があってのことだったのは間違いなかったし、ホプキンスはそれを宋子文から教えられたことであったのも疑う余地はなかった。

前に戻る。重慶の蔣政権はアメリカが日本と暫定協定を結ぶことに絶対反対だった。

蔣介石はワシントンの宋と胡を督励した。もちろん、宋はホプキンスに向かって、日本との経済戦争を放棄してならないと繰り返したのだし、蔣介石の政治顧問となって重慶に駐在していたオーエン・ラティモアはホプキンスに宛てて、絶対に日本と暫定協定を結んではならないと電報を打っていた。ラティモアは日本嫌いということならホプキンスやホーンベックには決して負けなかった。もちろん、宋と胡は大馬力でワシントンの政界と世論形成機関に働きかけた。さらに重慶政府の英国駐在大使が英国首相に蔣介石の願いを伝えた。チャーチルはルーズベルトに宛てて、暫定協定の締結が重慶政府に与える結果を慎重に考慮するようにと勧告した[46]。

野村と来栖のことになる。二人が「乙案」の全体の覚書をハルに提示したのは十一月二十日だった。そのあと二人はハルと二回交渉した。そして十一月二十六日に野村と来栖はハルから文書を手渡された。「乙案」にたいする回答ではなかった。噂されていたアメリカ側が出すといっていた三カ月か、六カ月間の暫定協定案でもなかった。

渡された文書はそれまでのアメリカの主張のすべてを超えていた。十項目あり、そのうちの六項目は日本に屈伏を迫るものだった。交渉はおしまい、このあとは戦争だということを告げたものだった。野村と来栖、東京のだれをも驚愕させ、失望させた内容だった。「わざと日本が承諾し難き事項を承諾し難き形態に於いて持って来た[47]」と東郷は怒り、我が方の誠意がまったく認められなかったと力が抜ける思いとなったとのちに記した。[48]

東郷は間違っていた。ハルの文書と行き違いとなったのだが、十一月二十六日付で東郷は野村大使に宛てて、「取極調印早目ニ、日本二年額二百万噸ヲ希望スル旨ヲ米国ニ申入レ置カレタシ」と訓令していたのは、あまりにも独りよがりだった。幣原喜重郎、吉田茂も大きな間違いを冒した。五年もの長いあいだ、自国内での苦戦、敗け戦をつづけ、我慢に我慢を重ねていた蔣介石が、どれほど強硬に「乙案」に反対するかをかれらはこれっぽっちも考えようとしなかった。そして重慶政府がワシントンに働きかける力の大きささをかれらは見くびっていた。「乙案」といった自分を騙すだけのはかない夢に頼ることをせず、幣原と吉田は東郷に辞任するようにと説かねばいけなかった。松平も東郷に同じような説得をしなければならなかった。

日本の外交界の長老たちはだれもが甘かった。松岡洋右が、広田弘毅が、こちらが強く出れば、アメリカはへこむのだとふまじめきわまることを言っていた。[49]九月に首脳会談の開催がアメリカ側に拒否されたときに、だれもが日米関係の実態を腰を据えて考え、ルーズベルトが望んでいること、陰の主役、ハリー・ホプキンス、かれを自家薬籠中のものとしている重慶政府、そしてアメリカ全体の空気をもう少し真剣に考えねばならなかったのだ。

「乙案」をアメリカが受け入れないなら、開戦するのだと決めていたのだから、外交界の先輩たちは東郷に辞めよと言うべきだった。最初に記したとおり、十一月一日か、十月三十日に東郷は辞めるべきだった。なぜ辞めなかったのか。かれは自分が辞めたところで、対米戦争は阻止できないと思ったのであろうとは前に記したことだ。木戸が東条首相に協力し、東条は外務大臣をも兼任することになるだろう。御前会議を数日遅らせるだけで、狂いなく十二月八日に対米戦争をはじめるようにしたかもしれない。

そうなったとしても、東郷は昭和十六年十一月はじめに辞任すべきだった。戦いに敗れ、戦争を終わらせなければならないときが来ると考えることができたはずなのだから、その未曾有の非常のときに備え、東郷と外務省はしっかり発言権を持つようにしておかなければいけなかった。東郷は宣戦布告時の外務大臣であってはならなかった。

ところで本当のことを言うなら、東郷が昭和十六年十一月はじめに外務大臣を辞めていたなら、恐らく日本はアメリカとの戦争に踏み込むことにはならなかったのではないか。

外務大臣と外交界の長老が「乙案」に最後の期待を懸け、結局、それが相手にされず、だれもが深い失望に沈んだとき、まさに重大なことが起きようとしていた。東郷が知らず、幣原、吉田が知らず、松平が知らないことが起きようとしていた。高松宮が参内し、天皇に連合艦隊司令長官、山本五十六を召され、日米戦争をしてはならない理由をお聞き下さいと言上し、「聖断」を仰ごうとする計画がたてられようとしていた。

そこで十一月のはじめに東郷外相が政府と統帥部が決めようとしていた「国策遂行要領」案に反対して、辞任していたのであれば、つづいてどんなことが起きたであろうか。

呉港沖の旗艦長門に座乗する山本五十六は素早く判断を下し、東郷茂徳辞任の衝撃が宮廷と政府内をまだ大きく揺さぶっているあいだに、ただちに高松宮が参内することが最善と考え、それに先立ってやっておかねばならない準備、高松宮の海軍中央への転任を一両日中にして欲しいと永野総長に依頼し、かれ自身は高松宮との打ち合わせをただちにおこなうために、外相辞任の翌日には東京に向かうことになったにちがいない。

東郷茂徳の辞任につづいて、そんな具合にことが運んでいたら、昭和十六年十月半ばから十一月上旬にかけての一カ月足らずのあいだにどういうことが起きていたか。負ける戦いをしてはならない、外交譲歩が必要だと主張して陸軍と争いつづけた近衛首相が十月十六日に内閣総辞職した。それから二週間あとの十一月一日、東郷外相がこれまた負ける戦争をしてはならないと説き、和戦両論を並べた「国策遂行要領」案に反対し、東条内閣を去った。そして十一月三十日ではなく、十一月一日から五日あとか、七日あとに高松宮が参内し、この戦いを決してしてはならないと連合艦隊司令長官が参内を願い出ていると天皇に言上することになる。

近衛文麿、東郷茂徳、そして山本五十六、この三人がアメリカとの戦争に反対なのだ。天皇はひどく動揺することになろう。陸軍大臣と参謀総長に向かって、この戦争は思いとどまるようにと言おうと考えることになるのではないか。そして内大臣の木戸は考えまいとしていた大きな不安を抑えることができなくなるはずだ。近衛だけではない、東郷、山本までが戦争に反対するのだ。なおもかれは戦争をする決意を持ちつづけたであろうか。ヒトラーは長期戦の用意をせず、短期戦で終わるのだと信じて、ソ連との戦いをはじめてしまった。日本がまったく同じだ。短期戦をするだけの用意で、戦争をはじめようとしている。木戸は自分がしようとすることがどのような恐ろしい事態を引き起こすかをやっと考えようとするのではないか。天皇に向かって、そして首相の東条英機に向かって、和戦両論を併記し、十二月一日を外交交渉の限度とする「国策遂行要領」は捨てなければいけないのではないかと説くことになったのではないか。

前に戻ってもう一度言うが、幣原喜重郎と吉田茂の二人は「乙案」といった井戸の中の蛙が小さな狭い空を見上げてのこれまた小さな思いつきに頼ることなく、東郷に向かって、いま辞めなければいけないと言わなければいけなかった。松平恒雄は内大臣の木戸に向かって、暫定平和の「乙案」妥結のためには、恒久的な日米和解のための譲歩をする覚悟が不可欠だと東条首相を説得しなければいけないと説いたのは、これまた迂闊に過ぎた。松平は東郷に直ちに辞任せよと言わねばならなかった。

たしかに東郷は辞任をすることになる。それから一年のちの昭和十七年九月、大東亜省設置といった問題にこだわり、明治二年に創立されて以来の外務省の大権が侵されることになると大いに憤慨してみせ、首相の東条と争い、胸を張って辞任した。

余計なことを付け加えよう。昭和十七年九月に首相と外務大臣が争って、「閣内不統一」、そして内閣総辞職とならなかったのは、東条に加担していた内大臣の木戸が東郷に向かって、不服、不満なら、ひとり辞任する道を選べと引導を渡したからだった。東郷は翌十八年には東条内閣をつづけさせてはいけないと近衛文麿や岡田啓介に説くことになるのだが、あまりにも遅すぎた。

前の外務大臣、重光葵がやったこと

今日、七月一日、東郷茂徳はどのように考え、なにをやろうとしているのか。

前に記したことだが、重慶の国民政府の幹部がワシントンに行き、そのあとモスクワを訪れたというニュースを東郷は読み、またあの男かと苦い思い出が浮かんだはずだ。昭和十六年十一月にかれの最後の頼みであった「乙案」を潰してしまった元凶が宋子文だった。現在、ワシントンでなにやらの協議を終え、今度はモスクワへ飛んだのが、今は重慶政府の行政院長となっている宋子文なのだ。

東郷はソ連を味方に引き入れるつもりできた。前に記したことだが、半年前の今年一月、東郷は外務大臣になる前のことだったから、気軽に本心を知人に明かしたのであろう。共産党の公認と樺太を譲渡することで、ソ連に和平の調停を頼むことができると語った。じつはそれより前、東郷は近衛文麿に向かっても、ソ連に和平の斡旋を求めればいいのだと語り、入獄している共産主義者を釈放し、南樺太をソ連に返還すれば、ソ連は日本のために和平の仲介の労をとってくれると言ったのだった。[50]

東郷がそんな具合に気軽に喋ったのは、よもや自分が外務大臣に復帰するときがあるとは思っていなかったからである。そのとき外務大臣は重光葵だった。重光は木戸内大臣の政治的盟友であることから、小磯内閣が退陣する事態になっても、木戸は新首相に重光の留任を求めることになるのは必定だと東郷は見ていたのである。

そしてもうひとつ、東郷はソ連を相手とする外交に自信を持っていたことが、そのように言わせた理由だった。「あの人物とならば協力していける」とソ連指導者に自分は思われているのだという自信だった。戦争終結のためにはソ連に和平の仲介を求めるべきだと説いていたのは、重光葵も同じだった。ところが、かれの場合は、ソ連を相手とする外交にまったく自信を持っていなかった。

そうしたことはあとで語るとして、重光葵について述べよう。重光は東郷とともに外務省で抜きんでた存在と見られてきた。東郷は六十二歳、重光は五十七歳になる。外務省内で評価が高いのは東郷茂徳だ。法華津孝太《ほけつこうた》は独ソ戦争直前にドイツ大使館勤務から帰国して、綜合計画局に内閣参事官となって出向して現在までになる。かれは自分が仕えた先輩のなかで傑出しているのは東郷だと思ってきた。[51]かれだけではない、ほかの外務省員、そして政治家、新聞記者、だれもが東郷を高く買ってきた。

重光の特質はなんといっても外務省育ちには珍しい大層な野心家であることだ。元老の西園寺公望に任地先から国際情勢を説明する書簡を送り、外務省に重光ありと認識させる手際の良さを見せた。西園寺が没し、宮廷の最高の実力者は昭和十五年に内大臣になった木戸幸一だと知れば、かれに自分の有能さを売り込んだ。

重光は昭和十八年四月から今年四月はじめまで外務大臣をやった。かれは自分が一員であった東条内閣を「作文内閣」と批判し、「自分の号令に聾し、自分の作文に取り憑かれた」と評し、つぎの小磯内閣を「作文、もっと拙劣」とこきおろした(52)。かれはまた、小磯内閣時代の最高戦争指導会議、東条内閣時代の大本営・政府連絡会議を「其の貧弱で且つ遣り方の乱暴なこと」と批判し、「統帥部の政治外交上の粗雑なる説明の如きは殆ど聴くに堪えぬ(53)」と罵倒した。

自分が一員だった東条内閣と小磯内閣に罵声を投げかけた重光なのだが、その二人より前の首相、近衛がやった外交政策については、どのように批評したか。

昭和十六年九月六日の御前会議で和戦両様の構えの国策を決めた。首相の近衛は陸軍からその基本政策に賛成せよと迫られ、近衛が頼みとしていた海軍は陸軍の和戦「両論併記」に賛成せざるをえないようになってしまい、ひとり反対することもできず、これまた同調せざるをえなくなり、その「国策遂行要領」が決まってしまった。そしてその日の夜に近衛が試みたことは前に何回も記した。近衛はアメリカ駐日大使のグルーと会談し、日米首脳会談にただひとつ、希望を繋いでいるのだと言い、大統領との会談で両国間のすべての懸案を解決する覚悟だと語り、首脳会談開催を切望していることを大統領にただちに伝えて欲しいと切望したのだった[54]。

重光葵はこれを取り上げた。かれはその近衛・グルー会談を指して、「なんといっても破滅の源[55]」とノートに記した。かれは本当にそう思っているのか。伊藤文吉邸で近衛がグルー大使に会い、日米首脳会談の開催を望んだことが「破滅の源」だと重光は嘘偽りなく信じているのか。

近衛首相はアメリカに大きな譲歩をして、日米関係を正常化させたいと望んでいた。陸軍が中国撤兵の問題で譲歩しないと頑張っていたからこそ、ルーズベルトとの直接会談ですべて解決し、天皇の裁可を得るという非常手段に頼る以外に方法はないと首相は考えた。グルーは近衛の重ねての首脳会談開催の求めに賛成し、本国政府に開催を促す意見を具申した。だが、かれの電報は無視された。国務省の幹部たちは首脳会談で日本の首相が懸案問題を解決すると信じなかったのである。

近衛・グルー会談が「破滅の源」だったのではない。首相、外務大臣、海軍大臣が手を焼いていた陸軍の譲歩はしないという態度、アメリカ側に不信感を抱かれていた陸軍のその強硬な姿勢が「破滅の源」だった。にもかかわらず、重光は近衛・グルー会談を

「破滅の源」と非難したのはなぜだったのか。

じつは昭和十六年の八月から九月、日米首脳会談の開催に背を向けていたのは木戸幸一内大臣だった。その年の八月五日、首相近衛は日米首脳会談をおこなう計画を立て、陸海大臣の了承を得たことを書面で木戸に伝えた。一日置いて八月七日に木戸が近衛に臥薪嘗胆案を示したのは、口にこそしなかったが、木戸が首脳会談の開催に反対であることを明らかにしたものだった。かれはアメリカ側が難癖をつけ、会談が流産してしまうことを望んでいた。理由は単純明快だった。近衛が考えていた譲歩に木戸は反対だった。このさきで詳説することになるが(56)、木戸は中国撤兵に絶対に反対だった。

では、重光の本心もまた中国撤兵に反対だったのか。そうではなかったのであろう。重光を指して「オポチュニスト」と評したのは外交評論家の清沢洌なのだが、重光の近衛にたいするその批判は、かれの本領をかいまみせたものなのであろう。五年さきでも、三年さきでもない、すぐさきの戦後を見据えての計算が重光にはあって、木戸の味方をし、近衛を棄てる算段があってこそ、近衛の最後の外交努力を「破滅の源」と記したのではなかったか。

重光が「作文」だと東条内閣、小磯内閣がやっていたことを非難したことに戻ろう。「作文」「作文」と罵倒するのであれば、重光が自賛してやまない大東亜新政策もまた「作文」だった。かれがモスクワの駐ソ大使に宛てたソ連との関係是正に努めよという訓電は「乱暴」「粗雑」以外のものではなかった。

前に述べたとおり、東郷と重光は戦争を終わらせるには「ソ連を仲介に立てる」と説いてきた。東郷が対ソ外交に自信を持ってきたことは前に記した。ところが、重光はソ連を嫌い、ソ連に強い警戒心を抱いていた。そしてソ連側もかれを烈しく罵倒した。かれがモスクワ駐在大使だったときには、ソ連の官製新聞から激しい非難攻撃を浴びたものだった。かれは対ソ外交にまったく自信を持たないばかりか、ソ連を信頼していないにもかかわらず、ソ連に和平の斡旋を頼もうとしていた。

一昨年、そして昨年のことになるが、重光はソ連に特使を三度送ろうとして三度とも失敗した。最初は昭和十八年九月だった。独ソ戦争の終息をせしめるための斡旋をし、日ソ関係の調整を図るために特使を派遣しようというものだった。特使はモスクワを訪問し、モロトフ外相と会見し、そのあとトルコ経由で「西欧諸国」を訪問し、帰途、再びモロトフ外相と意見を交換したいと申し入れた。モロトフににべもなく拒否されて終わった。

二回目は昨年の四月だった。日ソ関係の改善のために特使を送りたいと申し入れたのだが、再び拒否された。三回目は小磯内閣になってからの同じ昨年の九月だった。特使派遣の申し入れはまたも拒否された。

そして昨年の十一月のことになるが、重光は自分の考えを発表した。これについても前に記した。[57]「我ガ外交」と題する通し番号の入った小冊子を政府と軍の幹部に配った。台湾沖航空戦、レイテ沖海戦、レイテ島の地上戦とつづき、そのときそのときに動悸が激しくなるような期待を抱き、その期待がたちまち薄れてゆき、この戦争の終末は思っているよりずっと早くなるのではないかという不安がだれの胸中にも居座るようになったときだった。「我ガ外交」を手にした人たちは重光外相がこの戦争を終わりにするどのような計画を持っているのかと急いで頁を繰ったはずだ。

当然のことながら、重光は至極曖昧な言い回しをした。「東亜方面の国際機構に関し、何等か日ソを中心とした国際機構は戦局の如何によりては必ずしも考え得られないのではない[58]」といった具合だ。

多くの人びとと同様、かれも米英両国とソ連との同盟はやがて破綻すると見てきた。まず、英国とソ連との関係が悪化するとかれは見た。ソ連はまもなくヨーロッパ大陸の半分以上を支配してしまうことになり、英国とソ連との対立は決定的なものになるだろう。そしてアジアでも英国とソ連は敵対せざるをえなくなる。ソ連は日本に恩を売りつけ、味方に引き入れようとするのではないか。重光はこのように予測した。

そこで「我ガ外交」のなかで、「対ソ施策は単なる交渉ではない。大いなる外交の運用である。従って、ソ連と利害の衝突する英国との関係を操作する必要がある[59]」と述べた。

重光がなによりも断定的に論じた箇所は、かれの反対を無視しておこなっていた対重慶外交についてである。かれは小磯首相と緒方国務相が試みようとしていたその工作、しかも、少なからぬ支持者を持っていたその試みに激しく反対した。宮廷、政府、軍首脳に配ったその小冊子のなかで、かれはつぎのように記した。

「重慶をして世界平和を提唱せしめんとすることは実現性がない。重慶は実力がなく……(60)」

重光はこのように説いて、自分の考えのおおよそを示した。ドイツが敗北して、ヨーロッパの戦いが終わったあと、ソ連に「世界平和を提唱」させる、これが重光の外交計画だった。「我ガ外交」を発表したのと同じ十一月、かれがモスクワの佐藤尚武大使宛ての電報の一節に「米英トソ連トノ関係ハ底ヲ突イタル感アリ」と書いた。さらにべつの訓電で「日ソ両国関係ノ前進」のために、あらゆる機会を逃さず、外交工作をつづけよと繰り返し、つぎのように説いた。「日蘇中立条約ノ強化乃至ハ安全保障ヲ目的トスル日蘇間条約如キモノニ漕ギ着クル基礎ヲ作ルコトトシ度ク而シテ更ニ独ソ和平問題ノ打診ヲナシ時局打開ノ方向ニ進ミタシ(61)」

今年の元日、重光と近衛文麿は熱海の旅荘に泊まった。どうしてこの戦争をはじめてしまったかという口惜しさは双方にあったから、昭和十六年の運命の数カ月のことが話題になったかもしれない。もちろん、重光は近衛に向かって、あの九月の近衛・グルー会談が「破滅の源」となったのだと言ったりはしなかったにちがいない。戦争をどのように終わらせるかは、当然ながら話題になった。重光は近衛に向かい、「我が外交」で説いたとおり、「やはりその場合ロシアを仲介に立てたほうが、同じ無条件でも独立国家としての体面だけは立ててくれるだろう[62]」と語った。

重光のその言葉を日記に記したのは細川護貞だった。近衛から重光の話を聞いた細川は近衛に向かって、「ロシアに接近することはやはり危険であって、アメリカに直接申し込むべきだと思います」と言った。

もちろん、近衛はソ連に戦争終結の仲介を求めることには反対であったから、かれは重光に向かって、直接、アメリカに降伏すると申し入れるべきではないかと説いた。重光は首を横に振った。「アメリカに云っても、『ソ連とは筒抜けだから』」と重光は答えたのだと近衛は細川に語った。

重光はなにを考えているのだろう。ソ連に「筒抜け」になってしまって、なにかまずいことがあるのか。日本がアメリカに降伏を申し込むようだとスターリンが知ったら、満洲国境のソ連軍にただちに攻撃命令をくだし、南樺太へ侵攻させようとするのか。重光はそれを恐れているのか。

重光のソ連に和平仲介を頼むという案にしたところで、それを試みようとすれば、アメリカに筒抜けになる。スターリンが佐藤駐ソ大使にルーズベルトを説得してやろうと言ったとする。ルーズベルトが日本との戦いに口出しは御無用とスターリンに言い、アジアの将来について、もう少し長期的な話し合いをしようと誘い、満洲、外蒙古、中国、さらには朝鮮、樺太の問題の解決を米ソ間で話し合おうと説くことにならないか。それとも、モロトフがモスクワの佐藤大使に向かって、アメリカの侵攻から日本を保護してやる、「独立国家としての体面」を立ててやろうと言い、満洲、朝鮮に、そして南樺太、北海道に駐兵させよと主張してくることにならないのか。重光が語るところの「世界平和」の実現はそんな結果に終わるのではないのか。

「ソ連とは筒抜けだから」と重光が言ったのだと近衛が語り、細川がそれはおかしいと問うたのにたいし、「僕もその点は違うと思う」と近衛は細川に語った。近衛は重光に遠慮することなどなかったのだから、大臣、あなたはだれよりもソ連に批判的だった、ソ連は信頼できない、スターリンを警戒しなければならないとこれまで説いてきたのではないかと言わなかったのか。ソ連に和平の仲介を求めるという方針は、陸軍を戦争終結に引きずり込むための止むをえない方便なのか、それとも木戸内大臣の考えに妥協してのこれまた方便なのかと近衛は問うたのであろうか。

自国の皇帝、皇后、皇太子、皇女の一家を惨殺したソ連に向かって、日本共産主義化の綱領を持つ日本の共産党を育成、支援してきたソ連にたいして慈悲を求めて、皇統を守ることができると本気で思っているのかと尋ね、近衛は重光につぎのように問わなかったのか。ヨーロッパの戦争が終わったときに、グルー国務長官代行に直接、戦争を終わりにしたいと呼びかけることを考えていないのか。

近衛は重光にそのように尋ねなかったのか。細川は日記に「筒抜けだから」のほかに重光がなんと言ったのか、なにも書かなかった。

そのあと一月三十一日に近衛も出席した重臣会議が開かれた。外務大臣の重光も話をしたのだが、将来米英と直接交渉するか、ソ連を通すかを考えていると重光は語った。(63) 重光はそんな具合に言ってみせただけだった。ソ連駐日大使のマリクにたいして働きかけをはじめた。二月十五日にハルビン総領事の宮川船夫が、三月四日と三月十五日に田中丸祐厚がマリクと会談した。宮川船夫は外務省切ってのソ連通であり、モスクワ在勤が長かった。田中丸祐厚は露領水産組合長であることから、ソ連大使館員に知り合いがいた。二人がマリクに説いた内容は同じだった。スターリンが全世界に戦争の停止を呼びかけるときが近づいていると説いた。そのあとマリクからはなんの返事もなかった。

ところで、重光が懸命にやったことは、もうひとつ、前にも記したとおり、小磯首相と緒方国務相が試みようとしていた対重慶工作を潰すことだった。だが、小磯は重光外相とかれの「我ガ外交」を完全に無視した。かれは重慶の国民政府との和平をつくりあげてこそ、そこからアメリカとの和平への展開が望めるのだと思っていた。重光は小磯首相の行動に苛立ち、「外交大権の干犯」だと憤慨した。

重光は小磯首相の対重慶工作を阻止しようとして、木戸の手を借りた。木戸が天皇に向かって、小磯首相がやろうとしていることは南京国民政府にたいする裏切りだと言上した。小磯が木戸の差し出口に怒り、天皇に向かって木戸を批判したことから、今度は木戸が怒った。「閣内不統一」をはっきり見える形にして、小磯を総辞職に追いこんでやろうとした。天皇は外務大臣、陸軍大臣、海軍大臣を個別に呼び、繆斌《ミョウヒン》を窓口にしての重慶工作をすべきかどうかの賛否を問うた。そのあと木戸は天皇に向かって、三人の閣員が繆斌工作に反対である事実を首相にはっきり告げて欲しいと言上した(64)。こうして四月五日、小磯は辞表を提出し、総辞職となった。

同じとき対ソ関係に異変が起きた。ソ連が日本に向かって、日ソ中立条約を延長しないと通告してくることになった。それを語る前に、ソ連に接近しようとする重光路線に反対する者が外務省内にもいたことを記しておこう。

上村《かみむら》伸一は外務省政務局長だった。かれはソ連がこのさき日本に友好と協力を求めてくるのか、それとも日本に脅しをかけてくるのか、一挙、軍事力によってすべてを解決しようとするのかは、中立国のトルコにたいして、ソ連がどのような態度をとるのかを見ていればわかると思い、トルコに関係する情報に注意を払っていた。

トルコはヨーロッパの大戦がつづくあいだ中立を守った。ドイツが優勢なあいだは自分の側に立てとドイツからの圧力があり、ソ連、アメリカ、英国の側に勝利の色が見えてくれば、三国による圧迫が強くなり、執拗に参戦を求められた。昨年八月にトルコはドイツと断交した。今年の一月六日に日本と断交した。連合国の圧力はなおもつづいた。今年の二月、米英ソの首脳がヤルタで会談した。新たにつくられる国際組織に加盟の条件は、連合国側に加わって参戦しなければならないことになった。こうしてトルコは二月二十三日にドイツと日本にたいして宣戦を布告せざるをえなくなった。これでソ連のトルコにたいする脅迫は終わるかと思えた。ところが、三月十九日、モロトフはモスクワ駐在のトルコ大使に書簡を手渡し、ソ連とトルコ間の友好中立条約の廃棄を一方的に通告した。一九二五年に締結されたその条約は十九年にわたってつづいていたのだが、「第二次大戦中に生じた根本変化により、この条約は新事態に不適当であり[65]」というのがモロトフの言い分だった。

つづいてソ連はトルコに向かって、ソ連の黒海からの出口であるトルコのボスポラス、ダーダネルス海峡にソ連の軍事基地の設置を要求し、第一次大戦あとに決められたソ連とトルコの国境線を改定したいと説き、トルコ領黒海沿岸地域の割譲を迫った。

上村は大臣の重光葵に文書を提出し、ソ連に頼るのは危険だ、日本からソ連に手を差し伸べることは、日本の窮状を知らせるだけのことになり、ソ連の攻撃を誘うようなものだと説いた[66]。重光は上村の説くことにはなにも答えず、当然ながら宮川、田中丸工作についても、上村にはなにも語らなかった。

ソ連・トルコ友好中立条約の一方的廃棄から半月あと、田中丸・マリク会談から二週間あと、小磯が辞表を提出してからまる一日あとの四月六日の午前十時半、モスクワの佐藤尚武大使から重光大臣宛てに電報が外務省に届いた。日ソ中立条約を延長しないというソ連側の通告である。それより前の四月五日、ソ連外相のモロトフは佐藤に日ソ中立条約の不延長を伝えた。有効期間が五年、そして四年目の廃棄の通告だった。モロトフは条約の期限の延長ができない理由をつぎのように述べた。「ドイツがソ連を攻撃し、日本はドイツの同盟国としてソ連に対する戦においてドイツに援助を与えている。さらに日本はソ連の同盟国である米英両国に対し交戦中である(67)」

外務省政務局長の上村伸一の懸念は現実のものとなった。そして重光は日ソ中立条約の不延長にもまして大きな打撃を受けることになった。たまたま重なることになったのだが、つぎの内閣の外務大臣として留まることができなくなってしまった。木戸は新首相の鈴木貫太郎に向かって、前に小磯国昭が首相になったときに語ったように、重光を動かさないようにして欲しいと言ったのだが、それより前に前首相の小磯が鈴木に向かって、重光を留任させるべきでないと説いていた。倒閣を仕組んだ木戸、そしてかれの戦争終結の外交工作を妨害した重光にたいする小磯の最後の復讐だった。

さて、新聞の社説と解説はソ連との「友好関係は不変」だと説き、条約は来年の四月まで有効なのだと強調した。だれもがそうあって欲しいと望むことを記したまでだった。

新たに外務大臣となった東郷は辞任する重光から事務の引き継ぎを受けた。長々と聞かされたのは、小磯前首相がやった繆斌工作にたいする激しい非難だった。そして東郷が承知しておかねばならないもっとも重要な問題、日ソ中立条約を不延長にしたソ連の真意について、重光は自分の観方を語ったのであろうか。そしてそれ以前にかれが試みたこと、ソ連駐日大使のマリクに打診した宮川と田中丸の交渉を説明し、その返事がモスクワからいまだにないと明かしたのであろう。

だが、もっとも重大なかれ個人のある秘密を東郷に告げることはしなかったにちがいない。昨年の六月二十六日に重光が内大臣と交わした密約である。「大命」方式によって、戦争終結にもっていこうという方策だ。そして今年の三月八日、その二日あとに焼けてしまうことになる三番町の内大臣官邸で、もう一度、木戸と重光は同じ約束を交わした。「時期来る場合は自分に於て、御上に進言し貴下と連繋して大命を内閣に下して行わしむる」(68)と木戸が重光に語り、重光がうなずいた。これは二人だけの秘密であり、重光はだれにも明かさなかったにちがいない。

都留重人はなにをしたのか

東郷茂徳が外務大臣となった四月九日には、アメリカ軍はベルリンまで百キロ足らずのエルベ河まで前進していた。東郷は慌てなかった。四月二十一日になって、かれは木戸に向かって、ソ連に仲介を頼み、戦争を終結させる意図であることを伝えた。木戸は東郷が重光の外交路線を継承してくれることで安心したのであろう。翌四月二十二日の日曜日、面識のある河辺虎四郎が東郷の家を訪ねてきた。参謀次長に就任したことの挨拶だった。ソ連をして、不参戦、中立の立場をとらせることが必要であり、どれだけの譲歩もやむをえない、この外交交渉に取り組んでもらいたいと繰り返し説いた。もちろん、そのさきに戦争の終結の仲介をソ連に頼みたいと望んでいるのだが、それは口にはださなかった。東郷は努力はするがと河辺に言い、時はすでに遅い、前内閣の時代にやらなければいけなかったと答えたのだった。(69)

四月二十八日、朝日新聞記者の中村正吾は日記に新外務大臣のことを記した。中村はこの四月のはじめまで小磯内閣の国務大臣、前に朝日の副社長だった緒方竹虎の秘書官をやっていたのだが、朝日新聞社に戻ったばかりだった。

「東郷外相は、最近、外務省省員に対し、新大臣としての訓辞を行った。その訓辞の要点は、われわれは日本が最悪の事態に直面すべきことを予期しなければならない。この事態に対し最善を尽くさねばならぬのはもとよりのことで、自分も外相として全力を傾倒するつもりである。……諸君の一致協力を求める、との意味であった(70)」

四月三十日、東郷は参内して、ドイツが無条件降伏するときがいよいよ迫っていると奏上した。天皇は聞き終え、「戦争が早く済むとよいね」と東郷に言った。(71)

五月二日、東郷は大東亜省総務局長の安東義良を呼び、近く外務省の政務局長になってもらうと言った。欧亜局とアメリカ局は昭和十七年末に廃止になり、そのあとつくられたのが政務局であり、外務省中核の機関である。前に見たとおり、そのときに政務局長は上村伸一であった。東郷は以前に自分の部下だったことのある安東を自分の傍に置こうとしたのだが、本当の理由は上村を敬遠してのことだ。上村はソ連にたいして甘い観方をすることに反対し、対ソ外交に取り組むことに批判的だったことは前に記した。そして東郷には愉快ではない記憶がまたべつにあった。

四年前、昭和十六年十一月のこと、アメリカ側の最終回答、いわゆるハル・ノートの電報が到着する数日前のことだった。英国駐在の代理大使だった上村からの電報が届いた。「一時的ノ不面目ノ如キハ目ヲ瞑ツテ之ヲ忍ビ支那事変ヲ一挙ニ解決スルコトニ依リ日米会談ヲ成立セシメ之ヲ機会ニ臥薪嘗胆国民ノ慢心ヲ去リ専ラ国力ノ培養ニ努メ将来ノ再活動ニ備ウルコトガ最モ確実ニシテ紛レ無キ国家ノ大道ナリト確信ス」(72)と上村は説いていた。東郷は苦々しげに「安易なる電報進言」と批評したのだった。

さて、東郷はソ連との交渉に自信を持っていると前に記した。かれは対ソ外交をおこなって、つねに成功を収めた。ほかに外務省にそんな人物はいない。思いだしてみよう。ロシア革命のあとのソ連との国交回復の交渉をやり遂げたのが、そのとき外務省欧米局第一課長の東郷だった。在外勤務のあと、かれが昭和八年に欧亜局長となった。かれは再び対ソ外交に取り組み、北満洲鉄道買収の交渉を成し遂げ、さらに満洲・ソ連国境紛争を片付けた。こうして元老と政界の長老たちはソ連との懸案問題を見事に解決した東郷の手腕を高く評価し、かれこそ将来の外務大臣と思うようになった。ソ連との関係を良好に保つことは、元老、元宰相、さらには宮廷高官の宿願だったからである。

東郷は昭和十三年にソ連大使となった。翌十四年五月にノモンハンで戦いが起きた。かれは九月九日にモロトフと停戦のための交渉を開始し、十七日に停戦協定を結んだ。東郷はそのあと野村吉三郎外相にたいして、ソ連と不可侵条約と通商条約の交渉をはじめたいと進言した。だが、ドイツと同盟を結べと大騒ぎをつづけていたさなか、ドイツは日本を裏切り、日独両国の仇敵であるはずのソ連と不可侵条約締結となってしまったことから、だれも自信を失い、外交交渉など御免といった雰囲気だった。つづく米内内閣となって、不可侵条約ではなく、中立条約を結ぶ交渉をおこなうようにと有田八郎新外相が東郷に訓令してきた。ところが、米内内閣は倒れ、昭和十五年七月に第二次近衛内閣が発足し、松岡洋右が外相に就任した。松岡はソ連と中立協定を結ぶことに乗り気だったが、なによりも先に、いかにもかれらしいことをやった。あらかたの大使と公使を辞めさせるといった大向こうの喝采を狙おうとしての大芝居を打った。英米派の外交官を一掃するのだという触れ込みだった。東郷が英米派であるはずもなかったのだが、かれにたいしても帰朝命令がだされた。

九月二十五日、昭和十五年のことだが、ソ連側は東郷を送別する昼食会を開いた。モロトフがかれに近寄り、「優れた政治家、外交官というだけではない。人間としても尊敬する」と褒めちぎった。もちろん、モロトフの東郷称賛は、東郷のやったこと、やろうとしていることがソ連の国益と一致していたからであった。それは昭和八年に日本が望んでいた北満鉄道の買収に成功して、東郷が大いに男を上げたときがそうだった。クレムリンの側からすれば、ウクライナを「生活圏」にするのだと叫ぶヒトラーがその年一月にドイツで政権を握ったからだった。どうあっても東の国境の日本との関係を良好なものにしたいと願ってのクレムリンの譲歩だった。昭和十五年にクレムリンが日本と不可侵条約、あるいは中立条約を結ぼうと願ったのは、ヒトラーのドイツを軸として動くヨーロッパの情勢がいよいよ予断を許さなくなり、日本陸軍がドイツと手を結び、必ずやノモンハンの復讐戦を意図すると警戒してのことだった。東郷の送別会を開いたモロトフが承知していたのは、向こう一両日のうちに日本とドイツの同盟が調印されることだった。モロトフが東郷を称揚したのは、ソ連・日本両国の関係改善のためにこのさきもかれに努力をしてもらおうと望んでのことだった。

ソ連から帰国した東郷は、辞表を提出するようにと松岡に求められたが、不当な人事だと抗議して、ついに辞表を出さなかった。ところが、東条内閣の登場となって、かれは外務大臣となった。アメリカとの和解の道を求めようとして、失敗したことは記したばかりだ。

ところで、東郷は対ソ外交に自信を持っていると自負してはきたものの、ソ連が自分を歓迎し、日本との友好を懇望した時代はとうに終わったことは百も承知しているはずだ。それでもモロトフに頼らなければならない。

今年四月、外務大臣になった東郷がすぐにやったことは、四月二十日にマリク・ソ連大使と会い、五日後に迫るサンフランシスコ会議に出席する予定のモロトフ外相がシベリアからベーリング海峡を越えて行くかどうか知りたいと語り、この機会を利用してモロトフ氏に会えるなら、非常に嬉しいと述べ、これは個人的な望みであると言い、会うことができれば、五年ぶりということになると付け加えたのであろう。マリクの返答は素っ気ないものだった。この時期のベーリング海峡水域は雲が多く、このコースはとらないだろうと言った。東郷はうなずくほかはなく、帰国ルートの最終選択について知らせて欲しいと言ったのだった(73)。

サンフランシスコ会議に触れたので、ついでに記しておこう。戦後の国際組織をつくるためのサンフランシスコ会議への参加国は、三月一日までに枢軸国へ宣戦布告することをアメリカ政府から義務づけられていた。トルコの例を前に見たばかりだ。ソ連だけが例外だ。それでもソ連はお体裁をつくってみせたのであろう、そこで、日ソ中立条約を「延長しない」と発表したのだ。政府と軍の幹部のなかには、こんな具合に思おうとした者も当然ながらいた。

東郷がマリクに会い、モロトフ外相が極東ロシアからサンフランシスコに向かうのであれば、途中どこでもよいから是非会いたいと語ってから二週間あと、ドイツが崩壊した。政府、陸海軍の首脳部、重臣から宮廷高官たちは、だれひとり日記に記していないが、外務省、そして同盟通信からの電話を心待ちした。トルーマン、それともグルーが重大な対日声明を発表するのではないかと思ったのである。大統領の対日声明は通り一遍のものだった。国務次官のグルーの声明は残っている戦争の遂行を説いたこれまたお座なりなものだった。

そのような声明になったのは、「日本処理案」を発表し、「ホロコースト」と呼んだ都市焼き打ちをつづけている強硬勢力が力を強めているからか、それとも沖縄でなおも血戦がつづいているからかと首相、陸海軍の統帥部総長、外務大臣、内大臣は首をひねったにちがいない。そしてソ連に頼ることに反対する人、ソ連に和平の仲介を求めようとする人、そのいずれもがっかりし、同時にほっとしたという感情が交錯したことは間違いなかった。戦争は終わりにしなければならない。だが、降伏のための準備と心構えは政府と軍になければ、宮廷にもなかった。

ソ連との関係を改善し、ソ連に和平の斡旋を依頼しようという外交工作は、もはや待ったなし、本式に取り組むことになった。

ドイツの降伏三日あとの五月十一日から十四日まで、一日の休みを挟んで、三日にわたって、政府と統帥部の六人の構成員が対ソ外交を討議した。ソ連に和平の仲介を求める案を決めようとした。三日目、最後の日になって、阿南惟幾が強く反対した。ソ連との関係を良好なものにする交渉をはじめるということにして、ひとまず東郷は妥協した。

一日おいて五月十六日、東郷は高木惣吉の訪問を受けた。構成員会議が開かれ、なにが決まったかを高木は米内大臣から聞き、すべてを承知していた。その外交計画に見込みがあるのかどうか、外務大臣の胸中を尋ねようとしたのである。そのあと高木は東郷が語ったことを覚書につぎのように記した。

「対ソ外交は成否は未知数なり。色よき返事は七、八分あるまじき覚悟必要。就いては対ソ以外の手を考える必要なきや(74)」

東郷は高木に「対ソ以外の手を考える必要なきや」と問うたのは、これを米内大臣に伝えて欲しいという示唆だった。そして東郷はもうひとり、宮内大臣の松平恒雄と相談し、助力を求めたはずだ。東郷が昭和十六年十月に松平に助けを借りようとしたことは前に記述したばかりだ。日本側にとって最後の希望の綱、「乙案」をアメリカに受け入れさせるためには、恒久的な平和協定締結の固い意思があることをアメリカ側に確約しなければならず、そのためには陸軍の譲歩が必要であり、なによりも内大臣の決意が不可欠だった。そして東郷が松平に木戸説得を願ったという具体的な証拠はなにひとつないことも前に記した。

この五月の中旬、東郷が松平に会い、再び木戸の説得を依頼したのだという証拠もまったくない。それでも五月十五日か、その翌日、東郷は松平に会い、三日間の六人会議で決まったこと、決めることができなかったことを説明したのだと想像するのはごくごく自然であろう。そしてつぎのように説いたと考えて、これまた不自然なところはなにひとつない。東郷は松平に向かって、いまソ連に働きかけ、うまくいく見込みは小さいと語り、直接に米英と戦争の終結を話し合うことを考えなければならないのだが、陸軍が強硬に反対するであろうから、手が打てないできた、それもこれも木戸内大臣がアメリカと直接、降伏の交渉をおこなうという決意を持っていないことが大きな障碍になっているのだと説いたのではなかったか。松平はどのように答えたのであろう。

昭和十六年十月はじめに松平が木戸と話し合ったことは木戸が日記に記していると前に記述した。この五月中旬のある一日、松平が木戸と面談したという記録は木戸の日記にはない。松平は木戸の執務室を訪ねる気力が湧かなかったのかもしれない。木戸がうんと言うはずがないことは明白だった。不快な言い訳と誤魔化しを聞かされ、結局は昭和十六年の失望と怒りを繰り返すことになるのかと思えば、ただちに東郷の願いに応じることができなかったのであろう。

ここで言っておかねばならないことがある。東郷が松平に相談したのだと明かすことなく、松平が東郷の相談を受けたと語るはずもなかったが、二人の密議は間違いなくあった。五月十五日か、十六日に密談したにちがいないと記述したが、それから十日足らずあとに宮殿全焼という大きな出来事があった。そのあとのことだ。松平は木戸を説得するといった無駄なことをせず、根本的に解決しようとした。このことは前に何回も記した(75)し、今日、七月一日に天皇がなにを考えているかを述べた箇所で再度記述した。さらに、七月一日か、明日、七月二日に木戸幸一がなにを考えているのかを叙述することになろうが、そのときにもう一度、松平がやったことを記すことになるだろう。

そして松平がやろうとしたことに協力しようとした石渡荘太郎が、現在、名古屋、そして奈良に出張し、明日、七月二日の夜には奈良ホテルで村田省蔵と会う予定になっている。石渡は村田になにを語ることになるだろう。

ところで、東郷の「対ソ以外の手を考える必要なきや」との高木に向かっての問いは、米内に伝えようとしただけではなく、松平に説いただけではなく、起居をともにする秘書官の東郷文彦に向かっても、洩らしたのではなかったか。文彦が瞬時のうちに思い浮かべたのは都留重人の顔ではなかったか。都留が木戸の親族の一員であり、現在、かれが木戸と同じ邸内にいることは、もちろん、承知している。そして都留が以前のアメリカ局、現在の政務局第六課にいて、一つ、二つのアメリカ研究会を主宰し、現在のアメリカを調べていることも知っていよう。さらに文彦はもうひとつの事実も知っているはずだ。都留のために外務省就職の世話をしてやり、かれの召集解除のために口をきいてやった内大臣は、日本の重大な政策決定に大きな力を持っているという事実である。義父と戦争終結の論議をしているあいだに文彦が知りえた機密ではなかったか。

文彦は昭和十四年に外務省に入り、在外研究員としてハーバード大学に留学、昭和十七年に交換船で帰国した。留学時代には同じ大学に学んでいた都留重人と親しくなった。帰国の交換船のなかでもずっと行動をともにした。記したばかりのことだが、そのときの外務大臣、重光葵に頼み、都留を外務省に就職させたのも、陸軍省軍務課長の赤松貞雄に頼み、かれの召集を解除させたのも、すべて木戸がやったことだった。現在、文彦は三十一歳、重人は三十三歳になる。重人が三月末にクーリエとしてソ連に行き、五月の末には東京に戻ってくることを文彦は聞き知っていたはずだ。

文彦が「対ソ以外の手」を考えねばならないと義父から聞いたのであれば、たちどころにつぎのような計画を立てても、なにも不思議はなかった。重人と協議する。二人で試案をつくり、文彦は義父に説明し、重人は妻の伯父に働きかけ、アメリカとの交渉を至急におこなうべきだと勧める。

文彦はモスクワの旅から五月三十日に東京に戻ってきた重人を待ち構え、まずはつぎのように尋ねたのであろうか。モスクワに行って、なにか手応えがあったのか。重人はなんと答えたのであろう。ソ連に和平の仲介を依頼すべきだ、アメリカに直接、降伏を申し入れるべきではないと重人は言ったのか。

文彦と重人とのあいだでそのような話し合いはまったくなかったのかもしれない。だが、重人にその重要な課題を相談しようとした人はべつにいた。モスクワの日本大使館三等書記官の法眼晋作《ほうげんしんさく》である。現在、三十五歳のかれは筋を通す気概を持っている。三国同盟締結のときには、激しく反対し、省内で「英米のスパイ」「国賊」だと罵倒されたこともあった。かれがソ連赴任を命じられ、東京を出発する直前、連合軍がノルマンディーに上陸した。ハルビンに着いたときに、サイパン島の失陥を知った。それから十カ月足らずあとのことだ。ドイツ軍が無条件降伏をするのはこの一両日のうちと思われる五月四日、かれは意を決して佐藤尚武大使に面会を申し入れ、大使官邸に行った。この戦争は負けるにきまっている、一日も早く戦争をやめることは、一日も早く復興する所以であるから、是非、大使から本省に明確な意見の具申をお願いしたい、在外使臣のなかで、大使の発言の影響力が一番大きいと説いた。ところが、佐藤は言下にそれはできませんと答え、これだけ大きな戦争の決心をしておいて、戦局が思うに任せぬのでやめるなどとは申せた義理ではありませんと答えた。

そのつぎの日、ベルリン郊外でソ連軍に保護され、帰国する松嶋鹿夫ドイツ駐在公使の一行十六人がモスクワに寄った。一泊のあと五月六日の出発の朝、法眼はかれらを見送りに駅まで行った。松嶋公使が歩み寄って、かれの手を握り、君の意見は大使から聞いた、自分は君とまったく同意見であるから、帰朝の上はその実現に努力すると語った。法眼は佐藤大使が内心では自分と同じ考えなのだと気づいて、自らを慰めた(76)。六月に入って、佐藤大使は東京の東郷外相に向かって、一日も早い戦争終結を求めるようになる。

都留重人がモスクワにクーリエとして来たのはそれより少し前のことだった。法眼はかれを夕食に招いた。かれは是非とも都留に説きたいことがあった。つぎのように語った。やがてこの国も対日参戦することになる、日本は一日も早く戦争を終結させねばならない、君は木戸内府の親戚と聞いている、帰国の上はなんとかして戦争を一日も早く終わりにさせるようにと内府に説いて欲しいと語り、日本をめぐる深刻な国際情勢を説明した。ところが、都留はそれはできないとにべもなかった。

都留重人は自分がソ連に行くことができたのは、よく働いたことにたいする政務局長の賞与だとだれかれに語っていた。だが、それはかれのはぐらかしであろう。マルクス主義を信奉し、ソ連に憧憬を抱いていたであろう重人は、ソ連に行きたかったのが本心であったはずだ。木戸に訴え、外務大臣が重光であったときに、木戸がかれに頼んだのではなかったか。それとも木戸が都留にモスクワに行ってみないかと問うたのかもしれない。どちらが言いだしたのかはともかくとして、木戸はどのようなことを都留に語り、都留は木戸になにを説いたのであろう。

都留とかれに同行したロシア語に精通していた小川亮作書記官は、モスクワまでの汽車旅のあいだ、東に向かう何本もの軍用列車と戦車を積んだ貨車の列を数えたはずだ。二人が本省と陸軍から命じられていた任務であり、当然ながら都留は小川と交代しながらやった仕事であろう。兵士たちを満載した四十輛もの列車を待避線から見送れば、ソ連はこの夏に日本に戦争を仕掛けてくるのだろうか、それとも平和進駐の交渉を日本に強要してくることになるのだろうかと都留は考えて当然なはずであった。都留はそうした懸念を法眼に語らなかったのはなぜだったのであろう。

都留は自分がマルクス主義者だった経歴をだれもが知っていると承知していたから、自分の不用意な発言が内大臣に迷惑をかけては大変とつねに戒め、内大臣、そして木戸の名前が出たときには迂闊なことを言わないように努めていたのであろうか。それとも都留は木戸から頼まれたこと、それとも都留が木戸に提案したことを秘密にしなければならないと細心の注意を払い、外交、政治問題を話題にしないように留意していたのか。

法眼は都留の経歴を聞き知っていた。この男はいまもなおクレムリン帰依者なのだろうか、日本の国土が徹底的に荒廃してしまってこそ、共産主義革命の気運が高まると考え、それだからこそ和平を望んではいないのではないかと思ったのである(77)。

都留はソ連からの帰途、満洲に入ってハイラルから上り列車に乗り込んできた飯塚浩二と顔を合わせた。五月二十日のことだ。飯塚は東京帝大助教授、人文地理が専門であり、四カ月の満洲、蒙古の旅をつづけていた。都留とは前に一度会ったことがあり、顔見知りだったから、ハルビンで途中下車するまで話し合った。飯塚は木戸内大臣の縁者であるこの青年はただの外交伝書使としてモスクワに行ったのではないはずだ、重大な使命を託されていたのではないかと思った。都留はそんなことを尋ねられる隙を与えなかった。ソ連ではジャズが大流行だと語り、ソ連の人びとのアメリカにたいする感情は悪くないといった他愛のない話をずっとつづけたのだった。飯塚は都留が秘密の使命を帯びてモスクワに行ってきたのだとうなずいたのである[78]。

都留は法眼晋作に向かって、また、飯塚浩二に向かって、かれの胸中にあったはずの秘密をなにも明かさなかった。そこで木戸のことになる。木戸は帰国した都留に向かって、聞かねばならないはずのこと、そして都留がどのように答えたのかを日記になにひとつ記さなかった。いったい、木戸は都留からどのような話を聞いたのであろう。都留は内大臣に向かって、ソ連に友誼を求めるのが日本のただひとつの進路だ、ソ連を信頼して大丈夫だと力強く語ったのか。それとも、いまとなってソ連に和平の仲介を求めるのは非現実的だと語り、一刻も早くアメリカに講和の申し入れをすべきだと説いたのであろうか。

都留がどのように答えたのかを木戸は日記になにも書かなかったと記したばかりだ。木戸は「都留重人君、蘇聯《ソ連》より帰朝す。一同安心す[79]」と記述したのがすべてだった。それが五月三十日だった。それから九日あと、松平恒雄と米内光政によって危うく内大臣を求める「時局収拾案」をつくることになる[80]。

法眼晋作の話をもう少しつづけよう。かれは都留重人に戦争終結を内大臣に説いて欲しいと頼み、拒否された。法眼は陸軍に働きかけてみようとした。かれは上村錠治主計官と親しい。上村は陸軍武官である、矢部忠太の政策秘書である。五月の末、法眼は上村を散歩に誘い、武官からいまや戦争を終結するときではないかと参謀本部に意見具申の電報をだしたらどうであろうと説いた。上村は迷うことなくうなずいた。上村が説くことに矢部は即座に賛成した。「対ソ以外の手」ではなかった。ソ連に日米間の居中調停を依頼する工作をすべきではないかとの意見を河辺虎四郎参謀次長に書き送った[81]。

さて、「対ソ以外の手」について語るのであれば、記しておかねばならないことがある。五月中旬にアレン・ダレスというアメリカ人がスイスに在留する日本人に接触してきたという情報はまだ外務省にも、海軍省にも届いていなかった[82]。まもなく届くことになろうが、その反応は鈍いはずだ。政府と軍の情報の収集、管理はお粗末をきわめ、ダレスとは何者だと尋ねて回れば、昭和初年に横浜に上陸した植物学者にそのような苗字のアメリカ人がいたといった話で終わり、相手にするなということになるにちがいない。

アレン・ダレスは今年の二月からイタリアに駐在するドイツ軍の幹部と降伏をめぐる交渉をつづけ、五月二日にイタリアの戦いを終わらせることに成功した。そのような事実を知らず、ダレスがアメリカ戦略情報本部のヨーロッパ総局長だということを知らなくても、かれの過去の経歴は秘密でもなんでもなく、ごく簡単にわかることであり、外務省にかれの記録は当然、保管されていなければいけないはずだった。外務省舎は焼かれはしたが、資料は疎開してあったはずだ。だが、どのように探していいのかわからないような状態なのであろう。それにしても、ベルン、チューリヒにいる公使館員と新聞記者、銀行員は丹念にアメリカと英国の二日遅れの新聞を読む日課をつづけていたのだから、そのアメリカ人の経歴を調べてみようと図書館に行かなかったというのは不思議なことだった。

現在、ベルンに留まり、在住日本人との接触に熱心なアレン・ダレスなるアメリカ人は、ジョゼフ・グルーと同じく、国務省に勤務し、第一次大戦あとのパリ講和会議のアメリカ代表団でグルーとダレスはともに働いていたこと、そのあとの国務省での二人のポストを調べ、互いに協力し合う関係にあったという報告書が回覧されることになれば、東郷茂徳、米内光政、鈴木貫太郎、さらにはそれを聞き知った松平恒雄、近衛文麿、幣原喜重郎は、椅子から腰を浮かせることになったはずである。

グルーは日本が戦争終結に動くと思ったのだが

もう一度繰り返すが、アレン・ダレスというアメリカ人が日本に和平を呼びかけてきているとと承知しているスイスの日本人関係者は、ダレスなる人物の経歴を調べてみようという小さな手間を惜しんだ。

東郷の対ソ交渉に戻る。かれが高木惣吉に「色よき返事は七、八分」なかろうと語ったことはともかく、この外交交渉は東京ですべてをおこなうつもりだ。そして最終的にソ連と取り決めを結ぶことになるのであれば、かれ自身がモスクワに行く決意である。ソ連大使のマリクとの交渉は外務省先輩で、信頼し、信頼されてきた広田弘毅に依頼した。

六月三日と四日に広田はマリクに箱根の強羅ホテルで会った。そこがソ連大使館員家族の疎開地であり、週末にはマリクもそこへ帰る生活をつづけている。広田が説き、マリクが語ったことは、これまた前に詳しく述べた(83)。広田はただひとつ、日ソ間の平和の関係をつづけていきたいと述べ、条約など形式は問わないと説き、両国間に長期にわたり、相互に不安のない国交を維持する基礎を立てたいのだと説いた。いまこのときこそ、この根本問題を解決する絶好な機会であると語ったのである。

そして広田はソ連の早急の回答を希望していると語った。マリクは充分に検討の必要があるから、回答は早くても来週のはじめになると答えた。

東郷が広田・マリク会談録を検討していたとき、かれをひどく驚かせる出来事が起きた。松平が宮内大臣を辞任し、その後任に石渡荘太郎が就任した。東郷は六月四日か、五日の夜に松平の渋谷の住まいを訪ねたにちがいない。だが、なにがあったか、起きた本当のことの説明は松平から聞くことはできなかったのであろう。

そのとき東郷は対ソ交渉の窓口となっているソ連大使のマリクが日記に記した内容を知ったら、どのように驚くことになったであろう。松平恒雄が宮内大臣を辞任したのは、降伏するために米英と交渉をはじめようとする用意ではないかとの推測を書いていた(84)。東郷がそれを知ったら、自分のやっていることがまったく間違っていたのだと考え直すことになったにちがいない。

東郷のほかにもうひとり、米内光政がソ連大使の綴った日記のその一節を知ったら、どのように考えることになったであろう。松平宮内大臣の退任をそのように見るのがごくごく当たり前の判断なのだと気づくことになり、ソ連に仲介を頼むのが日本人の本心であるはずがないとマリクは思っているのだと考えることになろう。そしてアメリカ政府部内にもマリクと同じように見る人が必ずやいるのだと改めて考えれば、松平恒雄がやろうとした計画が挫折に終わったことを米内は改めて無念きわまりないと思うことになるにちがいない。

もちろん、東郷と米内がマリクの日記の中身を知るはずはない。東郷、米内がまったく知らないもうひとつの出来事を記そう。じつはアメリカ側でも、松平の辞任はアメリカに降伏しようとする用意にちがいないと思った人たちがいた。いまから二週間とちょっと前の六月十四日、ワシントンでのことになる。統合参謀本部は太平洋戦線の最高指揮官につぎのような指令をだした。「今ノトコロ日本ガ、突然崩壊シ降伏スルコトヲ示ス証拠ハナイ。シカシ、統合参謀本部ハ現在ノ好状況ニ臨ンデ、日本ノ突然ノ崩壊カ降伏ノ場合ニ備エテ、日本本土ノ占領ヲ目的トシテ、進駐スル計画ヲ立テテオクベキデアルト命令スル(85)」

どういうことがワシントンで起きていたのか。前に記述したことだが、五月半ば、ニューデリー放送が日本の和平の動きを伝えた。いったい、だれがそのような出鱈目を放送させたのであろう。その放送はグルー国務次官が部下に命じ、やらせたものではなかったか。国内に向けての啓蒙工作であり、だれよりも新大統領トルーマンに向かって、日本を早急に降伏させるためには日本の皇室の存続問題についての保証が必要であり、無条件降伏の旗は下ろさねばならないと再考を促す狙いがあったのではなかったか。じつはそのような解釈を前に記した(86)。そして前には記さなかったグルーのもうひとつの狙いは、その放送が日本にたいして大きな影響を与えるだろうと判断していたのではないかということだ。

日本側では、だれもが驚いた。少し前に述べたことを繰り返すなら、ビルマ南部の中央部の山地に籠城している桜井省三軍司令官はそれを聞き、まずはよかったという気持ちを隠さなかったのだし、ボルネオのタラカン守備隊司令部の幹部たちはまもなくこの戦争は終わると思いを巡らすことになった。そしてルソン島中部のプログ山麓の山下奉文軍司令官と武藤章参謀長はかすかではあっても希望の灯が見えたと思ったにちがいなかった。

ニューデリー放送は、そのときまで口にだすことができなかった問題を、日本から遠く離れ、孤立した戦場の司令部ではじめて討議させることができるようにしたのだが、東京では、この一月の「日本処理案」、つづく三月からの市街地にたいする無差別爆撃が凍結させてしまったアメリカに講和を申し入れなければならないのだという考えを復活させるきっかけとなったことは間違いない。

ところで、その放送のあと、グルーとかれの部下のユージン・ドーマンはいよいよ注意深く日本の動きを観察することになったにちがいない。六月に入って、モスクワの佐藤尚武大使が一刻も早い戦争終結を求めるようになったことは前に記した。「総テノ犠牲ヲ忍ビ国体擁護ノ一途ニ出ヅル他ナシ」と説いた佐藤尚武の六月八日発の外務大臣宛ての意見具申電報を、東郷茂徳以外に読んだのがユージン・ドーマンだった(87)。

横道にそれるが、ユージン・ドーマンについて簡単に述べておこう。かれの父は日本で布教をつづけたアメリカ聖公会の宣教師だった。ユージンは日本生まれ、父親が東京で活動をしていたときには暁星学園に通い、奈良に移ってからは郡山中学に通学したことから、日本語に堪能だった。十三歳で帰国し、大学卒業後、国務省に入った。グルーが駐日大使だったときに、ドーマンは参事官となった。前に記したことだが、昭和十六年九月六日の夜、伊藤文吉邸で首相の近衛とグルー大使が会見したとき、通訳を務めたのがドーマンだった。昭和十七年に交換船で帰国した。昨年五月にグルーが国務省の極東問題担当の主管者となり、つづいて次官となったとき、ドーマンは再びグルーの右腕として戻った。そしてグルーとスティムソン陸軍長官、フォレスタル海軍長官が集まっての三人委員会の下部機構となる国務・陸軍・海軍三省委員会の極東小委員会の議長をドーマンは務めるようになっていた。

付け加えるなら、国務長官のステティニアスがドイツとヨーロッパの将来の構図をつくろうとしているのにたいし、国務長官代行のグルーの三人委員会とドーマンの極東小委員会は、日本と東アジアの明日の計画に取り組むようになっていたのである。

ドーマンは現在、五十五歳になる。前に見たとおり、かれは解読された日本の外交電報を読んできた。東京とモスクワ大使館のあいだ、東京とスイスのベルン公使館、さらにはストックホルム公使館とのあいだの公電である。どれもこれも一日も早い和平を望む主張である。

そこで前に戻るが、グルーとドーマンがこれはなにごとだと驚いたのは、六月四日の東京放送が伝えた宮内大臣、松平恒雄辞任のニュースであったはずだ。グルーとドーマンはもちろん、松平をよく知っていた。グルーにとって、松平はそれこそ滞日十年のあいだのもっとも親しい友人のひとりだった。グルーとドーマンはその東京放送を知って、東京に駐在するソ連大使と同じように考えたことは間違いない。沖縄の戦いは向こう二十日足らずあとには終熄する。日本政府は最終の決意をしたのだ。皇室の維持を降伏するにあたってのただひとつの条件として、直接、アメリカに和平を申し入れることになる。そのために前にアメリカ大使、英国大使を務め、昭和十三年、十四年には宮廷を支配する親米英派の巨頭だと右翼から非難、攻撃されたことのある松平を起用することになって、かれは宮内大臣をやめたのだ。この宮内大臣辞任の発表自体が日本側の意図をアメリカに告げたものなのだ。グルーとドーマンはこのように推理したのであろう。

さらにかれらが自分たちの推察をはっきり裏付けるシグナルだと思ったのが、六月八日の日本の議会における鈴木貫太郎首相の施政演説のなかの「太平洋の平和」を望んだ一節だったのであろう。(88) もちろん、グルーは侍従長だった鈴木を知っていた。九年前のことだ。グルーの官邸の映画会に招いた二組の夫妻のうちのひとりが翌朝に殺され、もうひとりが重傷を負った。それが鈴木だった。

グルーはドーマンと協議し、グアムやマニラの前線の陸海軍首脳は九州上陸作戦を考えていようが、べつの準備に取りかかる必要があるということで意見が一致したのであろう。ドーマンは国務・陸軍・海軍三省委員会の極東小委員会で東京で起きたいくつかの異常な出来事を説明し、起こるかもしれない新たな事態を説明したのであろう。こうして六月十四日、統合参謀本部がグアム島のニミッツ、マニラのマッカーサーに宛て、日本が突然、降伏するかもしれない、その用意を怠りなくと告げることになったのである。

ソ連駐日大使、アメリカ国務次官が考えたこと、その推理、判断は間違っていない。間違っているのは、百中九十九、駄目ではないかと思う気持ちを抑え、自分たちが望むとおりにスターリンは動いてくれるのだと念じ、自分を騙し、降伏の決断を先延ばしにしている日本政府と宮廷なのである。

佐藤駐ソ大使から東郷大臣に宛てた「総テノ犠牲ヲ忍ビ」の電報、そして議会での鈴木首相の「太平洋の平和」の施政演説より数日前、六月五日か、六日のことだ。朝日新聞のベルリン支局長だった守山義雄が奉天駅で下車した。かれはヨーロッパからモスクワ経由で帰国した百三十九人の大規模な一団のひとりだった。満洲に入って、大阪本社時代の先輩だった常安弘通から寄っていけと伝言があった。守山より七歳年上、四十三歳になる常安は奉天支局長だ。(89)別れて六年になる妻の輝子、顔を見たことのない長男の雄介に一日も早く会いたかったが、このさき二度と来ることはできないであろう満洲を素通りすることは新聞記者としてとてもできず、守山は奉天で途中下車したのである。

その夜、常安と守山は第三方面軍の司令官の後宮淳《うしろくじゅん》に招かれた。

後宮は東条英機と陸軍士官学校で同期だった。昨年二月に東条が陸軍大臣、そして参謀総長を兼任したとき、「高級」が上に付く参謀次長となって、東条を助けた。東条退陣のあとの昨年八月、後宮は東条閥ということで陸軍中央を逐われ、南満洲防衛の司令官となっていた。念のために言っておこう。昭和十五年に南支那方面司令官、つづいて昭和十六年に支那派遣軍総参謀長だった後宮は、対米戦争に反対の意見を中央に具申しつづけていたのである。

守山は後宮に向かって、ヨーロッパで戦ったソ連軍が満洲国境に輸送されていると語り、まもなく戦いを仕掛けてくるのではないかと言った。もちろん、後宮が承知し、予測していたことだった。久しぶりに日本酒の杯を重ねた守山が、「いかにして降伏するか、その姿勢が大事です」と繰り返した。ドイツがやってしまったような戦いをしてはいけない、ずるずると戦いつづけてはいけないと説いたのである。守山と常安を玄関まで見送りにでた後宮は、よくわかったと言った。だが、紹介状を書こう、東京に帰ったら、だれに会うようにと勧めることをしなかった。行きつくところまで行くことになると後宮はすべてを諦めていたのであろうか。かれは守山に向かって、東京に戻ったら、滅多なことを喋っては駄目だぞと忠告したのだった(90)。守山も、後宮もまだ知らなかったのは、「遂に奇跡は起こらなかった(91)」ではじまる守山のドイツ報告がすでに六月五日の朝日新聞に掲載され、多くの人を驚かせ、考え込ませていたことだった。

有田八郎がそれを平沼騏一郎枢密院議長に読ませようとしたことは前に記したが、そのベルリン報告を読んだほかの人びとがどのように思ったのかもう一度、ここに繰り返してもいいだろう。(92) 志賀直哉は政府が国策の大転換を予告したものだとうなずき、よかったと思った。石橋湛山は東洋経済新報の社論を書くすべがないと気落ちしていたのだが、これを使えばいいのだと勇気が湧いた。枢密顧問官の南弘は昼飯を食べる気力がなかったと日記に記した。島木健作は「滅びるものの美しさはもはやそこにない」とこれも日記に書いたのだった。

広田とマリクの二回目の会談がおこなわれたのは、六月四日の月曜日だった。マリクは一週間あとにはモスクワから返事が来ると言った。つぎの月曜日は六月十一日である。広田、東郷はじりじりしながらマリクからの回答を待つことになった。だが、マリクから会見の申し入れは夜までなかった。翌十二日も、その翌十三日、そして十四日もなかった。

参謀次長の河辺虎四郎はモスクワの矢部武官からソ連に和平の斡旋を頼む外交工作をおこなってはどうかという電報を受け取り、六月十四日に矢部に宛てて、およそ無茶な願いを書き送った。「吾人はソ邦の将来の動向を判ぜんが為に、何とかしてスターリン氏の胸中を的確に抉るの要、切なりと思惟す。何とか此の辺の妙薬なきか(93)」

河辺が翌六月十五日に関東軍司令部に宛てた電報についても記そう。関東軍は満洲の国境の向こう側からのソ連軍の重圧をひしひしと感じてきた。満洲の東部国境でも、西のハイラルの国境でもソ連軍の偵察機を仰ぐことになるのが毎日だ。夜半にはトラックのヘッドライトの繋がりが国境近くに向かってくる。最前線の陣地に弾薬を運んでいるのではないか。実際にどれだけのソ連軍が集結、展開しているのか、航空偵察をおこないたいと関東軍は願ってきた。河辺虎四郎は日ソ交渉がはじまっていることを当然ながら承知している。航空偵察が相手方に気づかれて、ソ連駐日大使から領空侵犯を抗議されてきたら、東郷外務大臣に陸軍は日ソ交渉を潰したいのが本心か、どうするつもりだと怒鳴り込まれる。だが、関東軍の士気の維持を保つことは、なんにもまして大事だ。河辺がこの一月以上にわたって、悩みつづけてきた問題だった。満洲新京の関東軍司令部からの度重なる要請にひとまずはうなずいてみせることにした。極東ロシアの重要地点の「戦略航空捜索」の七月一日からの実施を河辺は認めた。何日かあとには延期せよと打電する心算があってのことだ。

その日、六月十五日付で外務省嘱託になった記者の話を記そう。森元治郎は同盟通信社本社に勤務する記者だ。学んだのはロシア語であり、ソ連が専門だ。社の二年先輩のモスクワにいる特派員の坂田二郎は森とともに東郷の「親衛隊」と自称してきた東郷ファンだ。東郷対ソ外交の成功を見てきてのことだし、加えて東郷の人柄に惚れてのことだ。東郷もこの二人を信用してきた。坂田は三十八歳、森は三十六歳である。東郷は自分が特使としてモスクワに行くのに備え、森を随員のひとりにすると決めた。森は坂田をびっくりさせ、同時に喜ばせてやろうと思った。自分が外務省嘱託になったことを坂田に知らせ、「近く東郷と一緒にそちらへ行く。楽しみにしている」と書いた。じつは外務省員のひとりがクーリエとして数日あとにモスクワへ向かうことになると森は知り、この手紙をその伝書使にことづけるつもりなのである。そして万一の間違いが起きることがあると警戒し、——伝書使がシベリア鉄道の車中で毒殺されるという事件も起きたのだから——東郷外務大臣と書かないほうがいいだろうと思い、同僚のひとりであるかのように東郷と記したのだ。(94)

さて、広田弘毅はじりじりしながらマリクからの返事を待ちつづけていたのだが、しびれをきらした。六月十六日に箱根の強羅ホテルに使いをだし、翌十七日の日曜日にマリクを食事に招待したいと申し入れた。時間がとれないと断ってきた。モスクワからの返事があったかどうかをこちらに告げないばかりか、こちらがなにを語るのか、さらに問うてみようという意欲がソ連大使にはさらさらない。それでも広田は必死だった。その日の午後八時に電話をかけさせ、十八日か十九日の大使の都合はどうかと尋ねさせた。返事の電話はなかった。十八日の朝、再び部下に電話をかけさせ、回答を催促した。伝書使が遅れ、大使はそれを待っているとの返事が返ってきた。

同じ六月十八日に二つの出来事があった。その日の午前中のことだ。内奏のあとに内大臣室を訪れた阿南陸軍大臣に向かって、木戸内大臣がすでに他の五人の構成員から支持をとりつけていた「時局収拾案」の説明をし、同意を求めた。阿南が敵軍の本土作戦に一大打撃を与えてそのあとに戦争を終結するのがよいと主張した。木戸が反論し、そのような考えではとどのつまり玉砕にまでいくことになってしまうと言ったあと、伝家の宝刀をやっと抜いた。その通り、あまりにも遅すぎた。昭和十六年八月、九月、十月、十一月に抜かねばならなかった宝刀だった。「そんなことをしていたら国体の護持もおぼつかなくなる。この点を天皇がもっとも御軫念《ごしんねん》されている」と言って、阿南を黙らせたのだった㊺。

木戸はそのあと内大臣秘書官長の松平康昌に阿南陸相との問答の一部始終を語ったようだ。松平はそれを即刻、米内に告げたのであろう。米内は東郷と協議し、首相に説き、その日の午後、六人の構成員会議を開いた。一カ月前の五月十四日の六人の構成員会議で阿南が反対し、凍結していたソ連に和平の斡旋を求めるという案の保留を解除することがただちに決まった。そのあと東郷は参内し、対ソ国交調整をおこなうと説明し、戦争終結の計画をたてたことを内奏した。天皇は速やかにとりはからうように希望すると言った㊻。

翌六月十九日午後一時から午後五時まで首相官邸で、はじめての地方総監会議が開かれた。地方総監制はつくられたばかりだった。敵軍が九州に上陸作戦をおこなうより前に、鉄道網の破壊に取りかかるのは必然と見て、北海道から九州まで八つの地方総監部をつくり、独立の単位としたのだ。八人の地方総監に向かって首相の訓辞があり、各大臣の報告があった。外務大臣の東郷は「最近の国際情勢」を説いた。六月九日の第八十七議会の秘密会で語った説明と同じであったが、もう少しはっきり語った。東郷はまず、重慶と米英との共同戦線の破綻を期待してはならないと言い、米英ソの三者の協調の破綻に早急な期待を懸けることも不可だと説いた。

そして対ソ関係について説明した。「ソ連の対日態度は表面的にはなお中立でありますが、これは決して安定しておるわけではなく、元来、戦時の外交は戦局の推移により左右せらるる処、甚だ大きなものがありますます関係上、万一帝国の国力著しく低下したるが如き場合には、ソ連も亦帝国に対し武力の圧迫を加え、あるいは又参戦し、敵米英と共に自己の分け前にあずかろうとするの行動にでてきたらんとするでありましょうから、ソ連に対しては目下きわめて警戒を要する時期にあると申すべきであります。自分といたしましては極力対ソ関係の積極打開を計るため、今後とも万全の努力をつくす覚悟でございます」

翌日の朝日新聞の地方総監会議開催の報道の見出しは、「従軍の感覚で行政　皇土決戦へ対応」といったものだった。東郷の報告はどの新聞にも一字も載らなかった。

森田啓司は北海道の千歳基地に勤務している。かれは慶応大学経済学部の出身、海軍経理学校品川分校で学んだ補修学生であり、昨年三月に海軍主計中尉となった七百人のうちのひとりだ。二十五歳になる。同期生のなかにはサイパン、テニアン、グアムに赴任した主計官が十人以上いる。かれらはすべて戦死してしまったのだろうかと森田はときに思うことがある。

千歳は九九艦爆と彗星の基地だった。昨年の十月に捷号作戦の発動に先立ち、連日の飛行作業がつづき、飛行場全体が爆音で包まれているなか、「総員、見送りの位置につけ」の号令がでて、親しくしていた搭乗員たちが笑顔で別れを告げ、つぎつぎと飛び立っていくのを手を振って見送った。総勢四十機だった。九州、沖縄を経て、台湾の台東基地に前進し、捷号作戦に参加した。敵の空母部隊を全滅させたという発表に森田も小躍りしたのだが、やがてレイテ島の陸上戦となってしまい、千歳を飛び立った九九艦爆と彗星の消息をかれは耳にしていない。

基地全体が爆音のなかで震動するあの出陣の日の高揚する雰囲気はもはやありえない。現在の基地隊の仕事は防空壕掘りだ。そして松根油の採取、製塩作業の督励だ。大橋恭三司令の視察のお伴をして回る北海道、樺太、千島の各航空基地でも、やっていることは同じである。

六月下旬のいつのことであったか、ある日の夕食のあと、大橋司令が森田に話しかけた。ソ連駐日大使館の数十人の家族と女子職員が帰国することになり、来月にはソ連船が酒田に入港する予定だと語り、無線の交信状態からソ連極東軍の増加は著しいと明かし、ソ連が日本に戦いを挑み、この北海道、樺太、千島が戦場になるのはまもなくだと語った。森田は茫然とした。新聞の社説と解説が「日ソ友好関係は不変」と書き、日ソ中立条約は来年の四月まで有効なのだと強調していたのをかれは読んでいたから、ソ連が戦争を仕掛けてくると考えたことはなかった。どうしたらいいのだろうと思っている森田に向かって、「戦争を終わりにする機会を摑まないと大変なことになる(97)」と司令は締めくくったのだった。

六月二十二日の午前中のことになる。フィリピン駐在大使だった村田省蔵は帰国の挨拶のために海軍省に大臣の米内光政を訪ねた。手短かに帰国報告をして、すぐに席を立ったのだが、村田が忘れられないのは、米内大臣がかれに向かって、「すべて手遅れだ(98)」と洩らした一語だった。

村田はなにも知らなかったが、その日の午後には、天皇が召集しての六人の最高会議構成員だけの秘密の会議が開かれることになっていた。その会議で決まることは、木戸から前もって説明を受けていたから、米内は承知していた。村田が知らないことはまだあった、六月のはじめに米内が内大臣を更迭しようとした事実を知らなかった。米内はそれに失敗したが、かれはそのあとも木戸に圧力をかけた。閣議の席で辞任すると語った。鈴木首相、阿南陸相、そしてほかの閣員はなにもわからなかったが、木戸だけにはただちにわかることだった。

なにが起きるか。皇太后が絶対に黙ってはいまい。どうして松平宮内大臣が辞任したのだ、つづいて米内海軍大臣が辞めるのはどういうことだと皇太后が女官長を通じて天皇に問うことになるのは必定だ。一月末に皇太后がこの戦争を終わらせることはできないのかと意を決して天皇へ問いかけてから四カ月がたつ。そのあいだに日本の都市という都市のすべてが灰になろうとしている。ところが、戦いをやめようとしないばかりか、戦争の終結を望んでいる二人の大臣のうちのひとりが辞め、もうひとりがつづいて辞めようとしているのだ。皇太后のこの新たな、厳しい質問は宮廷をその根元から揺がすことになる。

木戸にそれを気づかせ、戦争を終わりにするために行動させようとした米内の窮余の一策だった。それが功を奏した、やっと木戸が戦争終結のために動くことになったと米内は喜びもした。ところが、いよいよ御前会議開催というときになって、米内は村田に向かって、「すべて手遅れだ」と言った。なぜだったのか。

村田をして「予は重い気持にて辞す」と日記に書かしめたその日の午後三時、宮内省第二庁舎の会議室に最高会議の構成員六人が集まり、天皇が臨席した。ソ連に和平の仲介を求めるため、天皇の親書を持った特使を派遣することが決まった。米内はよかったと思いはしたものの、懸念のほうがずっと大きかった。

二カ月前、一カ月前とすべての状況は大きく変わってしまったと米内は思っている。

いまになってソ連に和平の斡旋を頼むといった回りくどいことをやっても、独り相撲で終わり、相手にされないのではないかとかれは心配している。二十日前の六月二日、あのときに木戸の妨害さえなければと改めて米内は歯嚙みする思いなのであろう。石渡荘太郎と松平恒雄、そして東郷茂徳がしっかりチームを組み、お上の了解、了承を得て、直接、アメリカと講和の交渉をはじめることになっていたはずなのだ。米内はそうしたことをなにも知らない村田に向かって、「すべて手遅れだ」と一言洩らすことになったのであろう。

御前会議が開かれた六月二十二日よりあとのことであろう。さきほど記した森田啓司と同じく、横井克己も海軍経理学校品川分校で学び、昨年三月に海軍主計中尉となった七百人のうちのひとりである。京大法学部の卒業だ。現在、軍令部第八課にいる。その前は奈良航空隊の主計科に一年と少し勤務した。奈良航空隊は天理市内に散在する天理教徒の宿舎を兵舎にして三百人ずつ、三千人の予科練習生の一年間の訓練機関である。不快なこと、嫌なことはあっても、きびきびと動く若い練習生を見るのは楽しかったし、前に駆逐艦乗りだった副長、東日出夫中佐の肝の据わった武人ぶりは印象深かった。軍令部に転勤となり、天理駅で隊員たちの見送りを受け、京都から列車に乗った。横浜駅に着いたとき、焼け跡の焦げくさい臭いのなかに混じる死臭が鼻をついた。五月二十九日の横浜空襲の数日あとだった。勤務地は横浜市日吉台のセメントで固めたばかりのトンネルのなかだ。机を片側に寄せて並べ、片側が通路となっている。机に置いた書類はじっとりと湿気を帯びている。第八課はヨーロッパを対象とすることから、ドイツから引き揚げてきた人の話を聞きに行ってこいと命じられて、航空本部のビルに移っている海軍省の会議室に行った。講演者はベルリンの日本大使館参事官だった河原峻一郎である。

ヨーロッパからの帰国者は陸軍の憲兵隊から、ソ連のことを讃えてはいけない、敗戦の実相をはっきり述べてはいけないと告げられていた。一昨日の六月二十九日、敦賀港に着いた帝立丸《ていりつまる》から旅客たちが降りた。着崩れてはいるが、上質な背広を着た男たちであり、垢抜けした女性がわずかに交じっていた。ドイツとその周辺国に在留し、戦争末期には集団生活を送っていた大使館員、銀行員、商社員の百五十人ほどだった。かれらはソ連軍に保護を求め、モスクワに送られ、シベリア鉄道の旅をつづけ、満洲に入り、朝鮮北端の羅津《らしん》から日本海を渡ってきたのだ。

余計なことを記しておこう。敦賀沖に機雷が敷設されたのは、五月十九日の深夜と六月十一日の夜半の二回だった。そのあと掃海隊による機雷の除去は終わっていた。九千トンのその貨客船は六十メートル幅の安全掃海済みの一本の航路を外れることがないように入港した。港には福井地区憲兵隊から隊員が出て、帰国者にお決まりの注意を与え、口外してはならない問題を挙げた。そのような指図を受けなくても、いずれもかれら帰国者が口にしたくない話題だった。かれらが乗った列車のほかの車輛、そして東へ向かう列車がすべてソ連軍の兵士であふれていたこと、大きな砲身を持った戦車を載せた無蓋貨車が何十輛とつづく軍用列車を待避線で見送った記憶であり、もうひとつ、戦争末期に、かれらは大きな屋敷を借り、集団の籠城生活を送っていたが、出入りする何人ものドイツ人から聞いたソ連兵の暴虐ぶりの数々だった。

河原峻一郎もそのような不快な、恐ろしい話はしたくはなかったであろうが、海軍の首脳たちには告げなければいけない義務があると思ったにちがいない。四月、五月にドイツに侵入したソ連軍の組織的、徹底した略奪と大量強姦のすさまじさを語った。横井克己は耳を抑えたくなるような気持ちだった。だが、その恐ろしいかぎりの話よりも、横井の気持ちをずっと重くさせたのは、はじめてじかに見る斜め前に座った米内海軍大臣とその隣の豊田軍令部総長のまことに暗い表情だった(99)。

広田弘毅のことに戻る。かれはまだマリクをつかまえることができないでいた。六月二十一日には広田はソ連大使館に使いをだし、マリク大使が週末に箱根に戻るなら、二十三日、二十四日、二十五日のいつでもかれが箱根に行くと言わせた。これにたいしても返事はなかった。六月二十三日に広田の鵠沼の住まいに東郷が訪ねてきて、急ぐようにと求めた。午後四時に再び使いをソ連大使館に送り、翌二十四日に食事を差し上げたいにつき、早めに返事をくれと言わせた。二十四日の午後七時に伺うと返事があったのだが、変更となり、広田がその日の午後二時に強羅ホテルのマリクを訪ねることになった。

広田は東郷と協議して、文書の形式にした具体案をつくってあった。それをマリクに渡した。日ソ間の平和維持に関する相互支持、そして不侵略関係を設定すべき協定の締結を望むことを明らかにし、それにたいしての具体的譲歩の条件として、満洲の中立化、石油の供給との交換条件として漁業権の解消、その他、ソ連の希望する諸条件について検討の用意があると説いた(100)。マリクは本国政府へ伝達すると約束しただけだった。

広田はなおも粘った。日本には磯のアワビの片思いという俚諺《りげん》があるのだとその説明をし、磯のアワビにならぬようにこの場で充分な打ち合わせをしたいのだと言った。

マリクは六月十五日に本国のモロトフから指示を受け取っていた。日本側との会談に際しては、あらゆる方法を使って、具体的な話は避けよ、「一般的なことを話せ」という命令だった(101)。マリクは広田の「磯のアワビ」に応じ、ロシアにも、男が恋の告白をせぬ限り、娘は男の愛の深さを計りえないといった意味の俚諺があるのだと語った。広田はマリクがこちらの提案になにひとつ答えなくても、クレムリンが日本をどう見ているのか、仄めかしでもいいから、満洲にたいする考え、ソ連の対アジア戦後計画を聞くことを願ったのだが、マリクの口は固かった。やむをえないと広田は断念し、雑談に移った。

それからまた一週間がたつ。広田と東郷はどんな会話を交わしたのであろう。マリクとの交渉を開始してからすでに一カ月がたつ。最初に抱いた疑いどおり、マリクとの交渉は貴重な時間の浪費だと広田と東郷はますます強く思うようになっているはずだ。マリクはこちらに希望の灯をともらせるかすかなヒントも与えない。マリクはこちらの提案を一日も早くクレムリンに伝え、その返事をこちらに一刻も早く告げようとはまったく思っていない。クレムリンはマリクに急げと命じていないからだろう。どうしてスターリンは日本の考えを一日も早く知りたいと思わないのか。東郷と広田は首をかしげるのではないか。

もちろん、東郷と広田は近くスターリンがトルーマン、チャーチルと会談することを承知している。スターリンはトルーマンの肚のうちを聞き終えてから、日本への態度を決めるつもりなのだろうか。いや、ソ連とアメリカとのあいだで日本をどうするかの取り決めはすでに終わっているのではないか。満洲、蒙古、朝鮮、樺太、新疆、延安の政府の問題までの処理を決めてしまっていて、満洲国境に送り込んでいるソ連軍がやがて行動を起こすことも決めてしまっているのではないか。特使を派遣したいと切りだして、はたしてモロトフはうんと言うのだろうか。東郷がこんな具合に考えれば、広田も思いに沈んでいるはずだ。

今日、七月一日、近衛文麿は軽井沢の別荘にいる。荻窪の本邸の庭、小田原入生田の別荘の庭は当然ながら、さつま芋畑となっていよう。軽井沢のこの別荘の庭はじゃが芋畑となっているのだろう。近衛は畝をつくる手伝いもせず、植え付けをしたこともなく、草むしりをしたこともないのは、最初の近衛内閣の書記官長の風見章と同じだとは前に記した。

近衛は東京から持ってきた同盟通信の「海外政治」「海外経済」の綴りを読んでいるのだろう。ワシントン電、モスクワ電、リスボン電と読んでいけば、だれも同じこと、近衛もまた、こちらがなんの手も打てないでいるあいだに、負けつづけている日本を屠殺場へと追い込む布陣ができつつあるのだと思うことになろう。そして近衛が思い浮かべるのは同盟通信が数日前に伝えたニュースであり、一昨日の六月二十九日付の新聞が載せた記事のことになるにちがいない。

六月二十五日にアメリカの下院で対外経済局長官のレオ・クローリーが証言し、ソ連にたいする武器貸与を七月一日からのつぎの会計年度でも継続すると答弁した。

近衛だけではない。東郷も今日、数日前のそのニュースを重ねて思い起こし、あるいはかれの秘書官の文彦に向かって、どう見るかと尋ねたかもしれない。米内光政、鈴木貫太郎もそのニュースを忘れるはずはなく、なにが起きているのだろうと改めて考えるのではないか。三鷹の自宅の阿南惟幾は朝から上田情報に目を通し、日誌に主要点を書き写していると前に記した。上田情報は国内情報だけだ。阿南は手を休め、アメリカ対外経済局長官が語った言葉はなにを意味するのかと考えるのではないか。さつま芋畑の高松宮がなにを考えているのかは記述した。そこでは記さなかったが、アメリカ議会でのその答弁の背後にあるものはなんであろうとこれまた何回も考えたにちがいない。

だれもが懸念を深めて当然だった。前に記したことがあるが、先々月、ドイツ降伏の直後にグルー国務次官がソ連向けの軍需品の供与、いわゆる武器貸与を止めにすると発表した。軍用機から砲弾、トラックから豚の脂までのソ連向けの援助を打ち切りにしたのである。五月十一日、十二日、十四日に首相と外相、四人の陸海軍最高責任者が集まり、ソ連への依存を決め、ソ連に和平仲介を依頼しようと望んだとき、グルーのその発表を取り上げる者がいたにちがいない。ソ連が対日参戦をアメリカに約束していない明確な証拠であろうと語り、いよいよ米ソ間の分裂、対立は明らかになったとだれもがうなずいたにちがいなかった。

ソ連に依存すべきだと考える人、アメリカにただちに戦争の終結を申し入れるべきだと考える人、そのいずれもが、グルーのその声明の背後にあるのは、日本と極東の問題にソ連が介入するのを望んでいないことを明らかにしたものだと理解したはずだった。これまた日記に記さず、覚書になにも綴らなかった。細川護貞が昨年十一月半ばの日記にグルーとニミッツの会談を指して「朗報」と記したことは前に記述したが、この五月はじめにはかれはなにも書かなかった。だが、これこそ第二の「朗報」だと細川は判断したはずであり、かれを含め少なからずの人が沖縄の戦いが終わったあとに、グルーは日本へ和平の呼びかけをしてくるに違いないと予測したにちがいなかった。

ところが、グルーはいかなる行動にもでなかった。そしてソ連との訣別を明らかにしたグルーの声明から二カ月足らずあと、グルーのその決定は覆された。これはなにを意味するのか。それを伝えたニュースは、モスクワを訪問したホプキンスがスターリンの要求を容れての政策の転換だと説明していた。外電に注意を払ってきた人なら、ホプキンスがこの五月末から六月のはじめまでモスクワでスターリンと会談を重ねたことは承知していたし、そもそも四年前にモスクワに飛び、スターリンに軍需品の供与を約束したのがホプキンスだったと思いだすことになる。前に記したとおり、アメリカは日本にたいして全面禁輸の経済戦争を仕掛けたのが昭和十六年の七月二十六日、ソ連への武器の供与を取り決めたのが、その五日あとだった。そしてホプキンスはヤルタ会談の直前にも、まだ健在だったルーズベルトの使者としてモスクワに行ったことがあったのだと思いだすことになる。

今日、七月一日、近衛、東郷、米内が考えることになるのは、トルーマンの代理としてソ連に赴いたホプキンスがスターリンに武器の貸与をつづけると約束したというのであれば、ホプキンスとスターリンは日本問題、そして極東の問題の討議をしたはずであり、その中心課題はソ連の対日参戦ではないかと考えることになるはずである。

東郷、近衛、あるいは松平がもうひとつ、思いだすニュースがある。数日前の外電が伝えたところでは、ジェームズ・バーンズが近く国務長官になるというのだ。国務長官代行として日本問題を主宰してきたグルーはどうなるのか。長官が交代したら、もしかして次官は新長官に進退伺いをだすことになるのではないか。バーンズが対日政策の指導権をとることにならないのか。それともグルーは次官としてとどまり、いよいよ日本に降伏を呼びかけてくるのか。だが、ホプキンスがスターリンに軍需品の補給をつづけると約束したというのは、なによりも肝心な問題、スターリンはホプキンスに対日参戦の密約をしたのだとだれもが重ねて考えるはずだ。グルーがやろうとすることと違うことをバーンズはやるつもりでいるのではないのか。グルーは辞任するのではないかともう一回考えることになるのではないか。そこでだれもがこれまたもう一度考えるのはわれわれはソ連を頼りにしていて大丈夫なのかということになるはずだ。

近衛はなんと思うのだろう。もちろん、木戸もこれらのニュースに注意を払ってきたにちがいない。どう思案するのか。東郷はどう考察するのか。

東郷は四年前の十一月にハル・ノートを手にしたとき、それまでの交渉はアメリカが戦争の準備を整えるための時間稼ぎだったのだと悔しがり、日本はいいように操られたのだと嘆じ、のちに「モリエールの妙技をみるごとし」と記すことにもなった。豊田貞次郎、重光葵だったら、こんな文章は綴るまい。東郷に文学青年だった面影はいまはないと前に記したが、その昔を思いださせる形容句だった。

だが、それから四年のちの今日、スターリン、モロトフ、マリクは東郷、広田、そしてモスクワ駐在大使の佐藤を見事に騙す「モリエールの妙技」を演じようとはしていないし、演じてはいない。

ソ連の準備、対日戦争

いまから五日前、六月二十六日、そして二十七日、クレムリンで重要な会議が開かれた。スターリンが主宰し、モロトフ、ボフネンスキー、フルシチョフ、メレツコフ、ジューコフらが召集された。これらの党幹部と極東軍の幹部たちはモスクワに来ていた。六月二十四日にかれらは赤の広場のレーニン廟の前に立ち、ドイツにたいする勝利の大パレードの閲兵をしたのだ。

クレムリンでの会議は対日参戦の準備についての討議だった。北海道を占領するか、しないかが主要な議題のひとつとなった。第一極東方面軍司令官のメレツコフ元帥が北海道制圧を主唱した。政治局員のフルシチョフが支持した。北海道にソ連軍が展開したら、米英両国はヤルタの合意の違反とみなすだろうとモロトフ外相が言い、ベルリン攻略の立役者、ジューコフ元帥が「冒険主義だ」と批判した。スターリンはといえば、かれは北海道の占領を望んでいる。だが、いま決断をくだす必要はないと考えるであろう。

軍部には北海道攻略の準備を進めるようにと命じ、アメリカに同意を求めることにすると言った[102]。

スターリンは日本がモスクワに特使を派遣したいと一昨年から申し入れてきていることの意図がわかっていたし、東京に駐在するマリク大使からの報告を読んでいたであろうから、日本がソ連の温情にすがろうとしていることは百も承知している。だが、窮地の日本に手を差し伸べ、日本に恩を着せ、五十年、百年の友好関係を日本とのあいだに築く土台にしようと考えたことなどまったくない。そんな愚かなことをどうして考えるのかとスターリンは笑うにちがいない。かれはつぎのように考えていよう。二心を持っていることは間違いのない日本の陸軍軍人や政治家に救いの手を差し伸べる必要はまったくない。日本のいくつかの監獄の扉を開けさせ、私に忠誠を誓う日本共産党員を釈放させれば、すべては解決する問題なのだ。すでにルーマニア、ハンガリー、ブルガリア、すべての東欧諸国でやっていることだ。日本の内務省と警察を共産党員に握らせる。日本の新聞と放送をかれらに押さえさせる。そのつぎに追放と粛清だ。天皇は一番あとでよい。

スターリンがルーズベルトに対日参戦を約束したのは、いまから二年前の昭和十八(一九四三)年のテヘランにおける会議でのことだ。その年の十一月二十八日、それから四日間つづく会談の初日だった。ルーズベルトとスターリンが顔を合わせるのははじめてだった。予備会談をおこなう前に二人だけで話し合うことにした。スターリンは深刻な表情をして、ソ連戦線の状況を説明した。アメリカが地上軍をヨーロッパ大陸に上陸させるのはいつになるのかという催促だった。東部戦線から三十個師団ないし四十個師団のドイツ軍を西部戦線に引き抜かざるをえなくなるような第二戦線を開くことを今回の会談に提出するとルーズベルトはスターリンに約束した。

そしてその日の正式の第一回の三国首脳会談で、ルーズベルトはスターリンに向かって、英仏海峡を押し切る作戦を実施すると語った。もっとも開始の時期がまだ決まっていないと言い訳した。スターリンはそれを聞き終わってから、ドイツを敗北させたあとにソ連は日本打倒の共同戦線に加わると確約した。それこそ日本海軍の空母機部隊が真珠湾を奇襲したその日に、ルーズベルトがリトヴィノフ・ソ連駐米大使に向かって、ウラジオストクにアメリカの空軍基地を設けたいと語って以来、アメリカが繰り返してきた対日参戦の要求に、スターリンははじめてはっきり答えたのである。アメリカの軍幹部たちは喜んだ。帰国したルーズベルトはクリスマスの前日に、世界に向けての演説で、「われわれはスターリン元帥とソ連国民ときわめて仲良く手を繋いでいける」と語ったのである。

そしてソ連が対日参戦のはっきりした取り決めをしたのは、テヘラン会談から十四カ月あと、今年二月のヤルタにおける八日間の会議の七日目、ルーズベルトは自分の居室にスターリンを招いたときだった。かれら二人のほかにモロトフと駐ソ大使のハリマンが出席し、通訳はソ連側がパブロフ、アメリカ側はボーレンだった。

ルーズベルトはその対日密約を交わす会議に英国首相のチャーチルを呼ばなかった。ルーズベルトは自分こそがスターリンの友達なのだと信じ、このさきも自分はかれの友人でありつづけることができるのだと思っていた。そしてかれはチャーチルを強欲な帝国主義者と見ていた。ホプキンスやマーシャル陸軍参謀総長も英国首相を同じように見立てていたのである。そしてルーズベルトは東アジアのこのさきのことを決めるにあたって、アメリカが協力を求めるのはソ連であって、英国ではないと考えていた。そのチャーチルはどうなのか。かれはソ連はやがて英国と米国の主敵になると覚悟していた。

ルーズベルトとスターリンはソ連がいつ日本との戦いをはじめるのかを取り決め、ソ連が受け取ることになる獲物を定めた。ドイツ降伏から三カ月あとに対日参戦する。参戦の条件として、南樺太の返還、千島列島の引き渡し、大連港の国際化、旅順港の租借権の回復、東清鉄道と南満洲鉄道は中ソ合弁会社によって経営することを決めた。

チャーチルはこの合意をあとで知らされた。そしてルーズベルトの承諾を得て、ルーズベルトとスターリンとの話し合いに陪席した駐ソ大使のハリマンはマーシャル、レーヒー、キングといった陸海軍首脳にその取り決めの内容を告げた。その秘密協定書はルーズベルトの私的な侍従武官長であるレーヒーの執務室の金庫にしまわれた。

それから三カ月半あとのことになる。ルーズベルトはすでに没していた。新大統領はトルーマンである。かれの毎日の相談相手はバーンズだ。トルーマンとバーンズはなによりも重大なある問題について協議をつづけ、あるひとつの日付をはっきりいつと知ることがなによりも大事だという結論になったのであろう。それはスターリンから聞かねばならないことだった。駐ソ大使のハリマンに聞かせることにするか。大事をとろう。ホプキンスにモスクワまで行ってもらおう。

スターリンがもっとも信頼しているアメリカ人はホプキンスだからだ。それがどうしてなのかは前に何回も記した。ところでホプキンスは癌を患っていた。ヤルタ会議のときには担架で運ばれるほどに体の具合は悪かったが、ルーズベルトの死後のこの五月、持ち直していた。ところで、大統領となったばかりのトルーマンはサンフランシスコ会議に出席するためにワシントンに立ち寄ったモロトフにたいして、ソ連との戦時大同盟なんかもはや存在しない、私は前の大統領とは違うといった毅然としたところをみせようとして、面罵に近い扱いをしてしまった直後のことであった。それを知ったホプキンスはソ連との関係を良好な形に戻さなければならないと願い、モスクワ行きは自分の最後のご奉公になると考えたのである。

さて、ホプキンスがスターリンに約束する主題、尋ねなければならない課題はいくつもあった。ところが、トルーマンとバーンズがスターリンの口から是が非でも聞きたいのはある日付だと前に記したが、それはソ連の対日参戦の正確な月日《がっぴ》だった。トルーマンはホプキンスに向かっては、スターリンから聞きだして欲しいのは、じつはそれだけだとは明かさなかった。ましてやその日付をなぜ知らなければならないのかの説明などまったくしなかった。

十八カ月前、テヘランでスターリンが対日参戦をはじめて口にしたとき、アメリカ政府、軍幹部のだれもが嬉しがったことは前に触れた。だが、今年の五月、ワシントンのキングとマーシャル、さらにはアーノルド、グアム島のニミッツとルメイ、マニラのマッカーサー、だれひとりソ連の参戦を心待ちにしてはいなかった。だからと言って、ヤルタでの前大統領の約束は軽率に過ぎたと悔やむのも、無意味だった。テヘラン、ヤルタの約束があろうとなかろうとなんの関係もなく、この夏にソ連軍が満洲に侵入し、自分たちの思いどおりのことをするのは、ソ連が東欧でやってきた振る舞いを見れば、だれにも容易に予測、想像できることだった。そこでヤルタでルーズベルトがスターリンから聞いたドイツの敗北から三カ月あとに日本に宣戦を布告するといったおおよその時期だけで充分すぎるはずであった。ところが、トルーマンとバーンズの二人はなぜかソ連の対日参戦の正確な日付を知りたがったのである。

クレムリンを訪問したホプキンスがスターリンにその問題を持ちだしたのは、三回目の会談、五月二十八日だった。スターリンが語ったことをトルーマンにつぎのように報告した。

「1　八月八日までにソヴェト陸軍は満洲の各戦略地点において的確に展開されるでありましょう。

2　ロシア国民は参戦するための正しい理由を持たねばならず、またそれは、中国がヤルタでなされた提案に進んで同意するかどうかに依存している、とのヤルタにおけるみずからの提案を、元帥は繰り返しました(103)」

トルーマンとバーンズはソ連の参戦の日が八月八日だと知った。その日までにあるひとつのことをしなければならない。そこでそれをするに先立って、それに付随するいくつものことを定めなければならない。六月と七月の六十一日間、そして八月一日からソ連が対日戦に参加する前日の八月七日までの、それこそカウントダウンのアナウンスがトルーマンの執務室、かれの寝室で聞こえつづける最後の一週間がある。そしてこのすべて七十日足らずのあいだにやらなければならない全計画のひとつひとつをしっかり照合、確認し、調整、点検しながら、それぞれの日取りを狂いなく定めていかねばならない。トルーマンとバーンズの双方は笑いを浮かべ、つぎには真剣な顔つきに戻り、互いの顔を見合ったにちがいない。それこそプロセス・デザインの構築となるのだが、見事につくってみせるのはロイヤル・ストレート・フラッシュだとポーカー好きのトルーマンが独語したのはそのときが最初だったのかもしれない。

アメリカの準備、原爆の日本投下

アメリカは原子爆弾の開発、製造をおこなってきている。これはアメリカの最高機密となっている。だれがその秘密を知っているのか。当然ながら、ルーズベルト大統領が承知していた。そして大統領は原子爆弾の開発、製造を陸軍に任せたから、ヘンリー・スティムソン陸軍長官がすべてを知っている。ルーズベルトはマーシャル参謀総長と二人だけで会うことはなかったが、マーシャル総長はスティムソン長官からその秘密を聞いてきた。スティムソンが原爆の開発、製造の計画の総責任者に指名したのはレスリー・グローブス准将である。グローブスは一九四三年一月に完成したペンタゴンの建築工事の指揮をとった。現在、かれは原爆製造のために何百人もの科学者と一万五千人にのぼる従業員を統轄している。

日本の原爆の研究はいつか開店休業となってしまっているが、お決まりどおり、陸軍と海軍がそれぞれわずかな資金と資材、わずかな研究者を奪い合うことからはじまった。アメリカの海軍は原爆開発にかかわらなかったが、ルーズベルトは一九一三年から一九二〇年まで海軍に勤務したことがあり、海軍を古巣と思い、海軍首脳をホワイトハウスに呼ぶことが多かったから、かれらにその秘密を語ることになった。

もちろん、レーヒー海軍大将もその秘密を知っている。前にも言ったが、レーヒーはルーズベルトの侍従武官長と呼んでよい存在だった。ヤルタのルーズベルトとスターリンが交わした対日参戦の協定文書がかれの執務室の金庫に入れられたことは記したばかりだ。付け加えるなら、その秘密文書はどこにしまってあるのだ、どこにもないではないかとトルーマンが大統領になって一騒ぎとなったこともあった。ところで、レーヒーは原爆開発を馬鹿にしていて、その秘密を知っている者に向かって、頭のおかしい科学者の夢物語だ、これはわれわれがやってきたことのなかで最大の愚行だと語り、爆弾や火薬のことなら私の専門なのだと言ってきた。日本の海軍の首脳が原子爆弾の研究は平塚の火薬製造工廠でやらせればいいと語ったのと同じだった。

アメリカ政府内の文官のなかでは、だれがその秘密を知っているのか。昨年十一月まで国務長官だったコーデル・ハルはどうか。戦争がはじまってから、ハルはルーズベルトからひどく嫌われるようになった。重要な会議に参加できなかった。カサブランカ、カイロ、テヘランの国際会議に随行させてもらえず、かつてのハル・ノートの主人公はテヘラン会談の覚書を見せてもらえないという屈辱を味わう始末だった。原爆開発計画は一九四三年一月にはじまったのだが、ハルはルーズベルトのもとで国務長官をやってすでに十年近くになっていたにもかかわらず、その秘密を教えてもらえなかった。かれが体調を崩し、入院することがあったのも、ルーズベルトにいじめられた心労が原因だった。

ルーズベルトは自分が気に入った相手であれば、原爆の開発など知る必要のない地位にいる者であっても、その秘密を教えた。オマー・ブラッドリーは陸軍軍人だ。一九四三年七月、第二軍団の司令官としてシシリー島で勝利を収めた。つづく九月、かれは連絡業務があり、ワシントンに来た。マーシャル参謀総長は大統領に陸軍の将来を担う男を覚えてもらおうとした。ルーズベルトはブラッドリーを引見した。一目惚れしたのであろう。大統領はこの司令官が肝を潰す話をはじめた。原爆開発の計画を詳しく語った。ブラッドリーは大統領から最高の機密を明かされたことを重荷に感じた。すべてを自分ひとりの胸にしまったのはもちろんのことだった。マーシャル参謀総長は大統領が原爆の秘密を一司令官に話してしまったのだとは思いもしなかった。ブラッドリーの上司のアイゼンハワー最高司令官はアメリカ本国であまり感心できない新兵器の研究に取り組んでいるらしいと知るだけだった。ワシントンの統合参謀本部の幕僚がアイゼンハワーを訪ね、細菌兵器と原爆の説明をし、ドイツの開発の進行についての予測を語ったあと、アメリカの科学者がこうした新兵器の研究をしているのだと語りはしたものの、原爆計画の機密を明かすことはしなかったのである。

ジェームズ・バーンズはルーズベルトに気に入られ、戦争動員局を主宰し、ホワイトハウス内に事務室を置き、いっときは大統領の代弁者といった勢いだった。バーンズはルーズベルトから原爆の秘密を聞いていた。バーンズは極端な秘密主義者であったから、ルーズベルトは安心して、かれに喋ったにちがいない。

トルーマンの前の副大統領はヘンリー・ウォーレスだった。かれは原子力政策の研究会に加わっていた関係から、原爆の秘密を知った。かれは口が軽く、軍の機密を得意になって喋ってしまうようなところがあった。陸軍長官が心配したのは、ウォーレスが義弟のスイスの外交官にその秘密を明かしてしまい、それがドイツ側に洩れてしまうのではないかということだった。

ヒトラーはアメリカが原爆を開発しているという事実を知らなかった。スターリンは知っていた。ソ連の諜報機関は共産主義に忠誠を誓っているヨーロッパからアメリカに移っていた科学者たちを通じて、原爆開発に関する多くの機密資料を一九四二年から入手するようになっていた。こうしてソ連の諜報機関が原爆開発の秘密を知っていることから、アメリカのＦＢＩ長官のエドガー・フーバーが原爆の秘密を嗅ぎつけることになった。アメリカ西海岸の共産党幹部、スティーブ・ネルソンという男がバークレーの研究所に勤務する研究員を使って、なにやら大変な秘密を探ろうとしていることをＦＢＩは知った。ネルソンの電話の盗聴、監視をつづけさせているあいだに、ある巨大な闇の機関が原爆なるものを開発しているという秘密をフーバーは早くも一九四三年の春に知った。

スターリンは自国の諜報機関を通じて、原爆の秘密を知ったが、英国首相のチャーチルはアメリカ政府から情報を得ていた。そして昨年の九月十八日、アメリカを訪問中のチャーチルはルーズベルトの私邸でルーズベルトと原爆について二つの規程を定めた。ひとつは原爆の機密保持である。ソ連を除外することにした。もうひとつは、「爆弾が使用可能となったときには、慎重な考慮のあと、日本にたいして使用されるべきである」という取り決めだった。

昨年の十一月にハルに代わって国務長官となったのはエドワード・ステティニアスである。三十代でUSスティールの会長となり、そのあとルーズベルトのもとで行政官をつづけ、その有能さを示していた。今年の一月のある日、ステティニアスはホワイトハウスに呼ばれた。大統領の執務室に向かったとき、スチュワードがお盆を手にして出てくるところだった。大統領はサンドイッチを食べていた。大統領はステティニアスに座るようにと告げ、これから話すことは絶対に秘密にすると誓って欲しいと言った。目を丸くしているステティニアスに向かって、原爆の話をはじめた。「これが完全なものになるのにどのくらいかかるのかはまだわかっていない」と大統領は語った。つづけて「その力たるやまことに恐ろしい。ブロードウェイと四十二番街の交差点に落としたら、ニューヨークは真っ平らになってしまう」と言った。ステティニアスはその恐ろしい話を自分の胸にしまった。

それが昨年十一月中のことだったのだろう。そのあと十二月、ルーズベルトの第四期大統領就任式に参加するために、かれの息子のひとり、長男のジェイムズが休暇をもらい、ワシントンへ戻ってきた。かれはそのとき三十八歳、海兵隊の中佐だった。大統領の書斎に入った。かれは父親と抱き合った。息子の目に涙があふれでた。どうしたと父親が問うた。われわれは勝ってはいるが、まだまだ多くの戦いをしなければならない、日本を占領するためには多くの血が流れる、私は戻ってこられるかどうかわからないと息子が言った。「日本を攻略する必要はない。それ以前に戦争を終わりにできるあるものを持っている」と父親は息子に語った。それはなんですとジミーが尋ねた。父親は答えた。「残念だが、息子にも言うことはできない。だが、それは間違いなくある。どうしても使わなければならなくなったら、お前やほかの息子たちが日本侵攻で死ぬ前に必ずそれを使うことになる」(104)

ジェイムズは父親にさらに問うことをしなかった。父が話す新兵器とは原爆にちがいないと思った。大変に恐ろしい爆弾が開発されているといった噂話を耳にしたことがあったのである。

今年の二月のことになる。グアム島に移って一カ月がたったばかりの木造二階建ての新築の太平洋艦隊司令部に本土から若い中佐が訪れた。しわだらけ、汗が滲んだ制服のアシュワースというその士官はニミッツ長官に面会を求めた。副官がどのような用件なのかと尋ねても、なにも言わず、長官に会わせて欲しいと言うだけだった。副官は長官にどうしたものかと尋ねた。通せとニミッツは言った。その中佐は副官がドアの外に去るのをしっかり見届け、なおも部屋のなかを見回しているので、ニミッツは笑いだした。アシュワースは上着のボタンを外した。シャツの下に胴巻きをしていた。汗で変色した胴巻きのなかから封筒を取りだし、ニミッツに手渡した。開けると「厳秘」と書かれたべつの封筒が入っていて、その中にキング海軍統帥部総長からの書簡があった。原子爆弾が八月一日ごろに太平洋に送られて来ると書かれていた。TNT火薬二万トンに匹敵するエネルギーが放出されるとあった。そしてこの書簡の内容は幕僚のうちのひとりだけに知らせてよいと書かれてあり、爆弾について技術的な質問があれば、書簡の持参者が回答すると記してあった。

ニミッツはソック・マクモリスを呼んだ。太平洋艦隊司令部の参謀長だ。巨大な機構となっている太平洋艦隊司令部をとり仕切ってきた。ニミッツはかれにキング総長からの書簡を見せた。つづいてアシュワースから原爆の技術的な面の説明を聞いた。ニミッツはしばらく黙っていた。やがて口を開き、一人だけに知らせるという命令には従えないと言い、キング提督が私の支援を期待されているのなら、支援責任者となる作戦参謀にも教えなければならないと伝えて欲しいと言った。

そのあとニミッツは椅子の向きを変え、少しのあいだ窓の外の海を見ていた。そして立ちあがって、アシュワースに向かって有り難うと言い、独り言のように付け加えた。

「数年早く生まれ過ぎたようだな」(105)

さて、ルーズベルトはジョゼフ・グルーとダグラス・マッカーサーに原爆についてなにも教えなかった。国務長官のステティニアスはドイツとヨーロッパを担当し、やがてつくられる国際組織の準備に取り掛かっていた。そして国務次官のグルーはアジアと日本を担当していた。ところが、ルーズベルトはグルーに原爆の秘密を明かそうとしなかった。そして太平洋戦域の二人の最高司令官のうちのひとり、ニミッツ提督には原爆の秘密を告げたことは記したばかりだが、もうひとり、フィリピンで戦い、やがては日本本土を攻略することになるマッカーサーにも原爆の秘密を教えようとしなかった。

原爆の世界への公開はどのような形をとるのであれ、ルーズベルトがチャーチルに、そして長男のジェイムズに語ったとおり、日本にたいして使用することになる。日本に原爆を投下するぞと脅かすことになるとルーズベルトが考えていたのであれば、日本を攻略する責任を担うマッカーサーにそれを知らせてもよいはずであった。ニミッツが使いの中佐に語ったように、マッカーサーもまた、「興味深いが、八月はまだずっとさきだ。そのあいだ、こちらは戦争をやらねばならない」と語ることになったであろう。だが、ルーズベルトはマッカーサーにその秘密を打ち明けなかった。

そしてルーズベルトはグルーに向かって、一発で町全体を破壊し、全住民を殺してしまう爆弾がまもなくできるのだと明かさなかった。もしそう語ってしまったら、よもや、それを東京や大阪に落とすようなことはしないでしょうねとグルーは大統領に念を押すことになったはずである。ルーズベルトがどのような返事をしたにせよ、グルーは一日も早く日本を降伏させようと懸命に活動することになったにちがいない。

たしかにルーズベルトは日本を徹底的に痛めつけるべきだと説くホーンベック、そしてハルを昨年のあいだに国務省から逐い、日本に融和的な態度をとるようにと主張するグルーを登用した。だが、巨額の費用を投じながら、議会と国民に秘密にしてきた原爆の完成が、ドイツとの戦いが終わり、日本との戦いが終わってしまったあとになってしまうことはどうしても避けねばならなかった。ルーズベルトがグルーに原爆の秘密を明かさなかったのは、それを恐れてのことだったにちがいない。

最後に現在の大統領、ハリー・トルーマンのことになる。かれはいつ原爆の秘密を知ったのか。

今年の四月十二日、トルーマンの大統領就任式のあと、最初の閣議が開かれた。短い形ばかりの会議が終わったあと、閣議室にひとり残ったヘンリー・スティムソン陸軍長官がトルーマンに向かって、巨大な計画が進行中だと告げた。およそ信じられない破壊力を持つものを製造しているのだと語った。

それから十数日のあとの四月二十四日、トルーマンはスティムソンとマンハッタン計画の責任者、レスリー・グローブスからさらに詳しい話を聞き、原爆の開発は必ず成功すること、七月はじめには爆発の実験をおこなうこと、原爆は「戦争の遂行に革命的な変化」をもたらし、アメリカの国際関係に決定的な影響力を持つといった説明を聞いた。

トルーマンは大統領となった四月十二日に原爆の秘密をはじめて知り、四月二十四日にさらに詳しい説明を受けた。これから十年さきか、十五年さきのことになろうが、トルーマンが自伝を記すことになって原爆についての記述をすることになれば、この二つの日付を綴ることになるにちがいない。そして歴史家も、伝記作家も、トルーマンが原爆の秘密を知ったのは、ルーズベルトの死後、大統領に就任したあとのことだと記述するようになるだろう。

じつはこれは正しくない。トルーマンが今年の四月十二日に原爆の秘密を知ったというのは事実ではない。トルーマンは大統領になる以前、副大統領になるより前、まだミズーリ州出身の上院議員だったときから、原爆が開発されているという事実を知っていた。昨年の八月にかれはルーズベルト大統領から説明を受けたのだ。

もう少し詳しく記そう。

昨年の八月十八日、ルーズベルトは娘のアナと副大統領候補に決めたばかりのトルーマン上院議員を昼食に招いた。アナはルーズベルトの長女、そのとき父親の秘書を務め、三十八歳だった。トルーマンの年齢も記しておこう。そのときに六十歳、ルーズベルトは六十二歳だった。官邸の裏庭の芝生のマグノリアの木陰にテーブルを置き、そこで野外の昼食をとった。ルーズベルトとトルーマンは決して親密な間柄ではなかった。一緒に食事をしたのはそのときがはじめてだった。ルーズベルトは新しい副大統領候補に向かって、かれを信頼しているところを見せようとして、ひとり喋りつづけた。暑いから上着を脱ごうとルーズベルトは言った。食事が終わった。ニュース映画のカメラマンと新聞記者が食卓の周りに来た。写真家が十二月の大統領選挙用のシャツ姿の二人の写真を撮った。アナは席を立ち、新聞記者たちも退出し、ルーズベルトとトルーマンの二人だけが残った。ルーズベルトはそのときにトルーマンに原爆を開発しているという秘密を明かしたのだ(106)。

なぜ、トルーマンはその事実を隠してきたのか。トルーマンはスティムソンから原爆の秘密を明かされたときには、言いそびれただけのことだったのかもしれない。それから十数日あとの四月二十四日に黙っていたのも、口にする機会を逸したという単純な理由にすぎなかったのかもしれない。だが、そのあとかれは毎日顔を合わせるようになったジェームズ・バーンズに向かってなら、前大統領から核爆弾の秘密を聞いたことがあるのだと語る機会はあったはずだ。そしてスティムソンがかれに原爆の製造がどのように進んでいるかを報告に来たときをとらえ、その事実を明かすことができたはずであった。

トルーマンは大統領になってから、前にも記したとおり、すべてのことをバーンズに相談してきた。トルーマンは一九三五年に上院議員になったときから六歳年上のバーンズに兄事していたといういきさつがあった。そしてホワイトハウスの内政・外交のさまざまな判断、決定に副大統領だったトルーマンは加わっていなかったが、バーンズはかかわっていたという事情もあった。トルーマンがバーンズを頼りにしたのは、それだけが理由ではなかった。ルーズベルトの心変わりさえなければ、バーンズが副大統領となり、この四月にかれが大統領になったはずであった。ルーズベルトのいつもながらのちょっとした思いつきがトルーマンを大統領にしてしまうという皮肉な運命の転回となり、「本来なら私が大統領になっていたのに」という悔しさが自分は第一級の政治家だと自負してきたバーンズにあれば、「私ごとき者が大統領になったのは、まったくの偶然だ」と卑下する気持ちがトルーマンの側にあった。こうしてトルーマンはバーンズを事実上の国務長官にしたのである。

このような微妙な感情によって結ばれた二人がいつまでも仲良くしていられるはずはなく、やがては決裂で終わるだろうとはだれにも想像できることだ。だが、今年四月、五月、六月、トルーマンはバーンズになにごとも相談し、バーンズはトルーマンに協力してきている。そして前に見たとおり、この六月末、外電を読んだ人たちはバーンズが近く国務長官になると知ったのである。

さて、トルーマン、バーンズの二人が二人だけで検討し、たちまち決めてしまったなによりも重大な問題がある。原爆が完成したら、どのような方法でそれを公開するかということだ。前にも述べたことだが、バーンズはなにごとも隠し、証拠を残さないように留意し、このさきも決して喋らないであろうが、かれがトルーマンに向かって、どのように語ったのかは容易に想像できる。日本の大きな都市を選び、そこに原爆を投下するのが最上の使用、公開の方法だと言い、もうひとつ、なによりも緊要なことは、その公開が完了するまで日本を降伏させてはならないと念を押したことは間違いない。

トルーマンはバーンズのその主張に賛成したのであろう。メモに記すことをせず、日記になにも書くことなく、もちろん、他人に洩らすことをせず、恐らく生涯語ることもなく、要するにこのさきに編まれる歴史書に記載されないように細心の注意を払ったのであろうが、今年の四月末には、トルーマンは間違いなくそのように決めてしまったのである。

ところで、トルーマンは毎日、顔を合わせるバーンズにたいしても、ルーズベルトから告げられ、原爆の秘密は承知しているという事実を明かさなかった。完成された原爆をどのように公開するかについて、トルーマンがバーンズと語り合ったのは一日だけではなかったはずだから、言うまいという決意があってのことだったと想像できる。

なぜ黙っていたのか。

トルーマンは大統領になってから、かれの前にあるものは、ヨーロッパと太平洋における戦いから戦後に備えての国際機構の設置まで、すべて前大統領が取り組んできた問題であり、自分は突然に呼びだされた、間に合わせの大統領でしかないことを身にしみて感じる毎日であったはずだ。だが、待てよとかれは思ったのではないか。原爆はほかの外交、軍事問題とはまったく違う。製造中の原爆について知っている人はごく少数だ。英国政府の首脳以外、敵も味方もその事実をまったく知らない。そしてその恐ろしいかぎりの兵器をいかなる形で公開するのかは、私が決めることになる。

そしてトルーマンはつぎのように考えたのであろう。原爆は決してルーズベルトの遺産ではない。前大統領の最大の遺産は米ソ大同盟だったのだが、いまや崩壊は必至だ。だが、やがて私が持つことになる原爆がスターリンを従順にさせる強力な外交武器になり、世界の安全を維持しつづけていく巨大な力になる。この原爆は私のものなのだ。

トルーマンはこのように思おうとしたのであろう。それにしても、どうしてかれはルーズベルトから昨年の八月に原爆の秘密を明かされたという事実を秘密にする必要があったのか。

たしかにルーズベルトは原爆にかかわるすべての事柄を秘密にしていた。だが、やがて完成する原爆をどのように公開するかについて自分の考えをはっきり文字にしていた。前に見たとおり、ルーズベルトは英国首相と覚書を交わし、「慎重な考慮のあと」、日本にたいして使用すると決めていた。トルーマンは大統領になってから、米英首脳会議がおこなわれたルーズベルトの私邸の所在地の名前をとった「ハイドパークの覚書」が存在すること、戦争が終わったあとになれば、英国側がそれを公表することにもなると承知したはずだ。

ところで、その覚書がつくられたのは昨年九月十八日だった。トルーマンがルーズベルトから原爆の秘密を明かされたのはそれより一カ月前の八月十八日だった。トルーマンはルーズベルトから、これまた「慎重な考慮のあと」に日本にたいして投下すると告げられていたはずである。

実際には原爆もまた間違いなくルーズベルトの遺産だった。ところが、トルーマンは「慎重な考慮のあと」というルーズベルトの文言をかえりみなかった。政府と統帥部の責任者と協議しようとしなかった。四月下旬には、バーンズの助言に従い、日本の大都市に原爆を投下する、警告なしの無差別大虐殺をすると決意してしまったのだ。

ホワイトハウスの庭園のマグノリアの木の下でルーズベルトが一番最後に語った話を、大統領になったトルーマンがだれにも打ち明けることができないできたのは、原爆の秘密は大統領になるまでまったく知らなかったことにしてしまい、「慎重な考慮のあと」など知るはずはないということにしたかったからなのである。

さて、原爆製造の事実を知らず、ましてやそれをどう使用するかをルーズベルト大統領から聞くことがなかった対日本政策の責任者、そしてトルーマン大統領からもなにも聞いていないジョゼフ・グルーのことに戻る。

いまから二週間とちょっと前の六月十四日、統合参謀本部は太平洋戦線の全指揮官に指令を発した。前に記したことを再びここに写そう。「日本ノ突然ノ崩壊カ降伏ノ場合ニ備エテ、日本本土ノ占領ヲ目的トシテ、進駐スル計画ヲ立テテオクベキデアルト命令スル」

国務次官のグルーがそのような予測をしたのだとこれも前に記した。グルーは東京から松平恒雄が必ずやアメリカに和平を呼びかけてくる、降伏するための交渉を申し入れてくると思ったのであろう。だが、なんの動きもない。グルーは思い直し、アメリカが日本に向けて声明をだし、立憲君主体制維持の保証を明らかにしなければ、松平恒雄は身動きできないでいるのかもしれないと思ったのであろう。グルーはそれより前、五月二十九日に二日あとの戦死者を追悼するメモリアル・デイに予定されている大統領の演説を日本に向けての声明にしようと提案したのだが、スティムソンに反対された。「軍事上の理由」があると言われたのである。沖縄の戦いが終わっていないからだとグルーはそのとき考えたのだった。そこでグルーは再度、試みようとした。

六月十五日、グルーはトルーマンに会い、沖縄陥落を発表するときに大統領は声明をだし、皇室の保持を認めることを明らかにして、日本に降伏するように呼びかけるべきだと説いた。トルーマンは答え、「この問題のすべて」は三日あとの六月十八日に予定されている会議で検討すると語り、グルーも出席するようにと言った。だが、十八日の会議にグルーと国務省の幹部は呼ばれなかった。そしてトルーマンは会議の場でグルーの提案を口にしなかった。そのあと大統領はグルーに向かって統合参謀本部がかれの案に反対したのだと偽りを語り、つぎのような嘘をさらにつづけた。「日本がそれを拒否した場合、わが侵攻軍が時を移さず実際の攻撃をかけ得るまで待つことを統合参謀本部は希望しているのだ(107)」

六月二十七日のことになる。ユタで訓練を受けていた第五〇九混成大隊の士官たちがテニアン島に到着した。すでに新しい滑走路がつくられ、かまぼこ兵舎が建てられ、周囲には鉄条網が張りめぐらされていた。そして新たにB29も到着していた。原爆を搭載できる改造機である。七月下旬には模擬原爆の投下実験をはじめる。そのための日本の都市の選定もおこなわれているし、本物の原爆を投下する都市もとっくに選んである。

今日、七月一日、第三艦隊がレイテ湾の泊地を出航した。第五艦隊は五月二十八日に第三艦隊と名称を変え、レイモンド・スプルーアンス提督からウィリアム・ハルゼー提督に司令官は代わり、旗艦はニュー・メキシコからミズーリとなり、第五十八機動部隊は第三十八機動部隊と名前を変えている。出撃する第三艦隊の指定任務は日本海軍の残存艦艇、商船、航空機、とっくに半身不随となっている工場、そして通信設備を破壊する任務を負っている。空母機部隊が内陸部を攻撃しているあいだに、戦艦群は沿岸の目標を砲撃する。

艦隊は燃料、食糧、弾薬の補給、さらに航空機、航空要員の交換をつづけながら、今日から一カ月以上、八月に入っても、日本本土の水域にとどまることになっている。出航してまもなく不思議な命令を受け取った。グアム島の太平洋艦隊司令部からの電報であり、「筆写ヲ禁ズ」という最高機密の扱いである。「更ナル下命アルマデ、コクラ、ヒロシマ、ニイガタ、キョウトヲ爆撃シテハナラヌ」という文面だ。ハルゼー提督と幕僚たちはなぜだろうと首をかしげた。(108)

第40章　木戸「一大貧乏籤」の虚構（七月二日）

未明の空襲、罹災者二十四万人、焼死者三千二百人

七月一日の深夜、二日の午前零時になろうとするとき、人びとの住まいと家財道具、そして地域社会の一切を焼き払う、いつもながらの焼き打ちがはじまった。今夜の最初は熊本だった。ほぼ同じ時刻に呉にたいする空襲がはじまった。宇部にたいする空襲はもう少し遅かった。午前零時五十分だ。下関の空襲が一番遅い。午前二時半に市街地に焼夷弾を落としはじめた。

熊本と呉にそれぞれ百五十機が襲来した。宇部に百機、下関に百二十七機が襲った。総計五百三十機である。目的地を狙うのに失敗し、「臨機目標」に変えた機数を加えれば、全体の数は五百七十五機にものぼった。

三月から四月のあいだの都市にたいする焼夷弾攻撃は一回の出撃は二百機から三百機までだった。ところが、B29が三月末から五月十一日まで沖縄水域にとどまるアメリカ海軍艦艇を援護するために九州の航空基地にたいする爆撃をつづけているあいだに、二個航空団だったマリアナのB29部隊は、さらに二個航空団が増強された。そこで五月十四日の朝の名古屋にたいする焼き打ちにはじまって今日まで、四個航空団を使い、四百五十機から五百数十機による攻撃となっている(1)。

そして五月二十四日の午前一時四十分にはじまった東京の空襲から、六月一日午前十

一時に終わった大阪の空襲までの八日間、一千九百機のB29が東京、横浜、大阪を襲い、四十万戸が灰になり、百五十万人が住まいを失い、一万二千人が殺された。つづく六月五日の朝の神戸、七日の昼の大阪、そして十五日朝の大阪、尼崎を焼き打ちした。昼間の空襲時間は一時間二十分ほどだ。そのわずかな時間にひとつの都市の六万戸から十二万戸を灰にした。三千人以上の人たちを殺し、それ以上の人びとに火傷か、傷を負わせた。(2)

そして敵側は大都市にたいする焼き打ちを終わりにした。そのあとからは人口二十万から十万の中小都市を焼くようになっている。ひとつの都市の二平方キロメートルほどの市街地を焼くのに、一航空団、百機ほどで済むことから、四個航空団は四つの都市を焼いてきている。六月十七日の夜半にはじまり、十九日の夜中、六月二十八日の深更、そして今日、七月二日の午前零時から午前三時まで、四回にわたって十五の中小都市を焼いた。計十六の都市ではなく、十五の都市だったのは、六月十九日夜半に人口三十万を超す福岡市を焼くにあたって、二個航空団、二百三十機を使用したからである。

こうして全国の中小都市が、三月、四月の東京や横浜、名古屋、大阪、神戸の大混乱に似た混乱のなかにある。

山形市を見よう。山形市は山形県の県庁の所在地だ。これまで空襲はなかったが、五月十一日の昼間、B29一機が市の上空をはじめて飛んだ。山形市の人口は十万人に達しない。七万人だ。敵は人口二十万、十万の都市を焼き尽くしてしまえば、人口十万以下の都市を一晩にそれこそ八つずつ焼いていこうとするにちがいない。政府は大慌て、各県に県下の都市の建物疎開を直ちにはじめるようにと命じた。山形県庁内に県建物疎開本部がつくられ、山形県知事が本部長となったのが六月二十日だった。山形市のほか、米沢、鶴岡、酒田の三つの市、そして新庄町が建物疎開をおこなうことになった。それぞれの市の人口は、米沢市が四万六千人、鶴岡市が三万五千人、酒田市が三万九千人、新庄町が一万九千人だ[3]。六月二十日から、どこの市でも泊まり込みの作業がはじまっている。

　山形市では山形駅と四つの国民学校の周りの民家を取り壊す。さらに市内中心部に消防道路、避難道路をつくる。六月二十九日には市内の町内会長を集めて、市内十七カ所に空き地をつくることの説明をおこない、三十日には公示した。

　市内の八百戸が撤去されることになる。建物疎開の跡地の借り上げ料は坪当り年に五円、建物撤収費は坪当り平均で百二十円、営業補償費は一戸当り平均で四百五十円、移転費一戸当り平均三百五十円、べつに見舞金がでる。

　ついでに記しておこう。百万戸が灰になり、十万人が殺され、慌てに慌て、東京都の最大規模の強制疎開、第六次建物疎開をおこなうことになったのだが、たとえば中野区では、強制疎開は三月二十二日に居住者に通知があった。二十四日には家主に通知が出され、四月一日から区内で五千戸、六千世帯が住んでいる家屋を壊すことになった。よそへ移るための荷物の輸送申し込み所や荷物の臨時保管所が設けられたが、形ばかりのものだった。一戸当りの平均建物買収費は五千三百円、一戸当りの平均補償費は一千三百円、一戸当りの平均移転費は三百五十円だった。

ついでにもうひとつ、物価を記しておこう。茨城に疎開している風見章が「米一俵の闇値が六百円から千三百円、新品の自転車が二千円」と日記に書いたことは前に記した。食料のヤミ値をもう少し記すなら、芦田均は三月二十二日の日記に「砂糖一貫目七百円、白米一升二十五円、鶏卵一個最高二円（鎌倉）、落花生むきみ一升三十円、小麦粉一貫目三十円」(4)と書いていた。

さて、山形市では市内五カ所に明日にも相談所を開く予定だが、立ち退きとなった人から補償費があまりに安いと不平をこぼされ、移る場所がないと泣かれることになろう。だが、市民はいずれも東京で被災した疎開者から空襲の恐ろしい話を聞いていたのだし、今夜にも焼夷弾を落とされたら、元も子もなくなるのだと思うから、諦めざるをえない。三カ月前、東京の品川や中野の立ち退きとなった住民がしかたがないと諦めたのと同じである。七月十一日から建物の除去ははじまる(5)。

鶴岡市は前に見たとおり、県下では人口数は四番目だ。鶴岡のような人口三万五千の小さな町までが焼かれることになるのだろうかと市民は半信半疑だが、一飛びでやってくるB29一機に襲われただけでも大変な火災になるのだと思い直す。城下町だった鶴岡市の防火上の最大の問題は荷車一台がやっと通ることができる狭い道路だ。市街の中央を流れる内川沿いの家屋を取り壊し、防火空き地をつくる。市街全域の密集地の間引き疎開をする。ここでも七月の半ばには除去工事をはじめなければならない。

ところで、鶴岡市はもうひとつ面倒な問題を抱えている。東京都江戸川区の葛西、鹿本国民学校の疎開学童八百人が市内の三十ほどの寺院と旅館を宿舎としている。これら学童をこれまた一日も早く鶴岡市周辺の農村の寺院に再疎開させなければならない⑥。

七月二日の朝になる。西部軍管区司令部の発表は熊本への来襲が「約六十機」、呉が「約八十機」だったということになるだろう。夜の空襲であるために、敵機の数を数え損なったのではない。前にも記したことだが、夜半に襲った敵機の数を数えた一般人はいないだろうとたかをくくり、襲来した敵機の数を半分にしてしまうようになっている。敵側が無差別の夜間の焼き打ちをはじめたその最初からだ。三月十日の東京下町の空襲を「百三十機」と発表した。実際には、その夜に二百七十九機が来襲した。

夜間に来襲する敵機の数を半分にするようなごまかしをするのだから、もちろん、焼失戸数や罹災者の数は発表しない。死者の数も明らかにしない。

今日の未明に焼かれた四つの都市の焼失戸数、罹災者の数、死者の数はまだ数えるどころではない。建物疎開によってつくられた広場、公園、空き地には、疲れはて、茫然とした人たちが座り込んでいる。敵機の爆音はとっくに聞こえなくなり、火の手はわずかに残るだけとなり、家に帰らねばならないのだが、住まいは焼かれてしまい、帰るべき家がないのだ。立ちあがり、座っている人びとのあいだを抜けだそうとしている中年の男は、見失ってしまった妻と子をもう一度探しにいこうとしているのだ。痛みをこらえ、うめき声をあげている人びとが何人も地面に横たわっている。重傷者を運び込む病院も、駆け込む医院も焼けてしまったからだ。

背中一面に火傷を負い、弱々しく泣いていた幼児が黙ってしまった。息が絶えたのであろう。体を曲げて横になっている若い女性が苦しがっている。小さな傷口が腹部に三カ所あるだけなのだが、突き刺さったマグネシウム金属片は体内深く入り、胃と肝臓に焼けただれをつくっている。長さ四十センチほどの小型の焼夷弾の筒から最初に四散するその金属片は、消火しようとする人を殺傷するのが狙いなのだ。そのあと筒のなかのナパームを入れたガーゼの袋が飛びだし、燃えつづけ、これが障子を、襖を、天井板を焼いていく。

熊本は市街地の六分の一が焼かれた。呉は市街地の半分が焼かれた。宇部は五分の一、下関は三分の一が焼かれた。熊本の罹災者の数は四万二千人、呉の罹災者の数は十三万四千人、宇部が二万三千人、下関が四万五千人になる。四つの都市で二十四万五千人の住まいが焼かれ、役所、国民学校、病院、寺院、地域社会にあったすべてのものが焼かれてしまった。どれだけの人が殺されたか。熊本が六百人、呉が二千人、宇部が三百五十人、下関が二百五十人だ。合わせて三千二百人になる。

焼死体は強制疎開をした空き地に並べられる。今日一日、明日も空き地に死体が運ばれてくる。そして今日も、明日も、行方のわからない肉親を探す人びとが死者にかぶせてある筵を持ち上げ、母、弟を見つけて回ることになる。

「其の信念的意見が那辺にありや」と問う富田健治

木戸幸一は腹痛と下痢に苦しみ、床に就いている。まさか赤痢ではなかろうなと思ったこともあったにちがいない。食中毒だ。なにを食べたのが悪かったのだろう。もちろん、山口、金田中、蜂竜といったお茶屋はとっくになくなってしまったし、大蔵省や内務省の寮という名義をもらって営業をつづけてきている店はあっても、そのような場所に内大臣たるものが行けるはずはない。そしてそのような店もあらかたが焼かれてしまった。

下痢は宮内省の食堂の昼食が原因か。肉などでたことはない。刺身や焼き魚にお目にかかったこともない。一切れの煮魚だ。天皇の食膳も同じだ。

もちろん、一切れの煮魚があれば、ご馳走で通るのがいまの日本だ。国民学校の集団疎開の子供たちはなにを食べているか。東京都練馬区の大泉第二国民学校の学童は群馬県勢多郡の東村の寺院に疎開している。神土《ごうど》駅から西北に向かって数キロ、山間に入った村だ(7)。寮母の鈴木ひろ子は毎日の寮母日誌を付けてきた(8)。前に五月三十一日から六月五日までの献立を記した。一昨日、昨日、今日の献立を見よう。

「六月三十日　土　晴
食事　朝　麦入米飯　味噌汁（お菜）漬菜。昼　麦入米飯　キャベツお菜のバターイタメ　漬菜。夕　麦入米飯　汁（お菜　トロロコンブ）漬菜。おやつなし
七月一日　日　晴夕方小雨
食事　朝　麦入米飯　味噌汁（お菜大根）漬菜。昼　麦入米飯　乾燥さつま　乾燥かぼちゃの煮付け　大根おろし　夕　麦入米飯　味噌汁（お菜）漬菜。おやつなし
七月二日　月　曇後雨
食事　朝　麦入米飯　味噌汁（お菜）漬菜。昼　麦入米飯　煮豆（大豆）漬菜。夕　麦入米飯　シチュー（キャベツ　お菜　バター小麦粉カレー粉）　煮豆（少量）。おやつなし(9)」

牛肉、豚肉どころか、魚もない。群馬県の山村の寺院の集団疎開の子供たちの食卓、兵営の兵士たちの食堂、どこも同じだ。大豆混じりの盛り切りの麦飯と大根の味噌汁、里芋の干し茎を食べるだけの年若い兵士たちは三十メートルを全力で駆けることができない。だれも同じだ。四十代の男が役所の三階まで上がるのに手すりにつかまらなければ

ばならない。遅れた電車を待っている男がプラットホームで立っていることができずに座り込んでいる。

稲松平太の六月二十六日の日記を見よう。稲松は徴用工だ。妻と子供を故郷に残し、単身で名古屋の千種《ちくさ》の陸軍造兵廠傘下の矢嶋工業に勤務している。その日の朝の空襲で寮の壕に退避していた三人の工員が爆死した。そのうちの二人は頭の部分がないという惨状だった。日記につぎのように記した。

「本日は又格別暑し。爆死せる工員の告別式に参列す。葬儀屋もなく、焼き場までリヤカーなり。出血未だ止まらず、棺桶より少ししたたるが見ゆ。殺風景なり。給料日なり。六月分一〇日休みたるため少なし。家に手紙を出す。朝食玉ねぎの味噌汁、昼食豆腐、夕食、じゃが芋の煮物なり⑩」

「疎開児童一日千三百キロカロリー⑪」と集団疎開の児童の三食を記し、「一日千三百キロカロリーの兵士がいるのか⑫」と内地防衛の兵士たちの食事を前に記述したが、日本中すべてがこんな具合なわけではない。これが昭和二十年七月の食事かと胆を潰す食堂もある。横浜日吉の慶応義塾大学の校舎を接収した連合艦隊司令部の長官と上級幹部たちの食堂を見ることだ。

食卓には白いクロスが掛けられている。従兵が立つ。夕食であれば、最初にポタージュかコンソメ、そして前菜、それから魚料理、肉料理とつづく⑬。これだけで何カロリーになるだろう。料理長は前に帝国ホテルで腕を振るっていた。だれもがパンを敬遠するから米の飯だ。もちろん、白米だ。果物ではない、フルーツがでる。サントリー十二年ものであれ、日本酒の白鷹であれ、お好み次第だ。昨年の九月末に日吉に移ってからというより、トラック島の礁湖に錨を下ろしていた昭和十七年の大和の山本五十六連合艦隊司令長官の時代から、いや、それよりずっと前から、寸分変わりがない。

宮内省の食堂は逆立ちしても、日吉の真似はできない。ご馳走でとおる一切れの魚はイルカだ。伊豆半島の川奈、富戸《ふと》から送られてくる。ほかは北海道からのホッケ、スケトウダラだ。前に首相官邸の夕食を記したことがある。(14) 閣僚たちはいずれも家族を疎開させ、書生時代に戻ったような生活を送っているから、官邸で遅くなり、小食堂での食事がなによりの楽しみだ。ここでも魚は金華山沖で採れた鯨か、イルカ、それともホッケだ。ときに雷魚が官邸の厨房に届く。この二年、川や湖で採れる雷魚と草魚は高級闇料理屋の花形だった。フライにした雷魚の一切れをフォークで口に運びながら、これはおいしいと大臣が顔をほころばせる。

今夜はご馳走にありつけたと語った閣員に向かって、官邸の現在の料理長は鈴木首相お気に入りの日本橋浜町のお座敷洋食、スコットの主人だったと説明するのが国務大臣の左近司《さこんじ》政三だ。かって左近司の行きつけの店でもあり、スコットの主人はそれより前に海軍士官のクラブ、水交社のコック長だった。

第三艦隊長官、佐世保鎮守府長官を歴任した左近司が昭和九年に強硬派が牛耳るようになった海軍から逐われたのは、かれがロンドン条約の締結に努力した開明派だったからだ。そのあと北樺太石油の社長だった⑮。鈴木貫太郎は左近司を高く買っていた。左近司を無任所大臣にしたのは鈴木である。

木戸が食べたなにが悪かったのだろう。食べた身欠き鰊が古く、胸焼けするような代物だったのか。ホッケ、スケトウダラと同様、身欠き鰊も北海道からだ。

脇道にそれるが、身欠き鰊の話をしよう。軍需省や農商務省の役人が北海道に出張して、帰りに持たされるのが身欠き鰊だ。今年に入ってからは、これは非常食料だよと一言つけ加えられる。青函連絡船に乗ることになるからだ。樺太の大泊から稚泊連絡船に乗る人も、身欠き鰊を必ず持つ。まだまだマニラやサイパンに航行できたとき、非常食料といって持たされたのは鰹節だった。遭難して、この鰹節がなんの役に立つのだろうとだれもが首をかしげたのだが、容易に手に入る品ではなくなっていたし、お守り代わりにリュックサックに忍ばせたのである。ところが、身欠き鰊なら、だれにも喜ばれる土産であり、立派な非常食料だ。だれもがにっこりした。

鰊漁業が盛んだった明治、大正時代にはとても及ばないが、この三年、鰊の漁獲量が増えている。そして身欠き鰊に加工すれば保存食となるが、なんにも増しての利点は、身欠き鰊をつくるのには、貴重な、入手できない塩がいらないことだ。

芦田均が日記に、塩漬けの鰊を交詢社が社員に頒《わか》つと書いたと前に記したが、これは身欠き鰊の誤りであろう。

前に記したことをつづけるなら、北海道の日本海沿岸では、採れた鰊を身欠き鰊にするのに、国民学校の子供たちから町の主婦までを動員した。樺太でもそうなのは、これも前に記した。そして身欠き鰊が兵営、軍の学校、工場の食堂の唯一のご馳走であり、ただひとつの蛋白源となっているのだとは、これも前に記述した⑯。

お土産であり、非常食でもある身欠き鰊のことに戻る。身欠き鰊はかます袋に入れて、運ぶ。そのかます袋から取りだした三十本ほどを何本かに小分けして、新聞紙に包んでくれる。お土産だが、その新聞の一包みは帰りの弁当だ。二食分、三食分のおにぎりをつくってもらっても、この季節だ、腐ってしまう。身欠き鰊を一本、二本食べるのが、昼食、夕食の代わりとなる。

身欠き鰊を生のまま齧るなど、以前には考えたこともなかったのが、これがおいしい。客車の座席の前の人、隣の人は弁当包みを取りだささない。一食分は持っていたのであろうか、すでに食べてしまったのだ。駅のホームでじゃが芋の薄切りが米飯代わりの駅弁として売られていたのは昨年までだった。空腹を我慢しての汽車の旅となる。だからといって周りの乗客、五人、六人の人に、身欠き鰊をひとつずつ配り、夕飯のときにも配ることになったら、家に持ち帰る土産がなくなってしまう。前の席に座る幼児がなにやら言いだしたのを親が抑えているのを承知しながら、なにも気づかないといった顔で、ただひとり弁当を食べるのが現在の日本の食事の作法なのだ。

木戸のことに戻る。寝込んで二日目の今日、孝彦と和子が見舞いに来た。大正十二年生まれの次男の孝彦は陸軍に召集されたばかりだ。勤務地は横浜のさきの大船であり、事務部門にいることから、東京へ出張する口実はなんとでもつくれる。なによりも、かれの上官と同僚たちがかれの出張を歓迎する。孝彦が実家から持ち返ってくる土産の食べ物を心待ちしているのだ。

木戸家の三女、大正十五年生まれの和子は昨年に結婚し、大磯に住んでいる。夫は井上五郎、昭和七年に暗殺された日本銀行総裁、そして大蔵大臣をやった井上準之助の息子である。

木戸はまだ起き上がる気持ちになれないが、娘と息子に励まされて、嬉しく思い、なによりも久しぶりに見た近衛文麿と高松宮の笑顔を思いだせば、いささか得意な気持ちにもなるはずである。かれがつくった戦争終結の計画を二人に話すことができ、かれらをほっとさせることができたからだ。もちろん、お上が安堵されたことがいちばん嬉しいにちがいない。

だが、かれは米内光政と松平恒雄にたいする怒りの感情は収まってはいないのではないか。かれは自分の怒りを日記に記すことなく、だれにも語ることなく、このさきも口にしないであろうが、松平と米内がやったことを思い浮かべれば、小さな怒声を発し、私がなにもしていないと勝手に思い込み、大それたことをしやがってと毒づくことにもなったにちがいない。

私は戦争終結のために怠りなく準備を進めてきたのだ、今年の三月八日に重光外務大臣と約束を交わし、「大命」方式によって、戦争終結にもっていこうと定めたのだと木戸は独り言を言うだろう。そしてかれはつぎのようにつづけるだろう。ところが、重慶政府との和平ができるのだと夢想して、南京政府を解消するといった乱暴なことをやりかねない小磯内閣を退陣させた。新内閣には、もちろん、重光を留任させるつもりだったが、辞めていく小磯に邪魔をされた。それはともかく、新内閣のメンバーは戦争終結に備えて人選したのだ。木戸はこのように呟くだろう。

たしかに木戸は鈴木内閣の主要ポストを自分の部下で埋めようとした。内閣書記官長は広瀬久忠《ひさただ》をもってこようとした。五十六歳になる広瀬は木戸閥の中心メンバーだ。初代の厚生大臣に木戸がなったとき、広瀬を次官にもってきた。そしてかれが退いたあと、広瀬を二代目の厚生大臣とした。木戸の家族の最初の疎開先が広瀬の山梨県塩山《えんざん》の邸だった。ところが、広瀬を内閣書記官長にという計画は、岡田啓介に先を越されてしまった。鈴木の組閣の相談役となった岡田は自分の姻戚の迫水久常を書記官長に推していた。

だが、いざというときの治安の要は木戸はしっかり自分の部下たちで押さえた。安倍源基《げんき》を内務大臣にし、町村金五を警視総監にした。木戸はずっと安倍に目をかけてきた。現在、五十一歳になる安倍は木戸閥の主柱となる長州の出身だ。内務省警察畑を歩いてきた安倍は木戸の重要な情報源だった。安倍は内務省から企画院に出向し、企画院が軍需省となった昭和十八年に退任していた。四十五歳になる町村は北海道の出身だが、木戸とは気心が通じている。町村は内務省から宮内省に派遣され、湯浅倉平宮内大臣の秘書官となっていたとき、二・二六事件に遭遇した。そのときに内大臣秘書官長だった木戸は町村を高く評価し、昭和十四年前半に内務大臣となったとき、町村を自分の秘書官にした。そしてこの四月九日、新潟県知事になってまだ二カ月がたったばかりの町村を東京にもってこさせ、警視総監にしたのだ。新内務大臣の安倍に指示してのことなのは言うまでもない。

米内や松平になにがわかっているのか、私は万全の用意をしていたのだと木戸は重ねて独語するにちがいない。五月二日には重ねて重光葵と協議したのだと木戸は言うだろう。ヨーロッパの戦いは向こう十日足らずのうちに終わる。アメリカは日本に降伏を呼びかけてくるだろうか、起きる出来事の発生を予測し、どのように対応したらよいか、その相談をしたのだ。

アメリカの声明は真剣さを欠いた当座しのぎだった。そこでソ連に和平の仲介を求める基本政策に立ち戻り、天皇の親書を携行する特使をモスクワに派遣する計画をたてたのだ。私は万全の準備をしてきたのだ。そのように独語したのであれば、かれはさらにつぎのように呟いたであろうか。そのためには都留重人をモスクワに行かせることまでしたのだ。帰国したかれの報告を聞き、成功の可能性があると確信したからこそ、収拾案をつくったのだ。

松平と米内にたいする木戸の怒りはまだ収まらなかったに相違ない。毎月曜日、松平大臣の部屋で侍従長、武官長を交えて会食してきたのは、なんのためだったか。松平大臣は私に言いたいことがあるのなら、どうしてそのときに私に言わなかったのだ。

しかし、木戸がはっきり承知していることがある。得意になっている余裕はないし、松平と米内にたいして、お前たちになにがわかっているのだと怒っている場合でもないということだ。

なぜなのか。

前につぎのように叙述したことがある。「昭和十六年十月に内大臣は陛下に向かって、アメリカとの戦いは絶対にしてはならない、どのような代償を払っても回避しなければならないと言上しなかった。その結果はどうか。『皇室の抹消』と敵に公然と言われる始末になっている。木戸には陛下にたいして深い罪障感があるからこそ、陛下に向かって降伏しなければならないとはっきり言上できないでいるのだ(17)」

やっとのことで木戸は天皇に降伏しなければなりませんと言上した。そこでかれがかれの執務室の中で密かに揮《ふる》ってきた力のことになる。これが重大な問題となる。いまただちにということではないが、このさき、恐らくは半年か、一年あとに持ちだされ、責めたてられることになる。言わずとしれて、昭和十六年にかれが冒した過ちだ。かれはこれまでに松平恒雄からも、米内光政からも、近衛文麿からも、かれが冒したその大きな過ちを指弾されなかった。だれからも指摘、批判されなかったわけではない。前に見たとおり、昨年の七月七日、木戸は高松宮から、昭和十六年十一月三十日にしてしまった取り返しのつかない過ちの非を打たれ、今年の二月二十日には皇太后からも昭和十六年のかれの過ちを難詰されたはずだ。なるほど昭和十六年のかれの過ちを高松宮、皇太后が批判したという出来事を記した日記や記録、文書はない。だが、間違いなく木戸は高松宮と皇太后にかれの戦争責任を取り上げられ、厳しく糾弾されたのである。

前に二度、三度と記述した課題だが、それに構わず、重複を厭うことなく、もう一回繰り返す。高松宮が木戸を招いた日の日記に綴った「組織がその本当の作用をしなくなったとき」とは、高松宮はそのあとになんの説明も加えていないが、海軍の最高責任者である軍令部総長と海軍大臣が目先の海軍の名誉を守ろうとして、対米戦争をしたくない、負ける戦いをしてはならないという本心を天皇に言上できず、公式の会議でもそれを口にできない状況を指した。だからこそ、連合艦隊司令長官が戦争反対を上奏したいと願いでようとしたのではないかと高松宮は迫り、どうして「聖断」を願う山本長官の念願を無視するようにとお上に言上してしまったのかと木戸を糾問したのだ。負けるとわかっていた戦いをやらせてしまった唯一の責任者は、ほかのだれでもない、内大臣のお前だぞと糾弾したのだ。

木戸は大いに慌て、うろたえたからこそ、その日、そのときまで抱いていた東条内閣を擁護するといった考えを素早く捨て、かれ自身が東条内閣打倒の先頭に立つといった鉄面皮ぶりを見せ、それればかりか、かれは戦いを終わりにすることについて考えをめぐらしているのだと近衛に向かって口にすることになり、天皇の譲位を考えていると洩らすことにもなったのである。

つぎに皇太后のことになる。ここでも前に記述したことを二応三応と繰り返す。皇太后は心労の途切れることのないこの三十数年のあいだ、皇室の安泰のためにしなければならないことをするように努め、してはならないことをしないようにとつねに注意を払ってきた。ところが、その努力の積み重ねを一挙に打ち壊してしまったのが内大臣だった。皇太后は高松宮と秩父宮妃から、昭和十六年に木戸がした過ち、しなかった過ちのすべてを聞き知っていたはずであり、その戦争責任者が昨年の七月に近衛に向かって、譲位や摂政といった問題を恥知らずに語ったという事実も承知していたにちがいない。当然ながら皇太后は木戸を嫌ってきた。秘密は保たれてきているが、皇太后は木戸を嫌いというどころか、憎しみの感情を持ってきたはずである。皇太后は今年の一月末に木戸を呼ぶことなく、女官長を通じ、天皇にこの戦争をやめることはできないのかと問うた。この戦争を一日も早くやめなければならないと説いた三島の山本玄峰の主張を再三考えてのことであったのだろうし、グルー前駐日大使の考えと百八十度異なる「日本処理案」の発表に驚愕したことも重なって、牧野伯と近衛公をお召しになり、二人の考えを聞いたらどうかと説いた。グルー前大使の回想録、『滞日十年』のなかで挙げた信頼できる日本人の友人が牧野と近衛だということを皇太后は承知したうえでの天皇への提言だった。その二人だけの上奏とせず、平沼騏一郎から東条英機までの「重臣上奏」としたのは、なにごとが宮廷で起きているのかと陸軍の資料調査部の密偵がうろたえ、慌てるのを防止しようとしての木戸が仕組んだ細工であった。そこで二月十四日の近衛の上奏、十九日の牧野の上奏が終わった二月二十日、二人の奉答内容を木戸は皇太后に報告に赴いた。四年前に自分がしてしまったことを皇太后から今日こそ厳しく批判、非難されると木戸は覚悟を決めていたはずだ。かれは途切れがちに弁解し、いまただちにこの戦いを終わりにできないと説明したのであろう。

　木戸が恐れていたとおり、皇太后はそれまでずっと我慢をつづけてきたかずかずの怒りを爆発させたのではなかったか。皇太后はかれを、どのように責め立てたのであろう。内府、あなたは宮廷内でお上を輔弼する責任を持つたったひとりの責任者であったはずだと言い、それにもかかわらず、あなたはあの年に戦争を避けるためにまったくなにもしなかったというではないかと詰責し、私はまことに悔しく思っていると傷心を語り、強気で聞こえる皇太后の言葉の最後は涙声になり、木戸は頭を下げたままだったのではなかったたか。

ところで、もう一度繰り返さねばならないが、高松宮と皇太后が内大臣に面と向かって、批判したこと、かれの戦争責任を糾弾したことは外に洩らされることはなかった。そして近衛文麿は木戸の昭和十六年九月、十月の過ちを覚書に記すことをしていたとしても、門外不出にすると決めていよう。松平恒雄は木戸の昭和十六年十月十七日の態度決定の誤りを記した記録を残しているとしても、これまた公開することは絶対あるまい。

もちろん、木戸とかかわりを持ってきたのは、高松宮、皇太后、近衛、松平だけではない。木戸に直接会ったことはなくても、木戸の目に見えない邪魔立てや暗闇からの横槍に気づき、怒りをこらえてきた人は多い。そして日記に木戸にたいする咎めを一行か二行、書いた人がわずかながらいる。

中村正吾が木戸の批判を日記に書いた。かれは朝日新聞の記者であり、小磯内閣の国務大臣だった緒方竹虎の秘書官を務めたことは前に話した。かれは三月八日の日記に内大臣の批判を書いた。対重慶工作をうまく進めれば、アメリカとの戦争を終わりにすることができるにもかかわらず、それを妨害する元凶は内大臣なのだと無念に思っていたときだったのであろう。かれはつぎのように記した。

「内府は陛下の常侍輔弼の枢要な地位を占め、日本の政治を事実上左右している。にもかかわらず内府は責任をとらない態度にあることがこれまでどれだけ日本の政治に大きな不安を与えたか知れない。内府が責任をとらないことは、政治を混乱せしめるものである[18]」

中村は筆を抑えた。「どれだけ日本の政治に大きな不安を与えたか」と書いたのだが、「どれだけ日本の政治に大きな災いを与えたか」と書きたいのが本心だったにちがいない。それはともかく、このような批判は中村正吾ひとりのものではなかった。かれはかれの上司の緒方竹虎と話す折、木戸にたいするこのような非難を聞いたことは一度にとどまらなかったはずだ。そして緒方を信頼している東久邇宮が昭和十六年に木戸の冒した大きな間違いを中村の前で語ったこともあるはずだ。だが、緒方竹虎はそれを記録せず、東久邇宮は日記にそれを記すことなく、中村も日記に書き残していない。

木戸が持っている選択決定の力とかれが冒した大きな過ちを記録した人はわずかだと述べたばかりだが、そのわずかなひとり、富田健治が語った木戸にたいする非難を書き留めたのは高木惣吉である。

富田健治については前に何回か記してきたが、かれの経歴をここで述べておこう。富田は昭和十五年から十六年十月までの第二次、第三次近衛内閣の内閣書記官長だった。風見章が昭和十二年に第一次近衛内閣の内閣書記官長となったとき、近衛の友人、部下、新聞記者までがその予想外の人選にびっくりしたということは前に記した。風見は地方新聞出身の衆議院議員だったが、昭和十五年に富田が書記官長となったときも、だれもが驚いた。富田は内務省の出身、内務三役のひとつ、警保局長をやり、そのあと長野県知事となっていたが、中央ではまだ無名の存在だった。長野県知事は夏のあいだに軽井沢に住まいを移している高位高官を表敬訪問するのがひとつの職責だった。そのときに富田は近衛の眼鏡に適った。昭和十六年十月に第三次近衛内閣が退陣したあとも、富田は近衛の側近のひとりである。かれは四十七歳になる。現在、かれも疎開しているが、移ったのは夏の住まいのある平塚だから、小田原の近衛を訪ねるのはさほど面倒ではない。直接、近衛に会わなくても、鎌倉に住む細川護貞とも連絡を取るのに便利だ。そして富田が連絡を欠かさないのは米内海軍大臣の知恵袋の高木惣吉だ。高木の住まいは茅ヶ崎中海岸だ。貴族院勅選議員の富田のほうが暇だから、かれが高木の家を訪ねることにしている。自転車で二十分ほどだ。ときには馬入川《ばにゅうがわ》の橋の上で二人が落ち合うこともある。

今日、七月二日、富田は高木の家まで行った。富田は近衛が語った話を高木に話した。ソ連に和平の仲介を求めるために特使を派遣するが、自分が行ってもいいと木戸は近衛に言ったという話をしたあと、富田は高木に木戸の批判を語った。

近衛が昨年八月に東郷茂徳に向かって第三次近衛内閣のときの日米外交の経緯を語り、

この二月に天羽英二にこれまた同じ問題を説明したときに、木戸を批判しなかったことは前に記述した。近衛は自分の地位と影響力を考えてのことであったにちがいない。だが、富田は自分にそのような自制の必要はないと思っている。そして内閣書記官長のポストにいて、重要な政策決定にかかわっていたから、内大臣がどのような間違いをしたかはっきり承知している。そして木戸が冒した過ちを思いだせば、憤りが先に立つことになる。内閣書記官長だったからだといえば、小磯内閣で最後の翰長、木戸の横暴に憤激していた石渡荘太郎が同じである。前に記したことだが、三月十日の空襲の夜、首相官邸の防空壕のなかで石渡は小磯首相に向かって、「木戸は東条内閣の奏薦者として責任をとるべきなのに、東条内閣の打倒の殊勲者然として自省するところがありません」(19)と指弾したのだった。

高木は富田の木戸にたいする咎め立てをノートに書き写した。「木戸の対蘇交渉出馬の底意は、大東亜戦争の張本人たる東条を推薦し、且東条と可なり深き関係にありしが、戦局の推移に伴い東条とは絶縁せしものの、陛下を擁して斯くの如き情況に立到らしめたる最大の責任者なれば、国内的にも対外的にも有力たる戦争責任者たるを免れず。

当人も其点を顧み、陸軍を抑え転換を自ら先頭したりとの実を挙げんと心懸け居る為め、右の如き気持ちも生じ来るに非ずや。従って其の信念的意見が那辺にありや疑問にして……」(20)

高木は富田が戦争終結にやっと踏みだした木戸の動機の不純さを指摘するのを聞きながら、待てよと思ったにちがいない。ただちに思い浮かぶことがあるはずだ。半月前の六月十四日の午後、高木は内大臣秘書官長の松平康昌と会ったとき、松平は木戸内大臣が口にした言葉を語った。高木は松平から聞いたその不可解な内大臣の台詞を富田に告げたにちがいない。

木戸は松平になんと語ったのか。それを記すのはあとにして、木戸がこれまでにしたことをもう一度、復習したい。

木戸幸一と田中新一、この二人がいて

木戸が冒した大きな間違いを富田健治は高木惣吉に語って、東条英機を首相に推したことだと言った。富田だけではない。見てきたとおり、石渡荘太郎もそれを取り上げた。富田、石渡だけではない。だれも書き残してはいないが、永野修身も、米内光政も、松平恒雄も、松平康昌も、秩父宮も、高松宮も、それこそがかれの冒した大きな間違いだったとそれだけは口にすることになろう。だが、木戸が昭和十六年に冒した大きな間違いは、近衛を逐っただけではなかった。かれはその年の夏から秋にかけて、いくつもの間違い、取り返しのつかない間違いを冒した。

ところで、昭和十六年に木戸と同じ大きな過ちを冒した人物がもうひとりいた。

木戸と並べなければならないのは田中新一である。今日、七月二日、田中はサイゴンの陸軍病院に入院して一カ月になる。田中は昨年九月にビルマ方面軍の参謀長となった。それから七カ月、負け戦、撤退、退却の戦いをつづけ、その揚げ句、軍司令官の木村兵太郎がラングーンからタイ国境に近いモールメンへ逃げ、その三日あと、田中もまた飛行機でラングーンを脱出した。モールメンに移った田中にたいして五月二十三日に内地への帰還命令がでた。東北軍管区司令部付きとなり、東北地方の防衛のために弘前に新設される軍司令官になる予定だった。五月三十一日にかれの乗った飛行機がプノンペンの近くで事故を起こし、かれは重傷を負った。

さて、田中がなにをしてきたのかについては、これまで何回も記述した[21]。前に記さなかったことをここで記さなければならない。田中新一と木戸幸一が奇怪な盟友関係にあったという事実だ。木戸と重光葵が政治的盟友の仲だとは前に何度か記した。だが、実際にその二人が協力して、なにをやったかといえば、小磯内閣を倒したことだけに終わった。木戸と近衛の関係はどうであろう。二人は長い交友があり、政治的盟友の間柄にあったと言ってよかろう。だが、日本の運命を決する昭和十六年八月から十月までのあいだ、木戸は対米戦を回避しようとするすべての論議、行動にはっきり背を向けた。その年に木戸が政治的盟友としての絆を結んだのは田中新一だった。

そう言ったら、第二次、第三次近衛内閣の大番頭だった富田健治が、東条陸軍大臣のもとで軍務局長だった佐藤賢了が、内大臣秘書官長の松平康昌が、それはおかしいと言いだすことになろう。そのとおり、この二人が会ったのはたった一度だけであり、田中が木戸にごくごく小さな問題を頼みにいっただけのことであり、木戸が内大臣になるずっと以前のことだった(22)。ソ連と戦うのか、戦わないのか、その局面から暗転して、アメリカと戦うのか、その戦いを回避するのかという日本の運命を決する昭和十六年の重大な五カ月のあいだ、木戸と田中が連絡を取り合ったことは、公的であれ、私的であれ、まったくなかった。だが、そのとき木戸の政治的盟友は間違いなく田中新一だった。この奇怪なコンビの年齢を記しておこう。木戸はそのとき五十二歳、田中は四十九歳だった。

好戦派のうちの好戦派、いかなる形であれ軍事冒険が大好きな田中は、ご多分に洩れず、戦場で下級指揮官として戦ったことはなかった。草原の壕に潜み、敵の戦車群をやりすごしたといった経験もなければ、迫撃砲弾が着弾し、部下たちが爆死するただなかにいたという体験もなかった。流血や屍体とは無縁な豪傑だった。田中は昭和十二年三月から十四年二月まで陸軍省の軍事課長だった。軍務課長と違い、軍事課長は外界とはめったに接触しない。そのあと外地勤務、昭和十五年十月から昭和十八年はじめまで参謀本部の第一部長であり、これまた政官界とは無縁なポストだった。だが、木戸はこの十年、松井成勲(23)を定期的に自宅に呼んでいた。陸軍情報を木戸へ伝達することを仕事にしてきた松井は、田中軍事課長、田中第一部長の名前を毎回、口にしたはずであった。そこで田中の強硬、強引な性格、そしてかれが陸軍中央でどれほど大きな力を持っているか、なによりも陸軍の戦争方針を定める最大の実力者なのだという事実を木戸は内大臣になる前から、聞き知っていたはずである。

ビルマ駐在大使だった石射《いしい》猪太郎は、昨年からの田中のことならよく知っている。石射は昭和十五年末からブラジル大使となり、交換船で十七年に帰国したことから、昭和十六年に田中がなにをやったのかは知らなかったのかもしれない。だが、石射がラングーンを脱出するこの二カ月前の四月までなら、何回か田中と顔を合わせたことがあり、かれについての噂を大使館の部下、田中の下の参謀から聞き、田中の威力は全方面軍を圧し、軍司令官がかれの前では権威がないことを聞き知っていた㉔。年齢は木村兵太郎が五十六歳、昭和十六年の田中の年を前に記したが、現在は五十二歳になる。

そしてたちまちのうちに大敗北を引き起こすことになったおよそ無謀な作戦の統帥責任者がその参謀長であったことも、石射は承知している。石射がまず驚いたのは、まだはじめていない戦いを田中が「イラワジ河畔の会戦」と呼んでいたことだった。「三帝会戦」も、「ウォーターローの戦い」も「日本海海戦」も歴史が与えた呼称であって、作戦策定者が事前に与えた名称ではないと歴史好きの石射は部下に語り、田中方面軍参謀長の作戦計画の内容は甘いものにちがいないと言ったのだった㉕。

戦場となる「イラワジ河畔」はマンダレーの南で直角に西に曲がるイラワジ河の北岸だ。この地域は雨が少なく、沙漠状の平坦な大平原である。第三十三軍高級参謀の辻政信が会戦の予定地に来て「来てみるとここはノモンハン以上だな」と言った(26)。辻は田中参謀長に随行していた。ここを戦場と決定したら、ノモンハンの戦いの二の舞いになりますと辻は田中に諫言しなかったのか。六年前に辻は関東軍参謀であり、もうひとり、服部卓四郎参謀とともにノモンハン大敗の最大の責任者だったのである。

「イラワジ河畔」は、英国軍の戦闘機と戦車集団にとって演習場も同じ、おあつらえ向きの戦場だった。そこで英国軍の偵察機はこちらの布陣をすべて正確に把握できた。それにたいして、「イラワジ河畔の会戦」の主役となるはずの第三十三軍も、第十五軍も、それぞれ敗北と敗退をつづけたあとの戦いであり、いずれの師団も三分の一から四分の一に兵員は減じ、生きのびた兵士たちはマラリアに冒されていた。そして砲も、弾薬も決定的に不足し、なによりも七十五ミリ砲を振りかざし前進してくる敵のM４戦車を迎え撃つ対戦車砲を持っていなかった。第三十三軍司令部が、辻政信の意見を含めてのことであろうが、南に後退すべきだと説き、戦線を収縮すべきだと説いていたのは、当然な判断だった。だが、俺がすべてを決める、口出しは許さないといった田中が相手であっては、どうにもならなかった。田中の頭のなかの計画だけで「会戦」は強行された。

第三十一師団第五十八連隊の連隊旗手であった高原友生はインパール作戦に参加し、

敗退のあと、この「イラワジ河畔の会戦」に加わっていた。敵軍はたちまちイラワジ河を渡り、それから数時間あとには、敵の戦車がかれの詰めていた師団司令部のすぐ近くまで侵入してきた。各師団は混乱のうちに敗走し、「イラワジ河畔の会戦」は数日のうちに終わり、それから二カ月足らずあとにはラングーンの失陥となる。

昭和十二年七月に戻ろう。蘆溝橋で小競り合いが起きたとき、どう対応するかで陸軍中央内で意見が分かれ、多くの部局員が態度を決めかねていた。そのとき、一撃論を唱え、即時動員を強く言い立て、反対する者を黙らせてしまったのが、無類の押しの強さを早くも発揮していた田中だった。(27)かれの思い通りとなった。

そのあとも同じだった。翌昭和十三年の初夏になれば、田中は漢口、武昌作戦を実施させようとして活動した。参謀本部と陸軍省の多数意見は戦線の拡大に反対だったが、またも田中が周囲を威圧して、自分の強硬論を押し通した。昭和十四年五月にノモンハンで戦いがはじまったときに、田中は駐蒙軍の参謀長だった。司令部は張家口にあった。では、田中は好戦派の本領を発揮できずに悶々と日々を過ごしていたのか。

駐蒙軍の西を守る作戦制限線の外に五原《ごげん》という小さな町が沙漠のなかにある。灌漑設備が整っていることから、農耕地がその周辺に拡がり、蔣介石の国民政府軍がここを前哨基地にしていた。駐蒙軍の司令官は岡部直三郎だった。現在は華中の漢口の第六方面軍の司令官だ。理性的な作戦家だとだれもが高く買っている。昭和十八年に陸軍大学の校長だったときに、必要なときに退却するのは当たり前だ、ほかの言葉に言い換えるような姑息なことをするなと学生たちを戒めたのだった[28]。岡部は駐蒙軍の全兵力が少ないことから、五原の敵軍を叩くことは許可しても、その最西端の小さな町に駐留軍をとどめることを許さなかった。

ところが、参謀長の田中は軍司令官の方針、その考えに従うつもりはまったくなかった。俺がやれと言っているのだと声を荒らげ、そこここで煽動、脅して回り、日系の顧問がいる蒙古軍と日系の警察隊、特務機関員を無理矢理に五原に置かせてしまった。昭和十五年三月、国民政府軍の急襲を受け、蒙古軍は逃げ去り、残る日本人百五十人は全滅した。岡部は勝手な行動をとった田中を譴責処分にした[29]。それが昭和十五年の五月三日だった。それから三カ月あとに田中は参謀本部付きとなり、十月十日に第一部長に栄転した。

「あいつがあそこへ行くとなにかやるぜ」と田中新一が新しいポストに就くと同輩、後輩たちが必ず洩らした台詞だった[30]。田中は陸軍士官学校二十五期の出身だった。同期生のなかでもうひとりそのように言われたのが、これまた傑物といわれた武藤章だった。同期生だが、かれは田中とはまったく違った。視野はひろく、頭脳は柔軟だった。一度たてた政策を変更し、カメレオンと陰で言われても平然としていた。かれは対米戦争に反対をつづけた。第一部長の田中ひとりが相手なら、陸軍を対米戦争に引きずり込ませなかったに相違ない。だが、田中が事実上、木戸と組んでいるのでは、武藤に勝ち目はなかった。昭和十六年十月半ば、木戸が再度、近衛を選ぶことなく、東条を選んだとき、だれよりも早く、木戸の肚をはっきり見抜き、すべてが終わったと考えを切り換えたのが武藤だった。かれが現在、山下奉文軍司令官とプログ山の麓の軍司令部にいることは前に記した。

武藤、あるいは田中が新しいポストに就き、陸軍省内、参謀本部内で「なにかやるぜ」と言われた話に戻るなら、かれらが外地に派遣されれば、省部の先輩、同輩としめし合わせ、なにかをしでかしたのだし、参謀本部、陸軍省の重要ポストに就けば、今度は新京、北京、南京に派遣されている先輩、同輩に指図をして、なにかをやらせたのだった。

だが、田中新一が武藤章と大きく違ったのは、見てきた通り、およそ類のない好戦性の持ち主であり、剛愎《ごうふく》不遜な性格であることだ。田中のそのような危険きわまりない特性を優点と見なし、長所として捉えたのが、ヨーロッパの戦争の行く先が皆目わかりかね、アメリカがなにをするかまったく予断を許さないまさにそのとき、参謀次長から参謀総長になったばかりの杉山元だった。「あいつがあそこへ行くとなにかやるぜ」では済まない陸軍のもっとも肝要な部署、というよりは日本の死命を制する機関に、杉山は日本で最高に不吉な男を据えてしまった。

昭和十六年六月二十二日に独ソ戦争がはじまった。戦えと叫び、討つべしと説き、大動員をしなければならぬと主張し、それに反対する課長たち、日和見の局長たちを圧倒したのは、当然ながら田中だった。蘆溝橋事件にはじまって、武漢作戦、そして対ソ戦のための大動員、つねにかれの提唱どおりになるのは、次長、次官、ほかの部局長の力が弱いからなのであった。

ここで前に記述しなかったこと、前には気づかなかったが、いまになって気づいたことを記さなければならない。

海軍省と軍令部の幹部たちは陸軍の宿願であるソ連との戦いに表立って反対はできなかったが、その本心はといえば、ひとり残らず反対だった。大きな懸念がいくつもあった。ロシアの冬が到来するまでにドイツ軍はソ連の体制を崩壊させることができるのだろうか。陸軍の極東ロシアでの戦いは、その昔のシベリア出兵、それとも第二の支那事変になってしまわないのか。いちばん恐ろしいことはまたべつにあった。日本がソ連と戦いをはじめてしまったあと、アメリカが日本に経済封鎖を仕掛けてきたら、打つ手がまったくないまま、ソ連ばかりか、アメリカまでが敵となってしまうことだった。

そして海軍幹部のだれもが懸念し、恐れたのはソ連であるはずはなく、アメリカでもなかった。永野修身とかれの部下たちが苦慮し、恐れたのは参謀本部第一部長の田中新一の存在だった。公然と口にすることはできず、日誌にそのような不安、警戒を記した海軍軍人が軍令部、海軍省にいたか、いなかったかは知らないが、かれらが恐れたのはつぎのようなことであったはずだ。田中新一は見境のない軍事冒険家だ。しかも指揮系統など鼻もひっかけない傍若無人の乱暴者だ。あのような男があろうことか陸軍統帥部の作戦部長の椅子にいる。そしてソ連と戦争をするのだと叫び、八十五万の大動員をはじめてしまった。満洲国境にその大軍の展開のおおよそが終わる八月はじめには、あの男のことだ、満洲国境を越えてソ連軍が侵攻してきたといった嘘をでっち上げ、開戦に持ち込むのは目に見えている。

急がねばならなかった。永野修身は重大な決意をし、南部仏印への進駐を声高に唱えはじめた。独ソ戦争がはじまり、ソ連が満洲国境で戦いを仕掛けてくる恐れはなくなり、いまこそ、南方問題を解決すべきだと説く人びとが増えていたときだった。ドイツの保護国となっているフランスのヴィシー政権との交渉は訳はなかった。そのあとサイゴンに航空隊を送り込み、シンガポールと蘭領東印度に睨みをきかせれば、石油を供給させる交渉は容易にまとまる。このように説くことだった。対ソ戦に不安を持っている陸軍の幹部たち、田中部長に面と歯向かうことができず、胸中の反対主張を口にだせないでいる連中が「南進」の主張に与するようになるだろう。軍令部総長の永野修身がこのような見通しをたてたことは間違いない。

だが、日本が北部仏印に進駐したとき、アメリカは航空機用燃料と高級の鉄鋼、くず鉄の日本への輸出を止めた。それから一年がたつばかりだ。南部仏印進駐の交渉をフランス政府とはじめることになれば、アメリカは黙っていまい。日本にたいして最後の切り札を投じるだろう。石油の禁輸にでるのではないか。

永野は重大な決意をしたのだと前に記した。かれはアメリカが日本にたいして経済戦争に踏み切ると推量し、その覚悟をしていたはずだ。だが、アメリカが日本にたいして経済封鎖を仕掛けてきてこそ、陸軍に極東ロシアにおける戦争を完全に思いとどまらせることができる。そして南部仏印進駐がもたらすアメリカの経済制裁であれば、ソ連との戦争をはじめてしまったあとにアメリカから経済制裁を受けるのと違って、経済封鎖を解除させるためにアメリカ相手の外交交渉は充分に成算がある。永野はこのように読んで、それまで反対していた南部仏印進駐をやるべきだと積極的に説くことにしたのであろう。

なぜ、永野はそのように考えたのか。アメリカとの戦争になるはずはない、宮廷が絶対に反対すると永野は確信していた。なぜだったのか。昭和七年の上海事件、つぎに昭和十二年にパネー号事件が起きたとき、アメリカは日本にたいして武力干渉にでるか、経済制裁に踏み切るのではないかと海軍の幹部は恐れたのだが、そのとき天皇の困惑と皇太后の心配がただならぬものであったことは、二つの事件がともに海軍の責任地域の上海が火元であったことから、そして一度目は永野が軍令部出仕であったとき、二度目は海軍大臣辞任のあとに連合艦隊司令長官となっていたときのことであり、かれの胸中に鮮明に焼きついていた事柄だったのである。

さて、南部仏印進駐ははたしてアメリカの経済封鎖を呼び込んだ。陸軍中央の幹部たちは石油輸入の途絶をなによりも恐れる海軍が南部仏印進駐を声高に叫びはじめていたことから、アメリカが経済封鎖を仕掛けてくる恐れなどすっかり忘れていたのだが、見てきたとおり、永野修身ははじめからしっかり見極めていたことであったのは間違いなかった。そして永野が予測していたとおり、陸軍は対ソ戦を断念した。さらに戦争狂いの田中新一がソ連との戦争を思いとどまったあと、たちまちアメリカ、英国との戦争の主唱者に転換したことも、永野は充分に見抜いていたことであったにちがいない。アメリカの経済制裁が日本の経済界を大きく揺さぶり、全株価が暴落し、新東株が大恐慌の底の昭和六年の最安値まで落ち込んでしまうことも(31)、永野が予知していた事態であったのは間違いない。

ところが、永野がこれこそ百パーセント間違いないと確信していた一番肝要な予測がまったく当たらないという眼がくらむような現実にぶつかった。その前年の昭和十五年六月に宮廷最高の地位に就いた、三代の天皇と父、祖父の代から密接な繋がりを持ってきた木戸家の嫡男、そしてまことに堅実な男と評価されてきた人物が、日本の国体、そして皇室がどうなってしまうだろうと思いあぐねることなく、天皇が配流《はいる》されることも起こりうるといった悪夢に夜半、うなされることもなく、大正十年代生まれの若者、十一年生まれ、十二年生まれ、十三年生まれ、かれの息子と同じ年の青年たちがどれだけ死ぬのだろうかと明け方まで胸苦しさに何回も掛け布団をはいで起きあがることもなく、ヒトラーのドイツの勝利にただひとつの望みを懸け、アメリカとの戦争をどうあっても避けようとしないという恐ろしいかぎりの事実だった。

木戸は他に比べる者とてない主戦論者だった。田中新一が木戸と奇妙、奇怪な政治的盟友の仲にあり、寸分わかちがたく結びついていたのだと前に述べたのは、こういった訳からだった。ところで、もう少し田中がやったことを記さなければならない。

連合艦隊司令長官の山本五十六が、昭和十五年、そして十六年に、「中型攻撃機一千機、戦闘機一千機なしに戦争はできぬ」と主張していたことを、田中と木戸はまったく知らない、知るはずがないではないかと今になれば誤魔化しを言うことになろうが、もちろん、二人ともにアメリカとの戦争がはじまる前にそれを知っていたはずである。参謀本部第一部長の田中は当然、戦争前に日本側の戦略的に重大な欠陥がわかっていなければならなかった。そして海軍首脳は内大臣のアメリカとの戦争もいたしかたないとする理解に苦しむ態度を変えさせようとしたにちがいない。山本五十六はたとえば堀悌吉、あるいは左近司政三といった理性派の退役海軍将官に依頼して、日本海軍が長期戦を勝ち抜くことができる航空戦力を持っていないという事実を内大臣に伝えさせ、もちろん、日本陸軍の航空機は太平洋の海上で戦うことはできない、劣勢な海軍航空隊のみで、アメリカ陸軍と海軍双方の航空部隊と戦う羽目になると説明させるようにしたはずであった。

山本五十六は海軍航空部隊が太平洋の戦いの中心になると未来の戦いを的確に把握していた。戦闘機と爆撃機の生産能力を三倍、五倍としない限り、アメリカと戦争をやってはならないと説いていた。ところが、飛行機の増産がおぼつかず、パイロットの大量養成もできず、それこそお先真っ暗という事実に目をつぶり、田中は無闇矢鱈と戦争をしたがり、木戸は避戦の妨害にこれ努めた。

対ソ戦争をどうあっても阻止しようとして永野修身が試みた大機略は、木戸幸一が対米戦争を恐れないがために、その戦争を引き寄せてしまう結果となり、その戦いを絶対にしてはならないと説いた山本五十六の努力は、木戸にはまったく通じなかった。

日本がアメリカにたいして戦う力を持っていたのは、山本が開戦前に繰り返し説いたとおり、開戦から一年足らずのあいだだけであり、昭和十七年十月のガダルカナル水域の戦いが、勝利から頽勢へと下る分水嶺となった。なるほどその十月、アメリカ軍は危機的状況にあった。アメリカ側は南太平洋の航空戦力のすべてをガダルカナルにつぎ込んだ。日本海軍も総力をふりしぼり、ガダルカナルで戦った。結局、航空機の損失をただちに埋めることができ、パイロットをこれまた間をおかずに補充できる力量の差がすべてを決した。戦争前に山本五十六が警告したとおり、かれの海軍は航空撃滅戦を勝ち抜くことができなかった。

十一月にガダルカナル水域で十一隻の輸送船団が壊滅した。ほかに八隻、一万総トンから五千総トンまでの輸送船、総計十三万六千総トンが沈められた。昭和十七年の一カ月の輸送船の平均建造量は三万五千トンだった。輸送船がなければ、船、飛行機、兵器をつくることができない。鉄鉱石を八幡に、ボーキサイトを清水に輸送することができなくなる。明日のことはまったく考えず、輸送船団を仕立てても、充分な航空部隊の擁護なしに、ガダルカナルに増援部隊を上陸させ、弾薬、食糧の輸送をつづけることは不可能だった。

そこで語らなければならない本題に入る。その年、昭和十七年十二月五日、つづく六日に田中新一が引き起こした騒動のことになる。政府は何日にもわたって論議をつづけていた。ガダルカナル島からは撤兵、後退する以外になかった。十二月五日、臨時閣議を開き、陸軍の徴傭船舶を削減することをやっと決め、ガダルカナルからは撤退するという暗黙の了解ができた。午後十時すぎ、軍務局長の佐藤賢了が官舎に戻ると電話がかかってきて、参謀次長の官舎に来て、説明をしてくれと言ってきた。参謀次長、第一部長、課長、部員たちは酒を飲んでいた。すでにかれらは企画院総裁の鈴木貞一からの電話で閣議で決まったことを承知していた。佐藤が説明をはじめようとすると田中が罵声を浴びせた。酔っている相手に説明をつづけてもしようがないと思って、立ち上がろうとした。うしろから種村佐孝が押し戻した。席に座ると田中が軍刀を抜こうとした。横にいた者が慌てて止めるという芝居がかった騒ぎがあったあと、田中が乗りだしてきて、佐藤を殴った。佐藤はびっくりしたが、殴り返した。参謀次長の田辺盛武が冷静に話せと止めに入った。田中が「あなたは黙っておれ」と押し返した。そのあいだに佐藤は部屋をでた。(32)

陸軍省に戻った佐藤が西浦と真田の軍事課長、軍務課長にいましがた起こったことを語った。佐藤がのちのちまで忘れることがなかったのは、温厚、誠実な人柄の西浦が色をなし、「局長、殴り返されたでしょうね」と問うたことだった。(33)

翌十二月六日、首相官邸の夜の会議が遅くなった。東条大臣、次官の木村兵太郎、軍務局長の佐藤賢了、人事局長の富永恭次がいた。田中が訴えたいことがあると電話をしてきた。佐藤が田辺盛武参謀次長に電話をかけ、来させないようにしてくれと頼んだのだが、気弱な田辺は部下の田中を押さえる力がなかった。午後十一時半、首相官邸に田中がやって来た。三十分ほど、田中は理屈にならない理屈を喋りまくった。どのような説明をしても、納得するつもりは毛頭ないのだから、だれもなにも言わなかった。「馬鹿ものども」と田中が次官、局長たちに向かって叫んだ。東条が立ち上がり、「なにを言いますか」と叱った。そのあと人事局長の富永が参謀総長の杉山元を訪ね、第一部長を処分することについての同意を求めた。翌七日、東条は杉山と協議し、第一部長の罷免、重謹慎十五日、そのあと南方総軍司令部付けとした。

田中が首相官邸に乗り込んできたとき、軍事課長の西浦進は会議室の外の廊下の椅子に座っていた。ほかに首相秘書官の赤松貞雄と参謀本部戦争指導班長の種村佐孝もいた。そのあと種村は田中への世辞を日記に書いた。「重盛の父清盛に対する忠言に等しく[34]」

田中が大臣や次官にまくしたてた「ガ島」奪取の空虚な抗弁[35]が平重盛の「忠言」であろうはずはなかった。大臣や次官、局長の前での田中の振る舞いをまことに笑止千万だと思ったのは西浦進だった。困難な局面に直面して、中止すべき作戦を中止しようとする勇気がないばかりか、このさきも当然背負いつづけなければならない責任が田中にはあるにもかかわらず、いまこの機会にこの重荷を放りだしてしまおうとして、ふざけた芝居をやったのだと西浦は憤慨したのである[36]。恐らく西浦はそのあと上司の佐藤賢了に自分の憤懣を語り、田中部長のあのような行動は責任ある将帥のすることではないと厳しく批判したにちがいない。佐藤はうなずき、なんと言ったのであろう。

田中は蘆溝橋の小競り合いを拡大させ、武漢作戦をやらせてしまい、ソ連と戦えと叫び、戦争への指導的役割をつねに果たしてきた。ところが、かれは自分がはじめさせたアメリカとの戦争が最初の障碍にぶつかったとき、そして、かれがまったく想像していなかった事態に立ち至ったのだと気づいたとき、陋劣《ろうれつ》な演技を繰り返し、第一部長の椅子から逃げだしたのである。

付け加えておこう。「東条英機首相罵倒事件」といった伝説は、東条内閣退陣のあとになれば、おおっぴらに語られるようになった。田中がラングーンにいたときに、料理屋で同席する新聞記者から尋ねられ、それは違うと田中が答え、陸軍大臣に向かってそのような暴言を吐いたのではない、そのときに陸軍次官だった木村兵太郎中将、現在の方面軍司令官に向かって、興奮のあまり、無礼な言葉を口にしてしまった、慙愧のいたりだと頭を下げたのであろうか。とんでもない。「貴様、それでも陸軍大臣か。大馬鹿野郎。一年あとの日本がどうなるかわからんのか[37]」と東条陸相を一喝した憂国の武人の最後の諫言という自慢話となっていた。

昭和十六年に戻る。繰り返すことになるが、田中新一はアメリカと戦うべしと叫びつづけた参謀本部第一部長だった。木戸幸一は対米戦を避けるための努力をなにひとつしなかった内大臣だった。

昭和十六年八月から十一月までのあいだ、戦争を回避する機会が四回、本当はそれ以上あったにもかかわらず、木戸は天皇にそのための助言をまったくしなかったと前に記した。

その四回をもう一度振り返ってみよう。

昭和十六年八月下旬、陸海軍のあいだでつくられようとしている「国策遂行要領」から対米戦争の準備、決意を取り除こうと重大な決意をしたのが軍令部総長の永野修身だった。小手先の小細工に頼り、玉虫色の字句を入れさせることによって、戦争の回避を図ろうとしても、陸軍との交渉の衝となる田中新一の横紙破りを海軍側はとても抑えることができないと思っての決断だった。「国策遂行要領」から対米外交と対米戦争準備の和戦「両論併記」の二本立てをしっかり削除してしまった。八月二十八日、かれは海軍の考えを木戸に訴えた。同等、同格の陸軍と海軍がこのような和戦の重大な問題をめぐって対立したとき、裁定を下すことができるのは天皇ひとりである。天皇の助言者となるはずの侍従武官長は、陸軍から派遣されてきているのだから、天皇の公正な助言者とはなりえない。永野が「常侍輔弼」の責任を負う内大臣の木戸の支持、支援を仰いだのは、ほかに方法は皆無だったからである。そのとき木戸はおよそ不可思議、奇怪きわまる態度をとった。海軍統帥部の最高責任者がアメリカとの戦争を回避したいとその本心を吐露したにもかかわらず、言を左右にし、誤魔化しを並べ、永野が説いたことを無視した。

つぎは昭和十六年九月のことだ。高松宮は対米外交交渉の基本方針の画定に秩父宮を参画させようと考えた。前に記したことだ。秩父宮は参謀本部に勤務のときに、支那事変をただちに止めるべきだと具申をつづけていたのだから、いまこのときこそ、陸軍に反省を迫り、陸軍を正気に戻すことができると考えた。そこで高松宮は木戸に向かって、秩父宮に日米交渉がどのように進んでいるのかを関係閣僚から報告させるようにしたい、このことを天皇へ言上して欲しいと依頼した。だが、木戸が自分と正反対の考えを持つ秩父宮を事実上の第二の内大臣にすることを認めるなど沙汰のかぎりだった。かれは高松宮の願いを葬った。

そして十月十七日だ。東条陸相と中国撤兵の是非をめぐって総辞職した近衛首相を、木戸は再度、首相に選ぼうとはまったく考えなかった。言っておこう。陸軍省軍務局の局員たちは内大臣がアメリカとの戦争には反対のはずだから、近衛首相を再任すると予測していた。軍務局員がなにも気づいていないことがあった。木戸は中国撤兵に絶対に反対だった。そこでかれは近衛を再指名しなかった。

そしてそれから一カ月と十数日あと、アメリカと戦争をすると決める御前会議を開く直前の十一月三十日、山本連合艦隊司令長官が参内したいと願い、それまでだれひとり、天皇に言上できなかったこと、アメリカとの戦争をしてはなりませんと奏上しようとした切願を木戸は封殺した[38]。

永野修身、高松宮、近衛文麿、山本五十六のいずれもが、してはならない対米戦争をするまいと願って、大きな譲歩を覚悟していた。ところが、木戸はいかなる譲歩にも反対だった。かれらの戦争回避のための手だてをすべて葬り去った。これが昭和十六年に木戸がやったことのすべてだった。好戦派のうちの好戦派、参謀本部第一部長の田中新一の願いをかなえたたったひとりの人物、それが内大臣の木戸幸一だった。

さて、今日、昭和二十年七月二日に戻る。赤坂新坂町の木戸の邸が焼かれたあと、かれと妻は同じ新坂町の焼かれていない弟の和田小六の邸内にある貸家に仮寓している。

木戸は弟に向かって、後藤新平の伝記を持っているかと尋ねたのは、六月の十四日のことか、それとも六月二十一日のことだったのであろう。木戸の自分の蔵書はどうなっているのか。このさきどうなってしまうのかと思い悩み、不眠に苦しんだ昭和十八年後半、かれが娘から借りて読んだ「アンナ・カレーニナ」や「ジャン・クリストフ」「戦争と平和」といった長篇の翻訳小説は焼いてしまったのであろうが、かれ自身の蔵書は広瀬久忠に頼み、広瀬の故郷の山梨県塩山の邸に移してあるのかもしれない。木戸家は逗子に別荘を持っているのだが、池子の弾薬庫が近くにあることを木戸は恐れて、家族の疎開地にもしていない(39)。

木戸の書斎の書棚にあった後藤新平伝は、恐らく昭和十年に刊行された全四巻の分厚い豪華本であろう。その伝記は一昨年に普及版がでた。あるいは和田家の書棚にあるのはそれではないのか。木戸が必要としたのは、その伝記のうちの「東京市長篇」である。

「一度敵の反攻成るや匪賊も民衆も翕然《きゅうぜん》として之を迎う」と村田省蔵

今年になって、東京で後藤新平伝をひろげた人はまずいないだろう。川端康成や高見順を中心に鎌倉の作家たちがこの五月一日に店開きをした貸本屋、鎌倉文庫で、同じ表題の本が何冊も並んでいるのは、昭和十三年の夏に刊行され、たちまち百二十万部を売ったといわれる「麦と兵隊」、そのあとに出た「土と兵隊」である。貸本屋開きのために本の供出を頼んだ鎌倉の作家、評論家のどこの家にもそれらの本があって、持ち運ばれてきた。店は休日には横須賀海軍工廠の数多くの分工場で働く若い女性で賑わうのだが、この五月、六月、そのような戦争ものを借りる人は皆無だ。後藤新平伝は戦記ものではないが、「台湾統治篇」、「満洲経営篇」といった副題を見て、敬遠されるのは同じだ。

ところが、今年になって、この後藤新平伝を手にしたのは木戸だけではない。木戸がなぜそれをひろげたのかを説明する前に、この四月にその伝記を読んだ人のことを語ることにしたいが、まずは後藤新平伝について述べておこう。

著者は鶴見祐輔である。かれは衆議院議員だ。鶴見についての説明が必要であろう。「壇上」「紙上」「街上」の人だとかれは自分のことを語った。雄弁家として鳴らしたのが「壇上」の人だ。「明治以来、二十数人の総理大臣と、近江屋の二階で血煙立ててたおれた坂本竜馬とは、どちらが諸君の胸にひびくのでありますか」と語りかける。英語で喋らせても、その発音はともかく、なかなかの能力を示した。つぎに「紙上」の人とはその著作活動だ。時事問題は言うに及ばず、「プルターク英雄伝」「ナポレオン伝」、そして四百版を重ね、何回も映画化された「母」の作者なのでもある。対米戦争がはじまってからも、時事評論を東京新聞を中心にしてほかに月刊誌などに書いてきた。昨年の七月にサイパン島に敵地上部隊が上陸するまでは、かれはまだまだ戦局を楽観していた。だが、そのあとにはかれも日本が敗北すると思うようになっている。今年の二月に東京新聞に時局論を書いてからは、そのあとなにも書いていない。

かれの衆議院議員としての活動が「街上」の人だ。大正十三年に役所を辞めたとき、かれはまだ四十になっていなかった。生まれ故郷の岡山から、そのあとは岩手から選挙に出て、ずっと衆議院議員をつづけてきた。かれが選挙区を岩手に移したのは、かれの妻の愛子が岩手出身の後藤新平の長女だったからである。後藤が内務大臣、そして鉄道院総裁を兼任していたとき、鶴見は鉄道院に勤務していたのだ。

かれは「壇上」「街上」の人であることをアメリカでも示した。昭和十三年の訪米が最後になったが、そのときまでにアメリカ訪問は二十回にものぼった。外務省にもかれほど太平洋を渡った者はいなかったのだし、かれほど多くのアメリカ人を相手に講演し、かれほどアメリカの政治指導者と会見した者はいなかった。そこで昭和十七年四月の総選挙では対立候補に「ルーズベルトの親友を葬れ」と攻撃されもした。だが、日米関係が悪化をつづけるようになった昭和十五年、十六年に、戦争を回避しようとして、自分の経歴と能力を活用することは、かれにはできなかった。

かれの住まいは麻布桜田町の後藤の邸内の一角にある。後藤の没後、後藤の広い邸は満洲国大使館となっている。この一画は焼かれず、かれの邸も無事だった。焼けだされた満洲国大使館幹部に自宅を貸すことにしたのは、まだまだ東京に空襲はあると思い、熱海へ移ろうかと思っていたやさきであったから、渡りに舟だった。

六月九日に召集された臨時議会で鈴木首相の施政方針演説をかれは議場で聴いたのであろうか。「日米両国共に天罰を受くべし」とサンフランシスコでおこなった演説の一節を語るのを耳にして、かれは自分がアメリカの各地でした演説のどのようなくだりを思いだしたのであろう。そして護国同志会の議員たちの怒声と罵倒の叫びで埋まるなか、かれはどのように考えたのであろう。

後藤新平伝に戻る。鶴見が後藤の伝記を書き、刊行することになったのは、かれが後藤の女婿だったからなのはいうまでもない。昭和十八年になって、かれは後藤新平伝の普及版を自分の主宰する太平洋協会から出版することにした。後藤の伝記の前半は省略し、「台湾統治篇」を二巻、「満洲経営篇」を二巻、そして「国務大臣時代」が四巻の予定だった。木戸幸一が読もうとした「東京市長篇」は「国務大臣時代」の一巻である。

ところで、鶴見は「台湾統治篇」に十五頁にわたる「伯の台湾統治と大東亜共栄圏」を加えた。普及版をだそうとした鶴見の意図はここにあった。昭和十八年八月までに、前に触れたように「台湾統治篇」と「満洲経営篇」が刊行された。今年になって、印刷所が焼かれ、紙もなくなり、「国務大臣時代」全巻をだすことができなくなっている。

さて、木戸幸一が後藤新平伝のページを繰る二カ月前に新平伝を読んだのは村田省蔵である。四月六日の夜から読みはじめた。

フィリピン駐在大使だった村田がラウレル・フィリピン大統領と上院議長のアキノ、文相オアシスとその家族たち、赤ん坊を含めて二十数人の一行とともに、ルソン島北部のツゲガラオの飛行場から台湾南部の彭山の飛行場に逃れたのが三月二十九日だった。翌日に台北へ飛び、台北郊外の草山のゲストハウスに入った。ところが、翌四月一日、沖縄本島に敵軍が上陸した。九州、そして台湾から我が方の航空部隊が沖縄の敵軍泊地、上陸拠点にたいする攻撃をはじめ、それより前から敵空軍の台湾と九州の航空基地にたいする攻撃がつづき、村田とラウレル大統領の一団は台北から上海へ飛び、さらに九州に向かうことになっていたのだが、もうしばらく、台湾で様子を見なければならなくなった。

村田は草山の宿舎の書棚に後藤新平伝があるのを見つけた。手にとったのは「台湾統治篇」である。村田がフィリピンに赴任して、早速、「比島調査委員会」をつくったのは、後藤新平が台湾で最初に「旧慣調査委員会」を活動させたことを承知してのことだった。東京帝大の農業経済学者、東畑精一はその委員のひとりとなり、フィリピンに行った。フィリピンに中産階級を育成しなければいけないというのが村田の考えであり、その条件、方向、手段を調査しようというのが、「調査委員会」の目的だった。だが、なにもできないでいるあいだに、フィリピンは再び戦場となってしまった。

後藤新平は明治三十一年に台湾に渡った。はじめは民政局長、のちに民政長官となった。植民地の経営は日本人のだれにとっても、はじめての経験だった。後藤が総督から部下に繰り返したのは、台湾の開拓よりもさきに「東京政府の頭の開拓」をしなければならないという言葉だった。こうしてかれは東京の政府を説得し、道路、港湾、病院、学校、研究所をつくり、台湾繁栄のための基礎をつくった。かれが満鉄総裁に任命され、台湾を離れることになったのは八年のちだった。

村田省蔵は四月十日の日記に「後藤新平伝　台湾の巻上下二巻を読了す」と記した。自分の三年間のフィリピンの勤務と思い比べ、さまざまな感慨にふけり、つづけて考えたのは、やらなければならないと思案していた宿題に取り組むことだった。

こういうことだった。マニラが戦場になる少し前にバギオに移った今年の一月、かれは大使館書記官の高木広一に、なぜ、フィリピンと友好関係をつくるのに日本は失敗したのかをまとめてみるようにと命じた。もうひとりの書記官、真崎秀樹にも同じ指示をだした。二月にそれらを読んだ。満足できなかった。そして後藤の「台湾統治篇」を読み終えたあと、自分が書こうと思いたったのである。昼の来客は少なかったし、夜はフィリピンの高官たちの無聊を慰めるためにポーカーの相手をしなければならなかったが、そのあとは机に向かった。

フィリピンにいたときの村田省蔵についてもう少し述べておこう。かれがマニラに着いたときには、まだバターン半島とコレヒドール島では戦いがつづいていた。かれは比島派遣軍軍政最高顧問という肩書だったが、さしあたってなにも仕事はなかった。運輸通信省から派遣され、かれの部下となった秋山竜とともに毎朝、宿舎のマニラホテルを出て、ルネタ公園から海岸通りを散歩し、そのあとは国立図書館から借りてきた本を一日中、読んだ。フィリピンに派遣されたカソリックの布教団の本国スペインに送った報告書を英訳したもの、アメリカの軍政、民政の責任者がワシントンに送った報告書、さらには独立運動の英雄、ホセ・リサールの著書、フィリピン国勢調査の報告書までに目を通した。

東畑精一のことはすぐ前に記した。かれが村田のつくった比島調査委員会に参加するためにフィリピンに行ったのは、村田の着任より少し遅れた。東畑は村田のフィリピンの経済建設の構想に賛同したのだが、これは前にも記したことがあるが[40]、なによりも村田の熱意に感服した。さらに東畑が感心したのは村田の謙虚な態度だった。東畑は村田が日本や軍を笠に着ることなく、個人の村田という態度でフィリピン人に接し、すべての事態に村田一個人として対応、行動するのが好もしかったし、精神論をぶたないのが気持ちよく、「怪力乱神を語らない[41]」のが村田大使だと言ったのである。

台湾での村田に戻る。かれはつぎのように書きだした。

「予比島に在ること三年余（昭和十七年二月十一日〜同二十年三月二十九日）、其内一年八カ月は比島派遣軍軍政顧問として、一年五カ月余は比島駐劄《ちゅうさつ》特命全権大使として職に在り。比島の軍政又は政経事務に直接携わりしことなかりしも常に我方及比島側の最高首脳部と交渉あり。其施政に対し屢々意見の開陳を為せしに鑑み、独立国比島の憂うべき現状に対し不尠《すくなからず》責任を痛感す。依て過去に遡り我方の執りたる態度施策につき忌憚なく之を検討し、戦後引つづき行わるべき比島の補強工作と、惹いては大東亜共栄圏の建設に関し、其誤を再びせざらしがため聊かの当路の参考に資せんとす。

過去三年余に亘り行える比島に於ける我経営は、之を比島側より見て如何に観察するか。先ず之をラウレル大統領に聴かん。彼は予の質問に対し本年三月一日、『日本は比島人の心理を摑むに失敗せり』と直言す。更に語を続けて曰く、『比島民衆は此三年間多数の日本人と初めて接触し、残忍なる民族なりとの観念を抱くに至れり。日本が掲ぐる被圧迫民族解放の理想は、我等の共鳴措かざる所なるも、軍の行うところは民衆の生活を顧みず、却て之を不安ならしめ、其結果軍に対する不平不満の声は漸を追うて全国に瀰漫す。殊に憲兵及守備隊の苛察横暴に対する反感は、政府要路の者に到る迄浸潤し、今や到底救う可らざるに至れり』云々と。議長アキノは憲兵の横暴を批評して曰く『西班牙時代を再現したるが如し。而も西班牙は名目だけでも裁判制度を有したるに、日本の憲兵は相手の何人なるやを問わず、其意の欲する儘に振舞う。これ実に日本の比島政治史上印したる失敗の大なるものなり。』又司法大臣パレデスは入懇の日本の友に曰く『日本側は軍最高幹部と、憲兵と、直接比人側に接する事務当局と、三者言う所為す所各異り、為に我等は適従する所を知るに苦しめり』と。こは一ラウレルの言にあらず、一アキノ、パレデスの語にあらず、恐らくは比島人大多数の意思を代表するものなるべし。知るべし過去三年に亘り所在に匪賊の討伐をなすも何等の成績挙がらず、其間敵米国の比島に対する画策至らざるものなく、匪賊は益々其勢力を増大し、一度敵の反攻成るや匪賊も民衆も翕然《きゆうぜん》として之を迎う。大統領の所謂『民衆にとりては救世主の再来とも見えたるなるべし』の語必ずしも誇張の言にあらず。此現象に対しては如何に陳弁せんとするも事実は事実として認めざる可らず。然らば彼等の言う所正しきや否や、之れ予が玆《ここ》に我施政に対し普遍的に検討を試みんとする所以なり(42)」

そして村田は十六項目に及ぶ「対比施策批判」を書きすすめた。沖縄水域の敵艦艇にたいする九州と台湾からの航空攻撃がつづいているさなかであったから、敵の空軍による反撃もつづいた。台湾各地の飛行場が襲われるほか、夜半、少数機の嫌がらせの爆撃を受け、台北市は空襲警報のサイレンが毎夜のように鳴ったが、草山は安泰だった。

四月二十八日の夜だった。暗い灯の下の机から離れて、廊下に出て、外を見れば、山の下の北投《ほくとう》、その周辺の山は月光に包まれていた。その夜の月が月齢十七であることをかれは知っていた。満月は二日前の四月二十六日だった。かれが月齢に詳しくなったのは、満月航路が理由だった。日本とルソン島を結ぶ最後のただひとつの交通路、というよりは唯一の脱出路は、ルソン島北部の盆地にあるツゲガラオと台湾の南の端にあるいくつかの飛行場とを結ぶ航空路だった。昼間はアメリカの戦闘機、偵察機がツゲガラオの上空を飛び回るからどうにもならない。爆撃された滑走路を修理して、月明かりに滑走路が浮かぶ満月とその前後の夜に爆撃機が台湾から飛んでくるのを待つ。

村田の秘書役の真崎秀樹が手製のカレンダーをつくり、しっかり印をつけていた。真崎について記しておこう。かれは真崎甚三郎の長男だ。昭和九年に外務省に入省、英語が達者なことから、通訳官としてフィリピン勤務となっていた。かれは月の出、月の入りの時刻を記した月齢の表を航空隊の士官から借りた。三月二十八日の夜が満月、二十九日は十六夜だった。もしツゲガラオの盆地が厚い雲に覆われていたら、十七夜の翌三十日に飛行機は来るのだろうか。それが駄目になったら、一カ月あとの満月の夜になってしまうのか。カレンダーの四月二十七日とその前後の数日に印をつけた。

三月二十日に知らせが入り、二十九日の深夜に陸軍機二機と海軍機一機がツゲガラオに来ると告げてきた。三月二十九日夜の月明かりのなか、台湾から三機の爆撃機が来た。村田とラウレル大統領の一行と内地に戻るほかの人たちがルソン島から脱出した。

それから一カ月あとの四月二十八日、バギオはその二日前に敵の手に渡ったが、ツゲガラオはまだこちらの手にあった。飛行場の周辺にはフィリピン大使館の館員、二十九人が残り、分宿しているとの報告を村田は受け取っていた。だが、内地に戻るために飛行機を待っている人はかれらだけではなかった。四月二十六日、二十七日、なんの知らせもなかった。今夜、台湾南部の基地に無事に着いたのであろうか。駄目だったのか。明日、四月二十九日になるのか。それがうまくいかないなら、つぎの満月は五月二十六日となる。そのときまでツゲガラオはわが手にあるのだろうか。村田は千々に乱れる思いを日記に書くことなく、その末尾に「月皎々たり」とだけ記した。

「月皎々」のなかで石射猪太郎とバー・モウ

村田省蔵が草山で「月皎々」と日記に記したその夜、いまから二カ月前の四月二十八日のことだが、村田が知るはずもなかったが、ビルマ駐在大使の石射猪太郎とビルマ国家代表のバー・モウの一行がラングーンをあとにして五日目の逃避行の夜を迎えていた。バギオからツゲガラオまで村田とラウレル大統領の一行の一週間の脱出の旅より、はるかに危険な旅であり、難行苦行の旅はそのときまだ終わっていなかった。

村田は財界の出身だが、石射は外務省育ちだ。村田は六十六歳、石射は五十八歳である。

いまから二カ月半ほど前の四月十七日のことだった。石射大使はつぎつぎと入る敗北、撤退の情報にいてもたってもいられなくなった。方面軍司令官の木村兵太郎を訪ねた。ビルマ政府の首脳陣と居留民を安全地帯に移して欲しい、移すべきときではないかと問うた。木村は危険はまだ迫っていないと答えた。じつはそれより四日前の四月十三日に第二十八軍司令官の桜井省三が木村に戦況を説明に来て、英国軍の手の届かぬ後方のモールメンに下がって欲しいと意見具申した。桜井自身も、飢えと戦いながら、多勢に無勢、包囲され、殲滅を待つ無益な戦いをビルマでつづける考えはなかった。第二十八軍の全部隊を東に撤退させ、タイ国境に近いシャン山系に移動させたいと願っていた。ところが、桜井が木村を訪ねたその朝、参謀長の田中新一が作戦主任らを伴い、ラングーンの真っ直ぐ北に伸びるラングーン街道のさき、中部ビルマの要衝、トングーの視察に向かっていた。トングーの第十五軍、さらに百キロ北のピンマナに抵抗線を布いた第三十三軍を指揮、激励するつもりだった。田中に頭が上がらない木村であったから、かれの留守のあいだに、桜井に向かって、後退するときだ、後退しなければならないと言えなかったし、それから四日あとの石射のラングーン撤退の意見具申にたいしても、まだ大丈夫としか言えなかった。

その二日あとの四月十九日、敵の戦車隊と戦闘機の一隊がピンマナに攻撃をかけてきた。二十一日にピンマナは失われ、二十二日にはトングーに敵の機甲部隊が現れた。第三十三軍は南に突進してくるこの敵軍を阻止できる力を持っていなかった。各師団はシッタン河を渡河し、東岸に逃走する以外になかった。敵軍はこの敗残部隊を追うことをしなかった。補給物資は輸送機の空中投下に頼り、シッタン河西岸の街道をさらに南下し、一気にラングーンを攻略しようとする構えだった。

その日、四月二十二日の午後、石射は方面軍司令部から通達を受け取った。明二十三日の夜、モールメンに向かえというのだ。午後九時にビルマ政府と大使館の幹部は憲兵隊本部から出発する、そのあと午後十時に総領事と大使館員、居留民が出発する、乗用するトラックは軍が手配するといった内容だった。

石射は怒り、困惑した。五日前の四月十七日に木村方面軍司令官に安全地帯に移して欲しいと申し入れたときなぜ司令官はうなずいてくれなかったのかと嘆息した。慌てて総領事に告げ、居留民に知らせた。その夜から翌二十三日、どこもかしこも大変な騒ぎとなった。どこよりも方面軍司令部が混乱をきわめた。参謀長の田中が前線から一週間ぶりに方面軍司令部に戻ってきたのがその二十二日だった。かれは方面軍司令部のラングーン撤退に反対し、木村が決済した命令書への署名を拒んだ。二人の口論は二十三日までつづき、田中の怒声を恐れる軍司令部の参謀たちは逃げ隠れしていた。

石射の公邸はヴィクトリア湖の湖畔にあった。かつてイギリス人がつくった人造湖の岸辺に点在するイギリス人住宅のひとつだった。館員は運ぶ荷物の仕分けと焼却に懸命だった。書類を燃やす火のなかに石射は自分の大礼服を投じ、それを着たときに胸に飾る勲章を庭のさきの湖に放り込んだ。秘書官と領事の二人が石射の乗用車に同乗し、荷物はトラックで運ぶことにした。夕刻、石射は軍司令部に別れの挨拶に行った。司令官の木村兵太郎は敵の進出が意外に早いのでときまりわるげに弁解し、「途中ご無事で」と言った。きまりがわるくて当然な理由がべつにあった。石射やバー・モウの一団がラングーンを出発するために憲兵隊司令部前に集まる時刻には、かれはとっくにモールメンの宿舎に到着しているはずだからだ。日暮れになり、敵の戦闘機の姿が消えたあと、木村は参謀ひとりを連れ、虎の子の偵察機、乗員二名の新司偵でラングーンから脱出する手筈を整えていた。

もちろん、かれは石射にそのことを語らなかった。バー・モウ国家代表を置いてきぼりにしただけではなかった。印度国民軍総司令官のスバス・チャンドラ・ボースも置き去りにした。かりに木村がボースに飛行機に乗るようにと勧めても、最後の婦人部隊がタイ国境の安全地帯に到着するまで私はかれらと行動をともにすると断られることになったであろう。

田中参謀長はどうしていたか。かれは大声で怒鳴り散らしていたが、軍司令官の木村が逃げてから三日あとの四月二十六日の夕刻、参謀副長を連れ、これまた新司偵でモールメンへ逃げた。

ラングーンと南ビルマのモールメンのあいだには、漏斗型に深く入り込み、開口部は名古屋から東京までほどの広大なマルタバン湾がある。飛行機ならこの湾を真っ直ぐ東に飛び、モールメンまで三十分の距離だ。自動車で行くとなれば、マルタバン湾をぐるっと回らなければならない。ラングーンからマンダレー街道を北に進み、五十キロ離れたペグーまで行く。前に記したとおり、マンダレー街道は両側に楡の並木がつづくビルマを南北に貫通する大街道だ。この街道を南下してくる敵の戦車隊がペグーに突入していないことを祈るしかない。ペグーから東に進み、モールメン街道にでる。ペグーから大きな湾の一番の深部、シッタン河の河口まで四十キロある。河を渡って、タトンという町まで八十キロ、タトンから南に進み、モールメンまで八十キロの道のりだ。ラングーンからモールメンまで、岡山から大阪を経て、和歌山までの距離だ。じつはこの街道に沿って鉄道が敷かれている。貨車を繋いだ機関車が動いていれば、敵の戦闘機の絶好な獲物となる。四月二十六日のことだが、夜中に機関車を引き出した。機関車の火が見えたのだろう。銃撃され、破壊された。

マルタバン湾を渡り、モールメンまで航行する船はないのか。軍が徴用した数隻の機帆船はモールメンに貨物を運んだが、戻ってこなかった。水産会社の木造船が一隻残っていた。まだ百人ほどの婦女子が残っていた。高級参謀が彼女たちをその船に乗せた。兵站病院の看護婦の一隊という触れ込みだったが、方面軍司令部御用達の料理屋と売春宿の女たちだった。高級参謀の名誉のために記しておけば、かれ自身は車でラングーンを脱出した。

木村軍司令官と田中参謀長を除き、ほかの人たちはすべて車か徒歩だ。バー・モウ国家代表と家族が乗用車二輛に分乗、大使館の車も二輛、あとはトラック数台に閣僚たちが乗る。五人の閣僚とその家族が国家代表と同行した。出発は二時間ほど遅れ、午後十一時になった。憲兵一個分隊とべつに一個小隊の護衛がついた。車のヘッドライトをつけることはできない。尾灯だけだ。月齢十二だから、前の車は見える。ツゲガラオの満月航路のようだが、たまたまそうなっただけのことだ。すでに昨年からビルマ全域は敵の制空圏下となってしまったことから、トラックが動くのは夜のあいだだけであり、ヘッドライトをつけることなしの走行には慣れていた。

もしやと恐れていたマンダレー街道とモールメン街道の交差点、ペグーの近くまで来た。敵の戦車隊はまだ町には入っていないようなので、だれもの緊張はほどけた。ところが、ペグーの町に入って、撤退しているのは自分たちだけではなく、逃亡の大群のなかの一隊だと知った。マンダレー街道から南下、退却してきた軍用トラックで道路はあふれた。さらにラングーンから撤退してきた軍用トラックがうしろにつづいた。兵器廠や貨物廠の軍需物資を積んでいた。大使館のトラックも、護衛のトラックも、バー・モウ、石射の車もこの敗北の行列に巻き込まれ、ばらばらになり、蝸牛の歩みになり、何日かかるかわからない逃避行となった。車の列だけではない。道路の端には人の列がつづいていた。歩くことのできる傷病兵たちだった。軍の兵站病院が閉鎖されて歩行できる者がモールメンに向かっているのだった。傷病兵ではない兵士たちもいた。銃も剣も持たず、隊列も組んでいない三々五々の兵士たちの群れはまさに敗残の兵士と呼ぶしかなかった。石射が、自分たちの仲間のことだけ、ほかの人びとの生死には眼をつぶる非情の覚悟を持たねばならないと考えているうちに、たちまち冷酷無惨な感情に支配されるようになってしまった。かれだけのことではない。そしてモールメン街道だけのことではない。ガダルカナル、東部ニューギニアにはじまり、ルソン島、そしてボルネオで敗北の戦場から脱出し、街道、山道を逃げるすべての人びとの感情の変化だった。

空が明るくなった。道路脇の村落に入り、近くの林のなかに車を隠した。なによりもさきにすることは、田圃に行って、泥をすくってくることだ。車の窓ガラスにその泥を塗る。上空を旋回する敵の戦闘機が太陽に反射する光を目当てに機銃射撃をするからだ。民家を借りて、夕方まで休む。日が暮れて、車をだす。

ペグーから二十五キロさきのワウ河まで二日かかった。ワウ河はシッタン河の支流のひとつだ。軍用自動車とトラックの群れ、そして徒歩の傷病兵と兵士たちも河岸にとまっていた。川幅は五十メートルほどだが、どこの橋も同じこと、ワウ河の橋もずっと前に爆破されてしまっている。空きドラム缶をロープで繋げ、踏み板を敷いた筏が一組あるだけだ。トラックを二台運ぶことができる。一時間に八台が渡るのがやっとだ。

どうにか対岸に渡った。道路は舗装されていない。車は何回も泥のなかで止まった。石射の車は動かなくなり、ビルマの閣僚たちが乗ったトラックも故障した。夜が明ければ、街道の車は敵機に狙われる。荷物を棄てた。石射は鞄ひとつを手にして、歩きだした。泥田のような道路よりも、砂利を敷いた線路の脇のほうがずっと歩きやすい。だれもがレールの横を歩いた。明るくなっても歩きつづけ、爆音が聞こえたら、「敵機」と口々に叫び、線路の外に逃れ、林のなかに飛び込む。超低空の敵のスピットファイヤー機が機銃掃射をしながら飛び去り、その先の家に火の手が上がる。

昼前につぎの難所、シッタン河に着いた。日本軍が昭和十七年はじめにラングーンに進撃を開始したときに橋は爆破されてしまい、そのままなのだ。シッタン河は流程五百六十キロといわれているのだから、信濃川や利根川よりも長い。前に記したとおり、マルタバン湾の最奥部に注ぐ大河だ。この河の上流では、西岸に取り残された第十五軍の残存部隊が東岸に脱出しようとして、渡河地点を探し、対岸までロープの代わりに通信線を延ばし、それを頼りにして、小銃、その他の装具、被服を載せた竹筏を押していき、兵士たちは東岸まで泳いで渡っている。桜井将軍の第二十八軍の残存部隊がこの河を渡るのはまだこのさきのことになる。

バー・モウ国家代表と石射大使の一行は昼のあいだは河畔のニャンカシ村に潜んでいなければならなかった。かつて橋のあった箇所は敵機がつねに警戒しているから、もっとも危険である。敵機の来襲のたびに防空壕に走った。バー・モウ国家代表の乗用車が敵の戦闘機の機銃弾を浴びたが、だれも乗っていなかった。日が暮れて、ニャンカシ村を出発した。シッタン河には渡河用の筏と引き舟の用意があった。川幅は八百メートルほどもある。向こう岸に渡って、護衛隊長がどこからか数台のトラックを入手してきた。皆はそれに乗り込んだ。

逃避五日目の夜だった。石射とバー・モウの一行はチャイト村の入り口にさしかかった。車の列が止まった。同行していたバー・モウ国家代表の娘、テインサが陣痛を起こしたのだ。彼女は陸軍士官学校校長のボーヤンナイ中佐に嫁していた。不時の出産が気づかわれていたのが、そのときが来た。ところが、護衛隊長はチャイト村の東を流れる三番目の難所、ビリン河をその夜のあいだに渡ってしまおうとして、トラック隊を出発させせようとした。バー・モウが怒った。夫人と連れてきた助産婦とともに娘を村の一軒の家に運び入れた。一時間のちに男の子を出産した。

その家から出てきたバー・モウは石射を月の明るい道路に誘い、話しだした。「大使、聞いてもらいたい。この脱出は乱暴きわまるものだ。われわれはわずか二十時間の予告で、ラングーン脱出を余儀なくされたのだ。私は軍に言った。自分は大勢の家族を連れていかなければならない。その中には臨月の娘もいる」

ところが、軍は心配はいらないと言った。現実はどうだ、軍は「この敗軍の激流の中に、われわれ一行を突き落とした」、「私は家族や閣僚たちにたいして、苦しい立場にある」と語った㊸。

バー・モウはすべてのことに怒っている。そしてこのさきのことはまったくわからないという大きな不安がある。それでもただひとつ嬉しいことがある。この逃避行をはじめて、昼間は敵機を避けて隠れることになるどこの村でも、必ずかれの支持者が現れ、歓待してくれることだ。バー・モウと石射大使の一行はチャイト村に二日か三日、とどまることにしたのだが、村の警察隊は頑張っていて、バー・モウは警察署を巡察したのである㊹。

前に記した村田省蔵が台北市郊外の草山で「月皎々」と日記に記したのが、この四月二十八日の夜だった。村田は五月九日に大東亜大臣からの電報を受け取り、日記につぎのように記した。「ラングーンよりビルマ政府はモールメンに移る。近くバァ・モ国家代表及其兄バ・ハンは協力大臣と共に泰国を経て来朝する事になるやも知れず㊺」

「一大貧乏籤」を引いたと綴る木戸幸一

今日、七月二日に戻らねばならないのだが、前に記したことを繰り返そう。昭和十六年に内大臣の木戸幸一とそのときに参謀本部第一部長だった田中新一がいて、この二人がこの戦争をはじめさせてしまったのだと記した。

見てきたとおり、田中新一は蘆溝橋事件にはじまって、昭和十六年にはまずソ連にたいして、つぎにはアメリカにたいして、最後は「イラワジ河畔の会戦」まで、やれ、やれと叫ぶ強気だけで通してきた。この四月末にラングーンからビルマ南部のモールメンに脱出したあとの五月はじめ、かれは第二十三軍がペグー山系に入ったとの報告を受けとるや、その手持ちの糧秣はといったことなどまったく考えようとせず、ただちに桜井軍司令官に宛てて、つぎのように指示した。「貴軍ノペグー山系ヲ根拠トスル作戦ハ二十一年初頭ニ及ブモノト了解サレタイ」(46)

そこで木戸幸一のことになる。かれはどうして戦争を回避しようとしなかったのか。前に説明した。繰り返しになるが、もう一度、振り返ってみよう。昭和十六年の八月末に、永野修身軍令部総長は策定しようとしている「国策遂行要領」が戦争決意と外交交渉の二つを並べたものにせず、外交交渉によって日米関係を正常化することだけのものにしようとした。陸軍が素直にうんと言わないのは目に見えていた。陸軍の反対を抑えるためにしなければならなかったのは、内大臣の支持を得ることだった。だが、木戸はうんとは言わなかった。

永野が戦争の準備と戦争の決意の条項の削除を諦めざるをえなかったことから、「国策遂行要領」は和戦双方を併記するものになってしまった。その少しあとの九月の半ば、高松宮はアメリカとの外交交渉の基本方針を定めるのに秩父宮を加えることによって、交渉妥結が可能な譲歩案をつくることができるのではないかと考えた。これも前に何回も記述した。高松宮は木戸に向かって、日米外交交渉のすべてを秩父宮に把握してもらうようにしたらどうかと提案した。木戸は秩父宮の病状を挙げ、秩父宮の政治参加を拒否した。

なぜ、木戸は永野が主張する「戦争決意」の条項を削除することに反対したのか。わが方の譲歩を提議するであろう秩父宮を最高会議に加えることをどうして拒んだのか。木戸は軍令部総長が説くとおりに外交一筋としてしまえば、早期の中国撤兵を認めざるをえなくなることを恐れたからだし、秩父宮は和を結ぶときだと言い、二年から三年以内の撤兵を決意すべきだと唱えるにちがいないと懸念したからだ。早期の撤兵に木戸は反対だった。アメリカが中国撤兵を経済封鎖解除の条件にするのであれば、ボルネオ、スマトラの油田を自分の手で押さえるまでだ、アメリカと戦うことになるのもやむをえないと木戸は考えていた。

そのような決意をしていながら、木戸は自分が中国撤兵に反対だと口にしなかった。これまた前に何回も記述したことだが、昭和十六年十月に近衛首相と東条陸軍大臣が中国撤兵問題の是非を争い、閣内不統一となって総辞職したのだが、後継首班を決めるにあたって、木戸は総辞職の原因が中国撤兵問題だと明らかにすることなく、曖昧な説明に終始した。

このあとにもう一度、木戸がどのような誤魔化しをしたのかを述べる機会があろう。

そこでもっとも肝心な問題、なぜ木戸は中国撤兵の問題を口にしなかったのか。撤兵に反対だとどうして説かなかったのか。撤兵問題を口にすることなく、永野の提議を聞き流し、秩父宮を遠ざけ、近衛への大命再降下とはならないようにしたのはなぜなのか。まず、重慶国民政府と平和交渉をおこない、撤兵を宣言したら、そして撤兵を開始したら、そのあとにどのようなことが起きるかを見なければならない。

新聞雑誌と国会の支那事変を拡大した責任者にたいする批判と追及は早ければ昭和十六年の末にははじまったかもしれない。昭和十二年、十三年、参謀本部は戦争の拡大に反対をつづけていた。拡大の責任は陸軍省の側にあった。陸軍大臣だった杉山元と陸軍次官の梅津美治郎の責任が問われることになる。杉山と梅津は現役を去ることになろう。それで万事は片づき、責任者の追及は終わると木戸が判断していたのであれば、昭和十六年の八月末、永野軍令部総長が「国策遂行要領」を外交一筋にしたいという求めに応じたのではなかったか。

だが、木戸は杉山と梅津の引退ですべてが決着すると思っていなかった。面倒なことがあった。杉山と梅津は支那事変を収束できなかった責任者であっただけではなかった。二・二六事件の後始末の主役でもあった。面倒なことはさらにつづく。杉山と梅津によって現役を逐われたいわゆる皇道派の将軍たちは中国との紛争を避けるべきだと主張し、中国と戦うことに反対だった。そこで杉山と梅津の二月の事件の解決方法ははたして正しかったのかという問いになり、毒気づいた雰囲気のなかで、槍玉にあげられるのは木戸ということになる。

二月の叛乱事件が起きた直後、その解決の基本方針を素早く宮廷内に提示したのは内大臣秘書官長の木戸だった。天皇が反乱軍の鎮圧を説くより前だった。皇道派の将軍による暫定政府をつくるといった陸軍大臣、軍事参議官たちを含め、多数派の軍人と政治家の考えていた案を容赦なく葬ってしまったのが木戸だった。かれがいわゆる統制派の高級軍人と親しく、皇道派の将軍たちと疎遠であったこと、加えて、一千人を越す軍隊が蜂起をする一カ月前、そんな反乱がまもなく起きると情報源である松井成勲から聞いていたから、どのように始末するかを抜かりなく考える余裕があった。

そこでそのあと木戸がずっと承知していたことがあった。暫定政府樹立による収拾策の夢を断たれ、現役を逐われる羽目となった皇道派の将軍たち、とりわけ真崎甚三郎と小畑敏四郎に自分がひどく憎まれているということだった。

それから四年あと、昭和十六年のことになる。撤兵すべきだという首相と海軍の主張に賛成することはまさしく自殺行為にほかならなかった。皇道派の復活、皇道派のかれにたいする復讐に、あろうことか自分が手を貸すことになるのだ[47]。木戸はこう考えたのである[48]。

〔註〕48「秩父宮様擁立なんていうようなところ」

本来、文末に載せるべき「註」を本文中に入れたのが、本文二九頁から四三頁までの叙述である。山本五十六連合艦隊司令長官が昭和十六年十一月末日に対米戦争を絶対に避けようとして「聖断」を仰ごうとした事実を解明し、そのときに軍令部総長だった永野修身もまたアメリカとの戦争を回避しようと努力をつづけていたという事実を闡明《せんめい》にした。

ところで、もう一度、本文内のここに「註」を載せたい。見てきたとおり、木戸幸一は中国撤兵に反対であるがために、アメリカとの戦争もやむをえないと考えてしまった。戦後になって、かれはその事実を明かしたことがある。かれは真実の半分までに触れながら、慌ててまやかしですべてを糊塗してしまった。それをここに記述したい。

内大臣の木戸は皇道派の復活と皇道派の復讐を恐れる私心が動機となって、アメリカとの戦争を回避できなかったのだと本文で記した。そしてこれも本文で述べたとおり、かれはその事実を隠しとおした。

ところが、戦後、かれは昭和十六年に自分がどうしてアメリカとの戦争に反対できなかったかという理由を語ったことが一回ある。『山本五十六の乾坤一擲』（平成二十二年刊）のなかでそれを記した。もう一度、ここに取り上げよう。

木戸は昭和四十二年に山本有三、後藤隆之助、そして国立国会図書館の関係者を相手に自分の政治経歴を語った。後藤は木戸と戦前から知り合ってはいたが、木戸の世話になったことがなかったから、なんの遠慮もなかった。そしてもうひとつ、なんの気がねも必要としない理由があった。その談話記録を公開するのは三十年のちという約束があった。後藤は自分が木戸になにを尋ねたところで、自分と木戸が生きているあいだは活字にならないのだという気強さがあった。こうして、だれも口にするのを避けてきた問題を正面切って木戸に問うてしまった。

後藤は昭和十六年九月六日の御前会議を取り上げ、天皇が「明治天皇の御製を詠まれるなんていうのは《（ママ）》、甘ったるいことでは治まりゃせんですよ」と言ってしまった。

後藤は木戸の話を聞く前に刊行されたばかりの木戸日記の昭和十六年八月、九月のくだりを子細に読んだのであろう。そのなかの記述に、天皇が木戸に向かって、これまでの御前会議はいかにも形式的であったから、つぎには納得のいくまで質問したいと語ったのだが、木戸は聞き流してしまったこと、そして九月六日の御前会議の直前に再び天皇が木戸に同じ考えを語ったところ、木戸は反対し、原枢密院議長が質問をするであろうから、お上が直接に質問することはないと言上したという事実があったのを承知していたのであろう。そして木戸は日記に記すことはしなかったが、天皇は会議の場で明治天皇の御製を詠むことにすると決めたのだと後藤は推察していたのであろう。

余計なことを付け加えておこう。その御前会議から三日あとの九月九日、参内した高松宮は天皇に向かって、御前会議での天皇の発言は「不徹底」だったと批判したのは、天皇が明治天皇の御製を詠んだだけだったことを評してのことだった。それから二十数年のち、後藤は高松宮と同じ批判をしたことになるのだが、後藤は御前会議のすぐあとに高松宮が天皇に直接、そのように直言した事実があったことを知らなかった。木戸の日記はすでに公刊されたが、高松宮の日記は昭和四十二年にはまだ刊行されていなかったのである。

さて、木戸はよもや後藤がそんな問いをするとは思っていなかったから、しどろもどろの言い訳になった。そのあとすぐにその座談会の一問一答を印刷したのであったら、後藤の問いと木戸の答え、そのすべてを削除してしまったことは間違いない。ところが、三十年のちに木戸の答えは活字になってしまった。「いや、それはしかし『やっちゃいかん』とはね。それはいろんないきさつで、ここまで来ているでしょう。わがままみたいになっちゃうんだね。『僕は戦争が嫌いだからやっちゃいかん』とおっしゃるのは、それは言えんことはないけれども、それがどんなリアクションが起こってくるか、恐らくあれでしょうね。秩父宮様擁立なんていうようなところ」

後藤の質問が尋常ではなかったことに山本とほかの出席者が慌てたのにつづいて、その質問に輪をかけて尋常でない答えが戻ってきたことで、驚きは倍増し、山本は急いで不穏当な議論の収拾にとりかかった。

それはともかく、後藤と山本、ほかの人たちはその夜に昼間のその問答を思い返し、「秩父宮様擁立」といった動きが本当にあったのか、だれがそんな恐ろしい陰謀を企んでいたのかと考え込むことになったであろう。

もう一度繰り返そう。九月六日の御前会議で天皇が「僕は戦争が嫌いだからやっちゃいかん」と言明されたら、「秩父宮様擁立なんていうようなところ」が起きたのだと木戸は言ってしまったのだ。

いったい、だれが秩父宮を擁立することになったのか。陸軍内で対米戦争をやるのだと決めている連中が秩父宮を担ぐことになったのであろうというのが木戸の言わんとしたところであったのは明白だ。だが、参謀本部第一部長の田中新一が秩父宮「擁立」を図ることなどありえるはずはなかった。荒唐無稽、すべては絵空事だった。秩父宮はアメリカと戦争することには絶対反対だった。秩父宮が対米英戦争を回避したいと願っていることを高松宮が承知し、木戸もまた、それを知っていたからこそ、高松宮が天皇に向かって、明治天皇の御製を詠んだだけで終わったのは「不徹底」だったと批判した九月六日の御前会議のすぐあと、高松宮は秩父宮を実質的な内大臣にしようと計画したのだし、木戸はそれを阻止したのである。

木戸は後藤や山本が四半世紀昔の宮廷内の出来事をなにも知らないだろうとたかをくくり、不埒な拵え事を喋り、後藤、山本を言いくるめようとしたのだ。

ところで、この問題について、『山本五十六の乾坤一擲』のなかで記した私の解釈はいまひとつ足りないところがあるように思える。もう一度、ここで検討しよう。

「秩父宮様擁立」と奇怪なことを言ってしまったのは、市井の評論家の無責任な思いつきではなかった。かつて宮廷最高の高官の木戸が語ったのだ。なぜかつての内大臣は秩父宮の名前を持ちだすようなとてつもない出鱈目を語ってしまったのか。

何十年がたっていようとも、木戸が昭和十六年九月六日の御前会議を思いだしたとき、その前の八月からそのあとの十一月までを思いだしたとき、秩父宮の像が浮かび上がってもしかたがない理由があった。アメリカとの戦争を回避したなら、どういうことが起きるかと木戸が考えれば、最後にかれの前に現れる人影は決まって秩父宮の姿となったのである。

本文で叙述したことだから、ここでは簡単に記すが、支那事変を早期に解決する、撤兵すると近衛内閣が公約することになれば、昭和十二年、十三年に支那事変を拡大してしまった杉山元と梅津美治郎の責任が追及されることになる。ところが、それだけでは終わらず、その前年二月の叛乱事件の後始末をしたのがその二人であったことが取りあげられることになるのは必定だ。そしてつぎに内大臣秘書官長だった木戸がやったことだという追及になるのも目に見えていた。いずれも本文に記したことだ。

木戸の脳裏に自分が非難、攻撃される状況が浮かぶことになれば、その最後に現れるのが秩父宮となる。木戸はつぎのように思ったはずだ。支那事変の拡大に反対をつづけた秩父宮、そして刑死した二月の事件の首謀者のひとりと親しくしていた秩父宮は決して私を赦そうとしないだろう。内大臣を辞任せよと私に書簡を送ってくる、必ずそうする。

本文で記したとおり、木戸が中国からの撤兵を説くことができなかったのは、そんなことをしてしまったら、自分の政治生命が断たれるのは必至と見ていたからであり、復権した皇道派の将軍たちが戈《ほこ》を収めたとしても、秩父宮が私を赦すことは絶対にないと思っていたからだった。

さて、昭和十六年から二十数年のち、木戸は後藤に「明治天皇の御製」では駄目だったと詰問されてしまい、よもやそんな剣呑な問題をもちだすまいと思っていたから、ひどく狼狽した。「それは言えんことはないけれども、それがどんなリアクションが起こってくるか、恐らくあれでしょうね」と言いながら、脳裏に思い浮かぶ人の像は、昭和十六年八月から十一月までと同じように秩父宮の姿となってしまい、ひどく慌てたのであろう。とっさに思いつき、昭和十一年二月の事件のあとに秘かに噂され、多くの人が聞き知っていた話を持ちだすことだと思い、それで誤魔化すしかないと考え、「秩父宮様擁立なんていうようなところ」と語ってしまったのであろう。

木戸幸一は後藤隆之助、山本有三、そしてほかの人びとに頭を下げ、「私が秩父宮様を非常に恐れていたこと、それが私をしてあの取り返しのつかない過ちを冒してしまう源《みなもと》にありました」とついに言わなかった。言えなかったのである。

前に見たことを記そう。(49) 昨年の七月、近衛は木戸に向かって、陸軍指導部を支那事変とアメリカとの戦争の開始にまったく無縁な真崎甚三郎や小畑敏四郎に任せることによって、この戦争を終わりにさせることができる、そうすべきだと説いた。木戸が近衛になんと答えたのかは明らかにされていないが、とんでもない、馬鹿馬鹿しいというのがかれの本心だった。当然だった。昭和十六年に真崎や小畑の復讐を恐れたがために、アメリカとの戦争に踏みだしてしまったかれが、いまになって、かれらに助けを求めることができようはずがなかった。

そこで木戸の私心、利己心のことを記さなければならない。

昭和十六年、その年に日本の明日を担う政治家はだれであったか。なるほど陸軍は大きな政治力を持つ存在だった。だが、それは陸軍の巨大な機構と豊富な資金の力があってのことで、個人的、持続的な力を持った将軍はそのときにはいなかった。松岡洋右はどうであったか。その年の四月、松岡がヒトラー、ムッソリーニ、スターリンと会談して帰国した。いくつもの外国を訪問し、それぞれの国の指導者と会見し、大いに歓迎された政治家は明治のはじめから日本にはまったくいなかった。松岡は国民の大多数に大きく期待される英雄となった。近衛内閣を退陣させて、松岡内閣を樹立しようとして動きだす政治家、軍人もいた。だが、かれはその勢いを生かすことができなかった。帰国直後からのかれ自身の迷走がすべてを打ち壊してしまった。近衛文麿はどうであったか。松岡の人気は一瞬の光芒に終わり、近衛でなければと思う人はまだいた。なるほど、かれに失望し、かれに不満を抱く人は増えていた。だが、かれは間違いを冒したことはあっても、考え直し、そして取り組み方を変える広い視野と勇気を持っていた。昭和十六年、十七年の日本を担うことになるはずの政治家であったが、昭和十六年十月、木戸にその政治生命を断たれて終わった。旧政友会と旧民政党の政治家たちはどうなのか。かれらのなかに大きな視野を持ち、組織力を持った者はいなかった。大政翼賛会の誕生に際しては、かれらは協力を惜しまなかったが、できあがってみれば、かれらは翼賛会の議会局といった一部局に押し込められてしまって、騙されたと怒り、翼賛会に不平不満を洩らしているだけだった。

そこで木戸のことになる。九百家の華族のなかでただ二人、木戸は近衛と並び、華族を代表する存在だった。政治家、政治評論家、新聞記者はわかっていたのか、わかっていなかったのか、木戸にそれ以上の注意を払わなかった。昭和十六年に木戸ほど大きな政治力を明日に備えて持っていた政治家はほかにはいなかった。木戸が内務省、厚生省の大臣をしていたときのもっとも優秀な部下たちは、依然としてかれに忠実だった。かれの内大臣の権威は大きな牽引力を持っていた。木戸の古巣の商工省時代の部下、だれよりも有能であることに加え、木戸の腹心としてもっとも肝要な資格、長州の出身である岸信介が筆頭の子分だった。その昭和十六年、木戸は内大臣をいつまでつづけるつもりかは決めていなかったであろうが、十年さきの自分を思い浮かべるのであれば、その前年の昭和十五年に死去した西園寺公望のあとを継ぐ元老の地位であったにちがいない。

このような自信にあふれる未来を描くことができたからこそ、木戸は自分の進路の重大な障害となる恐れのある中国撤兵に背を向けたのである。かれが外交による妥結だけを国策にしようとした永野の主張に反対し、秩父宮を政策決定の場に加えず、近衛内閣を倒す側に立ったのは、たったひとつ、撤兵問題を遠ざけておくためだった。すべては第三次長州覇権の一時代の繁栄を夢見てのことだった。

繰り返すことになるが、木戸のこのような利己心が二年、三年内に中国から撤兵をするという案を認めることができなかった理由であり、それを口にしないようにしていた動機でもあった(50)。

木戸が撤兵問題を語らないようにしていたとき、かれを取り巻く状況はまことにかれに都合がよかった。陸軍と海軍の責任者が撤兵の問題を公の場では決して喋ろうとせず、両者の協議の場でその問題を取り上げることを避けた。陸軍がそれを取り上げるのは、ぎりぎりの土壇場、反対することは許さないぞと脅しをかけての口上となった。陸軍がそれをできるだけ口にしないようにしていた理由と海軍がそれを口にできなかった原因は前に説明した(51)。「中国撤兵の問題をだれも語ろうとしなかった(52)」という雰囲気があったからこそ、木戸は自分の私心のためにこんなことをしていいのかとときに湧いたであろう不安を抑えることができたのであろう。

さて、これも何回か記したことを繰り返すことになるが、昭和十七年十二月に田中新一は大臣、次官、局長たちの前で、「馬鹿ものども」と叫ぶといった芝居をやってみせ、自分がはじめた戦争から逃げ去るという賤陋《せんろう》さをみせた。そこで木戸幸一のことになる。現在、自分の私心がなにをもたらしたかをはっきり承知しているかれはなにを考えているのか。

木戸が後藤新平伝を手にしたことは前に記した。村田省蔵は後藤の「台湾統治篇」の上下を読んだのだが、木戸が必要としたのは、前に記したとおり「東京市長篇」である。読もうとしたのではない。記憶にある頁を探そうとしたのだ。後藤自身が記した覚書の一節が引用してある箇所だ。木戸はそれを日記に書き写した。それが「一大貧乏籤を引いて」の箇所だった。

なぜ木戸がそれを写したのかを語る前に、後藤新平がどうして「一大貧乏籤を引いて」と記したのかを説明しておこう。後藤は台湾民政局長から満鉄総裁になった。台湾には八年半とどまったが、満洲の在任は四年だった。帰国し、明治四十一年に桂内閣の逓信大臣になった。大正五年に寺内内閣の内務大臣を務め、大正七年には外務大臣に転じた。つぎは総理大臣と本人が思い、周囲の者たちの期待も大きかった。ところが、大正九年末、突然に後藤を東京市長にしようという大きな運動がはじまった。「東京市は帝国の縮図にして今や一大国難に遭遇せり」とは後藤が記した言葉だが、東京市の改革、刷新をだれもが望み、語るようになって、台湾、満鉄の経営に成功した後藤に任せるべきだという声が大きくなったのである。

東京市会は投票総数六十五票のうち六十四票が後藤を市長にと選んだ。それでもかれが動かないと知って、首相の原敬と財界の指導者たち、近藤廉平、藤山雷太、渋沢栄一が元老の山県有朋に面会し、後藤にうんと言わせて欲しいと頼んだ。山県は後藤と会見し、市長になって欲しいと頭を下げた。そのあとのことだった。後藤は自分の乱れる気持ちを「一生一度国家の大犠牲となりて」と記したのである。なるほど後藤新平にとって、総理大臣になることなく、東京市長になるのは「一大貧乏籤」を引いたことだったにちがいない。さて、今日から十二日前の六月二十一日、木戸幸一は「東京市長篇」をひろげ、後藤のその感慨を日記に写した。つぎのとおりだ。「一生一度国家の大犠牲となりて一大貧乏籤を引いて見たいもの、東京市長は此兼ての思望を達する一端に非ざるか[53]」

木戸は自分がやったことのなにを指して、「一大貧乏籤」を引いたと思っているのであろう。

「貧乏籤」という言葉をどのような場合に使うのかは、木戸が取り上げた後藤新平の例で充分すぎるのだが、べつの例を挙げておこう。この大戦のさなか、しかも負け戦がつづくなかだ。「貧乏籤」を引いてしまったといった例を挙げようとすれば数限りない。俺は「貧乏籤」を引いてしまったと苦笑いをしたか、これが運命さと自分に言ってきかせたか、最後に日本のためなのだと念じて、どれだけの数の大正十年代生まれの若者が死んでいったか。

石射猪太郎のラングーン脱出の苦難の旅を記したばかりだから、かれの小さな「貧乏籤」について書こう。昨年八月二十八日、かれは外務大臣の重光葵と外務次官の松本俊一から、ビルマ大使になってくれないかと言われた。考えてみると返事を留保した。ビルマ方面軍がインパールを攻略し、インド領に進出し、インドの英国統治体制を瓦解させようとした大きな夢はかなうはずもなく、十万の遠征軍はその三分の一を失い、残存する兵員は兵器を失い、マラリアを患い、退却、さらなる退却をつづけていた。ラングーンが戦場になる日はそれほど遠くはないように思えた。そしてビルマに赴任したところで、儀礼大使以上の仕事がないことも、石射にはわかっていた。だが、これを断るのは官吏の道に反すると思った。翌二十九日にかれは次官に会った。そのあとかれは日記に「ビルマ行きを引受けたあと味の悪さ、たとえんにもなし」と記した。外務省の先輩であり、前にイタリア駐在大使をやり、そのとき外務省嘱託だった堀田正昭がかれを訪

ねてきて、激励し、「貧乏くじと知りつつ引き受けたのは君なればこそだ」と褒めたのである。(54)

後藤新平、そして石射猪太郎が「貧乏籤」を引いたということは、だれもがうなずくところであろう。ところで、木戸は「一大貧乏籤」を引くようななにをしたというのだろう。かれがそのように記述することになるまでのかれの日記をつぎに写そう。

「六月八日、……時局収拾の対策試案を起草す」

「六月九日、……拝謁、対策につき種々言上、思召を拝す」

「六月十三日、……米内海相と御文庫にて会談、時局収拾対策を話す。……鈴木首相来室、時局収拾対策を話す」

「六月十五日、……東郷外相来室、時局収拾対策につき懇談す」

「六月十八日、……阿南陸相来室、……時局収拾対策につき懇談す」

「六月二十日、……拝謁、時局収拾云々其後の経過を申上ぐ……武官長を其室に訪い、時局収拾云々につき今迄の経過を述べ聯絡す」

「六月二十一日、……拝謁、最高戦争指導会議員御召の際賜るべき御言葉につき言上す(55)」

木戸は六月二十一日の日記をこのように記したあと、後藤新平の言葉、「一大貧乏籤」を写し、「余の心境も亦如此」と綴ったのだ。六月八日から二十一日までのあいだにやったことが木戸にとって「一大貧乏籤」だったということになる。

そこで前に記したことに戻る。今日、七月二日、高木惣吉と富田健治は情報交換をした。富田は木戸内大臣が戦争終結に踏みだした動機に不純があると懸念を語った。それを聞いて、高木は待てよと思ったにちがいないと前に綴った。高木の脳裏に即座に思い浮かぶことがあったにちがいないと記した。半月前の六月十四日の午後、高木が松平康昌から聞いた木戸が口にしたという言葉だ。「それは自分の仕事ではないが、やる人がいないから自分がやる迄だ」(56)

奇妙な言説だった。昨年の半ばからつい最近まで、木戸がこの戦争を終わりにするのは「自分の仕事ではない」というような台詞を吐いたことはまったくなかった。前に記述したことだが、そのうちのいくつかをもう一度、ここに拾いだしてみよう。

昨年六月二十九日、木戸幸一は宮内大臣の松平恒雄を招き、敗北、降伏という恐ろしい言葉をはじめて使った。だが、早急に戦争の終結はできないのだと言った。松平は六十八歳、木戸より十二歳年長だ。そして前に何回も記したとおり、木戸は昭和十六年に自分が冒したいまとなってはどうする術もない過ちをはっきり知られているひとりが松平だった。木戸は松平に向かって、戦争を終わりにさせたいのだと誠心誠意といった面持ちで語ったはずだ。だが、いま降伏しても、無条件降伏と変わりのない厳しい条件を突きつけられることになるのは必定であり、関東軍、支那派遣軍が武装解除の屈辱を受け入れることはできず、混乱が起きるのではないかとつづけ、もうしばらく待たねばならないが、戦争の終結は必ず私の手でおこなうと誓ったのだった。松平に向かって、「それは自分の仕事ではない」などとふざけたことを言うはずはなく、言えるはずもなかった(57)。

それから十日足らずあとの昨年の七月八日、木戸は訪ねてきた近衛になんと言ったか。東条内閣の退陣につづいて、中間内閣をあいだに置き、戦争終結の内閣を発足させたうえで、自分がやらなければならないことをやると言った。近衛はそのあと日記に「陛下御自らすべての責任を背負いかぶられて、国内のこういう争を押さえられることが必要と思う(58)」と語った木戸の言葉を記した。木戸は自分がやらねばならない責務だと真剣に説いたのである。もちろん、木戸は自分が大きな過ちをしてしまったことは近衛に隠そうとしても無駄だったから、松平にたいしてと同じように、これまた至極神妙な態度をとったのである。

そして今年の三月八日、重光葵はその日に木戸が語ったことをノートにまとめた。「日本民族、皇室を救うべく外交交渉の時期来る場合は自分に於いて、御上に進言し貴下と連繋して大命を内閣に下して行わしむることに腹を定めたり」と叙述した。松平恒雄、近衛文麿に語るのと違って、木戸は重光にたいしては疚《やま》しいという感情は持たなかったであろうし、日米外交交渉を破綻に導いたのはそのとき首相だった近衛のいらざる容喙《ようかい》が原因だと言ってくれるような味方であったから、重光を前にして気をつかうことはなかったのかもしれない。だからといって、「それは自分の仕事ではない」と言うことはありえなかった。

そしてこの六月になって、十三日に米内光政に自分の戦争終結の計画を語ったとき、さらに二十一日に近衛文麿にそれを明かしたとき、そして二十七日に高松宮にそれを説明したとき、かれらに向かって、「それは自分の仕事ではない」と言わなかった。なるほど、米内に向かっては、だれもやらないからだとつけ加えた。それは自分を内大臣の椅子から引きずり下ろそうとした米内に向かっての精一杯の厭味だった。

ところが、木戸は松平康昌に向かって「それは自分の仕事ではない」と語った。そんな奇怪な言いぐさを内大臣秘書官長にしてしまって、松平におかしいぞと思われ、どういう作意なのであろう、昭和十六年の自分の戦争責任がなかったことにしてしまおうという魂胆にちがいないと気づかれ、卑怯未練なと軽蔑され、まことに破廉恥だと呆れられることになる。だが、木戸は臆することはなかった。新たにつくりあげた虚構を真実であるかのようにこれから語っていくためには、まず自分の直々の部下、ただひとりの配下にそう言わねばならなかった。木戸は松平が自分に心服していないことは承知していよう。(59)だが、宮廷の主要な一員である松平が「それは自分の仕事ではない」と語った私の言葉にそれはおかしいと口をはさむことなどありえるはずはない。木戸はこのように考えているのだろう。

前に記したとおり、松平は高木惣吉にその奇怪な話を語った。高木はどう思ったのであろう。かれは日記になにも記していない。宮廷の奥から、日本の政治を操作し、国の運命を決めてしまった内大臣が、どうしていまこのときになって、そのような嘘をつかねばならなくなったのかは、松平はもちろんのこと、高木にもはっきりわかっていたにちがいない。だが、高木はいかなる批評も、感想も記さなかった。そして今日、七月二日、富田健治に向かって、高木は木戸が「それは自分の仕事ではない」と言ったのだと語って、そのあとの二人の論議はどのようになったのであろう。高木は再び日記になにひとつ記述しなかった。

そこで木戸自身はどう考えているのだろう。松平康昌、富田健治、高木惣吉が想像したであろうとおりのことをかれは考えているのだ。「内大臣の職務は政務、軍務に関係なき事項に関する輔弼責任者に過ぎないから、戦争の開始遂行上の責任はない(60)」としてしまいたいのだ。

木戸がやろうと決めたことから思いだすのは、昭和十六年の夏から冬にかけて木戸の政治盟友であった田中新一が昭和十七年十二月にやったことになる。日本を戦争に追いやった木戸と田中の二人、そのうちのひとりは、自分が負いつづけていかねばならない責任を早々に放りだしてしまい、もうひとりはいまこれから昭和十六年のすべての責任を覆い隠そうとしている。

木戸の六月二十一日の日記、前に記した一節をもう一度、写そう。「鶴見祐輔君著後藤新平伝を頃日来読み居るに、後藤伯が東京市長に就任せらるるに至りたる事情に関する同伯の覚書中に左の如き記事あり、今日此際殊に深き感銘を覚ゆ。余の心境も亦如此。一生一度国家の大犠牲となりて一大貧乏籤を引いて見たいもの」

村田省蔵、石渡荘太郎に問う

村田省蔵がラウレル・フィリピン大統領の一行とともにマニラからバギオに移ったのは昨年の十二月二十二日だった。

そして村田が大統領、アキノ上院議員、オアシス文相、そしてかれらの家族とともにフィリピンを脱出したことは前に記した。三月二十一日にバギオを出発し、三月二十九日夜の月明かりのなかをツゲガラオから台湾へ飛んだ。台北郊外に二カ月とどまった一行が上海へと飛び、三時間の飛行で福岡に着いたのが六月九日だった。村田は大統領一行の宿泊地となる奈良まで一緒に行き、そのあと東京に戻ってきたのは六月十四日である。三年半ぶりだった。

フィリピンで村田のもとで仕事をした東京帝大の農業経済学者である東畑精一は村田の威張らない性格、物事への真面目な取り組みを褒めたことは前に記した。もう少し村田について記そう。かれは六十六歳になる。大阪商船を拡大、発展させる発端となったのが、日露戦争のさなかのことになるが、上海にかれが赴任したことだった。大阪商船はそれまで外国航路の経験はなかった。かれは揚子江航路を延長しようとして重慶に一年半とどまった。日本人最初の居住者だった。こうしてかれは揚子江と九年間つきあった。上海から脱出、亡命しようとする孫文をかくまい、大阪商船の船で基隆《キールン》まで運んだこともある。昭和十五年七月、大阪商船の社長だったときに、かれは第二次近衛内閣の逓信大臣となり、日本海運全体に目を配るようになった。かれに政治的野心はなかった。私生活は簡素で、社長になっても借家住まいだった。自分の家を持つことだ、地所は必ず値上がりするといっただれもが思うようなことは考えなかったが、公に奉仕したいという気持ちはつねにあった。昭和十六年十月に近衛内閣の退陣とともにかれも辞めたが、つぎの首相の東条英機に頼まれ、比島の軍政顧問となり、独立のあとには大使となったことは前に記した。かれはタコマ、シカゴに駐在したことがあり、英語に堪能だった。かれはラウレル大統領を高く買った。事実、東京に大東亜諸国の指導者が集まったとき、もっとも評価が高かったのがラウレルだった。

村田の妻の達枝は五十七歳になる。現在、大阪に残っている。世田谷上野毛の家にいるのは次男の威次だ。慶応大学の一年生だ。長女の関子は三十歳、三人の子供とともに上野毛の村田の住まいの近くに住んでいる。彼女の夫は召集されて、武山海兵団所属の水兵だ。長男の震一は二十七歳になる。かれも召集されて、水戸の奥の盆地に設けられた陸軍糧秣廠の出張所の主任であり、近くの寺に寝泊まりしている。妻の直子は福島に疎開している。

昨日、七月一日、村田はラウレル大統領らと大阪に向かう列車に乗った。政府首脳に挨拶をするために六月二十七日に東京を訪れた大統領一行が奈良に戻るのに同行したのである。そして村田は大統領の宿舎である奈良ホテルに泊まり、今朝、大阪に向かった。

村田が嬉しかったのは阿河源九郎と再会したことだった。大阪府下の自動車の数が三百台足らずといわれた昭和のはじめ、かれが副社長時代からの専属の運転手だった。五十過ぎだから召集されることはないだろうと思っていたのだが、その昔にかれが乗っていた車で出迎えてくれたときには、目頭が熱くなった。

古巣の大阪商船の社長室で幹部たちに会った。つづいて村田は住友本社に行き、貴賓室で総理事の古田俊之助、本社常務理事の北沢敬二郎、本社理事であり、住友銀行社長の岡橋林《しげる》といった住友財閥のお歴々に帰国の挨拶をした。そのあと古田に案内されて、焼け残った東区高麗橋の児島嘉助の家に行った。

児島嘉助について記しておこう。明治三年生まれ、七十五歳になる。児島商店の看板を掲げ、関西で一、二を争う古美術商だ。明治の末に設立された大阪美術倶楽部の社長であり、住友家が顧客名簿にないだけで、鴻池家、倉敷の大原家は上得意だ。関西の新興財界人、小林一三も新しい顧客のひとりである。かれの数寄屋造りの邸は、客を呼び、宴会、茶会を開くことが多いから、舞台のある大広間と中広間がある。かれは京都の別荘に疎開しているのだが、古田に頼まれ、鳥、鯉の料理に腕をふるった。大阪市長、商船社長、三和銀行頭取、そして住友の幹部たちが顔を並べた。

そのあと村田は大阪クラブに所属する三、四十人の大阪の実業家たちの集まりに出て、帰国の挨拶をした。大阪クラブは焼かれてしまい、現在、これも東区高麗橋にある加賀正太郎の住まいの一部を借りている。

児島嘉助について説明したから、加賀正太郎についても触れておこう。大阪ではだれもが知る大金持だ。江戸時代からの両替商であり、明治に入ってからは株式の仲買人となり、資産を築いた。祖父と父親のおかげで、加賀正太郎は趣味に生きてきた。学生時代にヨーロッパ・アルプスに登ったのは、恐らく日本人では最初ではなかったか。昭和初年に天王山の中腹に大山崎山荘を建て、蘭の品種改良に努めた。五十七歳になる。

村田省蔵は大阪での帰国挨拶を終え、午後四時三十五分の奈良行きの電車に乗った。住友の首脳から大阪クラブ所属の実業家まで、多くの人がかれのために出席してくれたのはなぜだったのかをかれは考えた。かれは「町人」「大阪人」と密かに軽視している軍人、官吏を相手に大阪の代表として頑張ってきたと語るにとどめた。前に述べたことだが、大阪の財界人を意味もなく誹謗するのは、革新派を気取る役人、軍人、評論家の慣習となってきたからだ。集まった人びとはだれも口にはださないながら、かれらの「大阪の代表」がこの哀れな日本を救いだすために努力して欲しいと願っていることは、かれがひしひしと感じたことだった。

それをはっきり語ったのは古田俊之助だった。住友本社の総理事、住友関係の数多くの会社に関係し、この四月まで小磯内閣顧問、現在も軍需省顧問の古田は村田に向かって、経済人は現在、いかなる発言力も持たないと言った。憲兵の監視が厳しいために事実を語ることができず、箝口令を布かれているのも同じだと語り、財界出身の政治家である村田が政府首脳になんらかの影響力を発揮してもらいたいと説いたのだった。

一時間で奈良駅に着き、村田は出迎えの人たちとともに、昨夜、泊まった奈良ホテルに戻った。ホテルの建物は左右に翼を拡げた木造二階建てだ。明治の末に開業した。百二十人を泊めることができるのだが、七十人がちょうどいいと支配人が語って、その人数を超えれば、申し訳ありません、満室ですと断るのが毎度のことだった。大名商売をつづけ、格式の高さを鼻にかけ、大正十一年には英国の皇太子、昭和十年には満洲国皇帝がここに泊まったということがホテルの自慢である。空襲の恐れがまずはないことから、このホテルがフィリピン大統領の一行に提供されることになった。二階の北側の客室のすべてがかれらの宿となっている。

大阪鉄道局長の佐藤栄作が一昨日、六月三十日に宮廷の大祓の儀式に参加したことは前に記した。それより何日前のことであったか、かれは奈良ホテルに来て、ラウレル大統領の閣僚のひとりに挨拶し、そのあと食堂で大統領らの昼の食事と同じものを食べた。かれは局内各地の駅に手配して、魚や肉を奈良ホテルに送らせるようにしていることから、どのようなメニューをつくっているか調べに来たのだ。

じつは奈良ホテルは現在の運輸省、昭和十八年までの鉄道省の所管である。村田省蔵がこのホテルをラウレル大統領一行の宿舎にと推薦したのも、かれが鉄道大臣を兼任したことがあったから、奈良ホテルの優点、利点を承知していてのことだった。そしてホテルは大阪鉄道局の管轄下にある。佐藤が最高責任者なのだ。奈良ホテルに来るときには、女子従業員たちに配るタオルを持ってくるという如才のなさだ(61)。

ところで、今日、奈良ホテルに宮内大臣の石渡荘太郎が来ている。昨日、東京から名古屋まで村田と同じ列車に石渡は乗った。かれはラウレル大統領に車中で挨拶した。石渡は名古屋の熱田神宮を視察のあと、奈良まで来たのは、正倉院の御物の疎開の状況を確認するためだ。帝室博物館総長の土岐政夫も同行している。正倉院は帝室博物館総長の直轄ということになっているのだが、事務を管理するのは東京帝室博物館、職員は奈良帝室博物館から派遣されている。責任の所在がはっきりしないということで、この三月に新たに正倉院管理署を設け、奈良帝室博物館長が署長を兼任することになった。

正倉院の御物は奈良時代の宮廷の調度品から楽器、仏具、服飾品、飲食器、典籍までがある。これら御物の疎開は前から考えられてきたのだが、どの候補地も欠陥があった。構内にある来訪者の休憩所を改装補強し、コンクリートの屋根にし、中二階を設け、御物の一部を収納し、奈良帝室博物館の収蔵庫にも移している。

午後六時半、石渡を主賓とする奈良県知事の招宴に村田も呼ばれた。そのあと社交室で帝室博物館総長の土岐政夫、奈良帝室博物館長の藤井宇多治郎から国宝の疎開の苦労話を聞いた。上野の東京帝室博物館には八万点の御物と美術品がある。そのなかには全国の社寺、個人から寄託されたものもある。空襲がはじまり、だれもが帝室博物館に預けておくのがもっとも安全と思い、引き取る人は少ない。はじめは構内に防空地下室をつくる計画を立てた。だが、そのような資材はない。南多摩横山村の武蔵陵墓地内に倉庫がつくられ、昭和十七年から所蔵国宝、重要美術品の疎開がぽつりぽつりとはじめられた。昨年には、福島県耶麻《やま》郡翁島の猪苗代湖の北端にある高松宮の別邸、そしてそのときには安全と思われていた奈良帝室博物館にも移すことになった。

今年に入って、六月一日に奈良市の奈良大仏殿から二キロさきの民家が焼夷弾で数戸焼かれた。大阪を襲った敵のB29一機が脱出コースで落としたものだったが、さらに六月十日にも奈良の町中に投弾があった。だれもが奈良も危険だと不安を抱くようになり、正倉院の関係者も真剣になった。京都府の丹波高原内の桑田郡の山国村の寺院と弓削村の旅館に移すことが決まった。梱包材料がなく、貨車の都合がつかず、人手もないとないないづくしだが、それは国宝、重要美術品の疎開だけの話ではない。

帝室博物館の管轄ではなく、文部省の管轄にある奈良の東大寺と法隆寺の国宝と国宝建造物の疎開の状況も、石渡と村田は聞くことになった。法隆寺では金堂を解体し、疎開をはじめたこと、疎開と解体に反対をつづけていた東大寺も態度を変えたこと、法隆寺の百済観音、四天王像は先月半ばに疎開した、こういった話である。

そのあと村田と石渡は二人だけで話し合った。村田は明治十一年の生まれ、石渡は明治二十四年の生まれ、この昭和十年代、二人はそれぞれ内閣の閣僚をやったことがあって、知り合っている。石渡は気どることなく、ざっくばらんな性格であり、だれからも信頼されてきた(62)。だれからも信頼されてきたのは村田も同じだ。

村田は石渡に現内閣はどうなのかと聞いた。この内閣で戦争を終わりにできるのかという問いである。ほかのだれとも同じで、石渡の鈴木首相にたいする評価も低い。鈴木首相の忠誠心を疑う者はいないが、人を知らず、情勢に疎く、側近に人がいない、左近司政三と下村宏だけだと言った。

村田は六月十一日に東京に戻ってから、左近司政三と語り、下村宏から話も聞いた。村田は財界活動をはじめてから、日本放送協会の理事を七年ほどつづけたから、協会会長だった下村とは親しくなっている。前に海軍将官だった左近司とはともに勅選貴族院議員であり、同じ同和会に属していたことから、よく知っている。だが、村田はかれらと話して、鈴木首相がやろうとすること、首相がどのような決意を持っているのかを聞くことができなかった。村田が石渡の話を聞いてわかったことは、下村や左近司は首相が望んでいることを村田に隠したのではなく、首相は下村、左近司と腹を割って話し合ったことがないという事実だった。

つぎに村田が石渡に尋ねたのは、今年の二月に大蔵大臣を辞め、内閣書記官長になったのはなぜだったのかという疑問だ。バギオにいたときにそれを知り、おかしなことだと思ったのだと言った。石渡は説明して、書記官長だった広瀬久常が内務大臣の大達茂雄と争い、辞任した。小磯内閣を潰してはならないということから、やむをえず私が広瀬の後を継ぎ、大蔵大臣には先輩の津島寿一氏にお願いしたのだと語った。

村田がそれを尋ねたのは、なによりも気にかかっている大きな謎を尋ねようとしての糸口だった。先月の六月はじめ、石渡が宮内大臣となったことだ。大蔵省出身のかれにとってまったく縁もゆかりもない、しかも閑職であるはずのポストだ。なにか重大なこと、この戦争の帰趨にかかわることが隠されていると村田は思ってきた。かれは日記にはなにも書いていないが、東京に戻って多くの人に自分のその疑問を尋ねたに相違ない。納得のいく答えは聞けなかったのであろうが、木戸を辞めさせ、石渡が内大臣になればよかったのだと嘆じる声を聞くことがあったかもしれない。

前に記したことを繰り返そう。六月五日に読売新聞政治部の記者、松本幸輝久は法制局長官の村瀬直養《なおかい》から、木戸を引きずり下ろし、石渡を内府にすべきだったのにまことに惜しい機会を逸したと残念がるのを聞いた。松本は膝を叩く思いで、まことにそのとおりと嘆じたのだった[63]。

さて、村田はずっと不思議に思っていたその謎を石渡に尋ねた。かれは答えた。「宮内大臣となるは何人の推薦なるや知らず、松平式部長官来たりて松平宮内大臣御所炎上の責を引いて辞職するに付いては後任につき御相談したき儀ある故直に来訪を乞うとの藪から棒の話なり。依て差し廻しくれし車にて宮相を訪えば後任に推薦せんとすると云う。之に対し自分は宮相より御相談なれば絶対に御断りする、併し既に陛下の御耳に入りおれりとの御言葉ありしと云うなれば臣下として辞退し得ざるは当然なりと答う。宮相の云うが如く御内奏ずみなるや否や之を確かむる事能わず、止むなく宮相の言を信じて御受けしたる次第にて自分にても其適任ならざるを知りおれり[64]」

石渡は本当に起きたことをだれにも明かすことなく、いい加減な説明をしてきたのだが、村田に語ったこの話は事実からいちばん遠いものだった。石渡の成城の家を訪ねてきたのは、同じ松平であっても、松平慶民《よしたみ》式部長官ではなく、松平康昌内大臣秘書官長だった。石渡がつぎに会ったのは松平恒雄宮内大臣ではなく、木戸幸一内大臣だった。

木戸はかれの自宅を訪ねてきたのだ。

前に記したことだが[65]、もう一度、繰り返そう。松平内大臣秘書官長は石渡に向かって、木戸内府に会ってもらいたいと口上を述べた。これはおかしな雲行きになったと石渡は警戒した。その前日に松平恒雄宮内大臣と米内光政海軍大臣が相談し、かれも加わっての協議は、内大臣の木戸幸一を宮内大臣に横滑りさせ、かれが内大臣になるという計画だった。石渡は松平康昌に向かって、風邪をひいているので行けないと言った。石渡は時間稼ぎをして、そのあいだに至急、米内海相に連絡をとらねばならないと考えてのことだったのであろう。松平康昌が言った。使者としてそれを言うのはどうかと思うが、宮内大臣就任の話だと思うと明かした。松平・米内の計画は潰されたのだと石渡は知った。自分はもっとも不向きだと答えると、ともかく木戸に会ってくれと松平が語り、石渡は宮内省から車を回してくれと言った。午後になって、木戸が成城に来た。石渡は宮内大臣になって欲しいという木戸の勧めを断った。木戸は陛下の思し召しだから受けろと言った。

「思し召しということは君だけしか知らぬことだが、本当に思し召しか」と反問した。「真実に思し召しだ。従って他に相談されたにしても、ごく少数の人だけにしてもらいたい」と木戸は言った。計画は完全に失敗に終わったのだと石渡は観念した。「思し召しとあらば、否やはない。だれに相談するにも及ばない。お引き受けするの外はない」と言った。

これが実際に起きたことだった。村田は石渡が語る事実とまったく異なる説明を聞き終え、「宮内大臣となるは何人の推薦なるや知らず」という説明はおかしな言い開きだと思ったにちがいない。だが、さらに問いただすことはしなかった。村田はもうひとつ、石渡に尋ねなければならない、なによりも大事な問いがあった。村田が米内光政、阿南惟幾の陸海軍大臣、下村宏、左近司政三の国務大臣に向かって尋ねたいと思いながら、尋ねることができなかった質問である。

村田は下村宏とは奈良から東京に来るラウレル大統領を出迎えるために新橋駅で顔を合わせ、左近司政三とは議事堂内で会ったのだから、面倒な問題を尋ねることはできなかった。「国家の方針はどこで決まるのか」という異様な問いだったからである。だが、大の大人が尋ねるような事柄か、四年前には内閣の閣員だった男が問うことかとはだれも言わないだろう。この戦争を終わりにすることができるのは、いったいだれなのかと即座に聞き手は読み替えるからだ。

阿南惟幾は村田に向かって、「防空設備」を整えた航空機製造工場があるのだと言い、航空機の生産はまだまだつづいているのだと語り、「戦争の将来に付いては米の渡洋作戦は距離の長大を来すに連れ、益々困難を加うべく」といった聞き手を瞬時だけ喜ばせる話を延々と語っていたのだから、「この戦争を終わりにすることができるのはだれか」といった質問などできるはずはなかった。

まことに陰鬱な態度だったのは大臣室で会った米内光政だった。村田はそのあと日記に「一応ラウレル大統領の事を述べ、暇を告げんとせるも大臣はすべて手遅れだ。こうなれば凡てを超越して平静の気分でおれるというような意味のことを云う(66)」と書いた。「国家の方針はどこで決まるのか」ととても聞けるような雰囲気でなかったのは、陸軍大臣室で阿南大臣の話を聞いたときと同じだった。

だが、夜更けに東京を遠く離れたホテルで、石渡荘太郎に問うのであれば、答えを聞かせてもらえると村田は思ったのであろう。たしかに宮内大臣就任のいきさつの説明はなにかを隠しているのは間違いないと村田は思ったにちがいないが、「国家の方針はどこで決まるのか」という質問にはかれははっきり答え、私を納得させてくれると考えたのであろう。

石渡は、どうして村田はそんな質問を私にするのかと、瞬間、疑惑を抱いたはずだ。この戦争を終わりにすることができない木戸幸一を内大臣の椅子から逐おうとした松平と米内、そして自分が加わっての失敗に終わった計画を本当は村田は委細承知しているのではないか、だからこそ、どうして宮内大臣など引き受けたのかと尋ねたのではないかと思ったに相違ない。もちろん、村田がなにも知るはずはないとすぐに思い直したのであろう。石渡は村田に向かって、私は知らないと語った。そう言ってしまってから、我ながら情けない言いぐさだと恥ずかしく思ったのであろう、恐らくは内大臣であろうと言い直した。

「恐らく」などと言う必要はまったくなかった。この戦争を終わりにすることができるのは内大臣しかいない。石渡がそう語り、村田が大きくうなずいたであろうとおり、戦争か、平和かの選択決定ができるのは内大臣である。前に何回も記したことを繰り返すことになるが、各国務大臣はそれぞれ独立して天皇を輔弼することは憲法第五十五条で定められている。首相は各国務大臣に指揮権を持っていない。同じように、首相と陸海軍大臣、外相、そして陸海の統帥部総長が参画しての大本営・政府連絡会議、現在の最高戦争指導会議の決定も全員一致を決まりとしている。陸軍大臣ひとりが反対すれば、戦争を回避することはできないのだし、はじまった戦争を終わりにすることもできないのだ。

これも前に記したことだが[67]、それぞれ仮想敵国をべつにし、過去の公約や言質に縛られ、なによりも名誉の保持に執着する陸軍と海軍は、日本を取り巻く国際状況が容易ならぬ事態となったとき、本心とは異なる行動を選ぶこともあると予想しなければならず、高松宮が語ったところの「組織がその本当の作用をしなくなって」しまうことを警戒しなければならなかった。そこで憲法のその深刻な限界、重大な欠陥を指摘し、十九世紀型の固陋な内閣制度を根本的に改革し、総理大臣の権限強化を図らねばならなかった。これをしなかったのは、山県有朋が大正十一年二月に没したあとのただひとりの元老、昭和十五年十一月まで生きた西園寺公望の怠慢に尽きた。西園寺の「重大な怠慢」については前にも記述したことがあるが(68)、これこそかれの最悪の怠慢だった。

　こうして近衛は自分がやろうとした。首相の地位にいながら支那事変を収束できない馬鹿げた仕組みを正そうとして、強力な政府をつくろうと策略をめぐらした。だが、一部の右翼勢力から「幕府」をつくるつもりかといった非難、攻撃を浴びることになって(69)、近衛は後退せざるをえなくなり、「大政翼賛会」といった不肖の子の誕生になって終わった。まさにそのとき日本は戦争を選ぶか、平和を選ぶかという岐路に立ち、陸軍と海軍の主張が分かれるという まことに危険な事態に直面しようとしていた。

　こうしてひとりの人物の態度決定にすべてが懸かるようになった。憲法に規定はなく、いかなる官制の定めもないが、戦争と平和といった重大な問題、すぐ前に述べたとおり、陸軍大臣ひとりが反対だと言えば、戦争を回避することができず、戦争の終結もできないといった馬鹿げた事態となるのを避けるために、内大臣の態度決定にすべてが懸かることになった。「常侍輔弼」といった内大臣府官制の無意味な決まりが突然に重大な意味を持つようになった。総理大臣、あるいは海軍大臣は内大臣の説いたことが、はたして「聖旨」、すなわち天皇の意思なのか、それとも本当は内大臣の考えであって、このあと総理の支持を得たと天皇に言上し、あるいは海軍大臣が賛成したと天皇に報告し、了承を得ることになるのか、その真実は内大臣以外にはだれにもわからなかった。こうして宮廷の奥の闇に包まれたなかで、かれが海軍大臣に、ときに軍令部総長に語った一言一句がまことに大きな重みを持つようになった。そして内大臣はかれの話した相手が内大臣との会話の内容を明らかにしない慣行をいいことに、具体的な証拠は残さないように努め、そのことだけにつねに注意を払い、闇の奥にとどまってきたのである。

木戸はどういうことをしたのか。前に何度か記したことがあり、繰り返しになるが、ひとつだけ挙げよう。昭和十六年十月中旬、第三次近衛内閣は中国からの撤兵問題をめぐって行き詰まった。総理大臣、海軍大臣、外務大臣は撤兵を望んでいた。海軍大臣はそのとき及川古志郎であったが、近衛に向かって、「米国案を鵜呑みにするだけの覚悟で進まなければならぬ」と激励したのだった。だが、陸軍大臣ひとりが反対をつづけた。閣内不統一が理由で総辞職せざるをえなくなった。内大臣の木戸幸一は近衛の努力が足りなかったのだ、近衛が無責任なのだと不満を語ってみせた。もちろん、事実は違った。木戸が戦争を避けようと真剣に願っていたのであれば、参内したあとに、かれの執務室に立ち寄る陸軍大臣に向かって、もはや時間はない、陸軍が譲歩すべきときではないかと語ることで、陸軍の態度を変えさせることは容易にできたのである。だが、木戸はそうしなかった。内閣総辞職のあとの重臣会議で、木戸が心配に堪えぬといった表情で繰り返し語ったのは、「陸海軍の真の協調」「陸海軍の融合」という言葉だった(70)。そして東条内閣が発足してから、木戸が陸軍大臣を兼任する新首相の東条と新しい海軍大臣の嶋田繁太郎に説いたのも、ただひとつ、陸海軍が「融合」して欲しいという台詞だった。

木戸は撤兵に反対する陸軍大臣の東条を首相に選んだのだから、かれが繰り返し強調する「陸海軍の融合」とは、海軍が陸軍の主張に従えということにほかならず、木戸が説いた「白紙還元」なるものは、海軍が陸軍に従う「融合」のために海軍に与えた二週間ほどの猶予の時間にほかならなかった。

内大臣は自分の態度決定をだれにも明かすことなく、明確な指針をだれにも示すことをせずに、それでも紛らわしさなど少しも見せることなく、「国家の方針」を定めてきた。

ところが、先月の六月、ひとりの閣員にそっと告げるのではなく、木戸らしからぬ、かれの徹底した秘密主義と異なることをした。かれは戦争の終結の提案を四人の主要閣員に語り、侍従武官長を通じて二人の統帥部総長に伝えるということをしてしまった。

なるほど、木戸のいつものやり方と少々違った。はっきりと指示をだしてしまい、伝える相手は六人の最高会議構成員のすべてだった。だが、かれはあれこれ誤魔化しを言う必要はないはずであった。非常のときだ、国を救うためだという率直な説明で済むことだった。六月二十七日に高松宮に「時局収拾」の説明をしたときには、「貧乏籤」を引いたなどとは付け加えなかったのだし、人もあろうに高松宮に向かって、そんな白々しい嘘が言えるはずはなかった。

ところが、木戸は「貧乏籤」を引いたということにすると決めている。前に述べたことを繰り返すことになるが、かれは自分がこれまでにまったくしたことがないことをやらざるをえなくなった、内閣、統帥部のだれもやろうとしない、見るに見かねて、やったのだということにしてしまおうとしている[71]。そこで「一大貧乏籤を引いた」のだと鷺を烏といいくるめるような言辞を日記に記述したのだ。

石渡は木戸がそんな奇怪なことを言いはじめているのだとはまだ知らないし、ましてや村田がそうした事実を知るはずもない。だが、石渡は木戸がやろうとしていることのすべてを見通しているかのように、かれは「過去に何回かの失敗あるも責任をとらず、依然として小刀細工をなしつつあり[72]」と村田に語ったのである。

石渡がそのように木戸を批判したのは、木戸が内大臣の椅子にしがみついたこと、そして慌ててつくったソ連に和平の仲介を依頼するといった計画を指し示してのことにちがいない。スターリンに和平の斡旋を求めるという案が御前会議で決まったことは、石渡は米内からか、あるいは木戸から説明を受けたはずだ。そして石渡は村田に向かって、木戸がつくったのだと明かすことなく、ソ連に和平の調停を依頼しようとして外交交渉をおこなうことになるのだと語ったのであろう。

つづいて石渡は外務大臣の東郷茂徳について語って、かれが日本のこの状態を救うことができる力量を持っているかどうか、懸念に堪えないと語り、日本が共産主義を信奉する国に「依倚《いい》」して、はたして国体を存続できるかどうかを憂慮していると言った。

村田が石渡が語るのを聞きながら思いだすのは、米内大臣がかれに語った「すべて手遅れだ」という言葉となるにちがいない。そして石渡はといえば、村田に語りながら思い浮かぶのは、木戸を辞めさせていたら、戦争の終結を真っ直ぐアメリカに申し入れることになっていたのだという悔しさとなるのだろう。「すべて手遅れだ」と石渡も思うにちがいない。

それより六時間ほど前のことになる。午後五時の夕食のあと、午後六時過ぎ、平野鍾《あつむ》は日記帳をひろげた。

鍾が四月十九日の日記に「朝起きて見るとさくらのつぼみがひらいていた」と書いたことは前に記した。今年の桜の開花は東京でも遅かった。平野鍾が疎開している伊那盆地は東京より二週間ほど開花は遅れる。

鍾は東京都中野区にある桃園第三国民学校の三年生である。昭和十一年の生まれだ。鍾が七十人の上級生、同級生、下級生とともに寝泊まりしている無量寺は、長野県上伊那郡東箕輪村にある七百年以上の歴史を持つ古い寺院だ。

かれは日記につぎのように記した。

「七月二日（月）曇時々雨　朝18度　昼21度半

昨日で、しょくじとうばんは、おわりだった。昨日の夜十時ごろくうしゅうけいほうがはつれいされたそうである。朝起きて見るといつ降り出したかわからないが雨が降っていた。朝礼はほんどうでした。朝食は、大豆、むぎの入っているごはんと、はくさいのみそ汁とはくさいのつけ物だつた。午前中は、トランプや、五並や、本を、読んだりした。五六年は、やさいはこびがあった。今日から大豆とむぎの入ったごはんになった。学校は、休みであった。今日から男子が山羊うさぎの草取りのばんだった。昼食のおかずは、赤ざにんじん葉のみそあえと、とろろこんぶだった。昼すぎ、作業で、ひりょうはこびを、した。おわって、お三時でみそぱんだった。中には、にんじんとねぎが入っていた。そのみそぱんは、関さんのお母さんが持ってきたのだった。お八つがあったので夕食がおそかった。夕食は、ごもくめしと、とろろこんぶのおすましだった。昼ねもあった。しゅうようがあった。夕食前、関さんのお母さんがかえった。五六年男子は、なっぱの畠にさつまいものなえを植えた(73)」

鍾は日記を書き終えた。「就寝準備」と「点呼」は午後七時半、消灯時刻は午後八時だ。かれと級友たちは枕を並べて眠りについた。

奈良ホテルのそれぞれの部屋で床についた村田省蔵と石渡荘太郎は、午前零時に空襲警報のサイレンで起こされる。着替え、手回り品をベッドの横に持ってくる。どうやら敵の編隊は隣の和歌山県の丸善石油の下津製油所を襲ったようだ。六月二十六日の夜半、四日市の第二海軍燃料廠を爆撃した。六月二十九日の深夜、山口の日本石油下松《くだまつ》製油所を爆撃した。それにつづくものだと石渡は思い、敵は佐世保や呉の海軍工廠を爆撃する意図はまったくない、気息奄々ではあっても、燃料工場を爆撃するほうがまだしも有効と見ているのであろうかと思案することになろう。

だが、燃料工場の爆撃もじつはほとんど意味はない。四日市の第二海軍燃料廠、日本石油の下松製油所、丸善の下津製油所が断続的に細々ながらも操業していたのは昨年末までだった。今年に入ってからは原油の輸送がないために、どこも操業していない。和歌山の下津製油所は現在、松根油の精製をはじめているのだが、爆撃のあるなしにかかわらず、航空燃料をつくることができる見込みはまったくない(74)。

そして村田が昨夜は熊本、呉、宇部、下関が焼かれたのだと思いだせば、今夜は焼き打ちがないものの、明日の深夜には、再びどこぞの県庁の所在地、県内で二番目に人口の多い都市が焼かれ、一時間か一時間半のあいだに数十万人が住まいと昨日までの生活のすべてを失うことになるのだ、そして、現在、どこの戦場よりも多い死者がでるのだと思いめぐらすことになろう。

村田は石渡がさきほど語った言葉を思いだすのではないか。このさき敵は少数機をして各地域を襲撃させ、連日連夜、本土全域を常時、空襲下に置くようにして、糧道を断つばかりか、国民を萎縮、困憊に追い込み、そのあとに上陸作戦をおこなうことにするだろうと語ったのだった(75)。

そして村田は「国家の方針はどこで決まるのか」という問いにたいする石渡の答えを

思い返すのであれば、石渡は村田の質問、「国家の方針はどこで決まるのか」を改めて考え、それぞれが闇のなかでなにを思うのであろう。

（第13巻、了）

引用出典及び註

(1)　特に重要と思われるものについてのみ出典を明記した。
(2)　引用中の旧仮名は新仮名に改めた。また読みやすさを考慮し、表記を改めたり、言葉を補ったりした場合がある。
(3)　「木戸幸一日記」「天羽英二日記」等、文中にて出典がわかるものは、特に出典を明記しなかった場合がある。
(4)　同一資料が二度以上出てくる場合は、発行所及び発行年度は初出時に記載するにとどめた。

第38章　さつま芋の恩恵

(1)　「三楽50年史」三楽株式会社　昭和六一年　八九―一〇一頁
(2)　「昭和二十年　第6巻」三五九―三六五頁
(3)　「五分前の青春　第九期海軍短期現役主計科士官の記録」海軍主計九期会　昭和五四年　四七六頁
(4)　高松宮宣仁親王「高松宮日記　第八巻」中央公論社　平成九年　八〇頁
(5)　乾尚史「海軍兵学校の最期」至誠堂　昭和五〇年　二九七頁
(6)　「昭和二十年　第5巻」二五二―二五三頁
(7)　高松宮宣仁親王「高松宮日記　第八巻」一〇二頁
(8)　「橿原・昭和二十年　海軍経理学校予科生徒の記録」讃苦会五十周年記念事業実行委員会　平成七年　二三〇頁

(9)「昭和二十年　第12巻」二七九頁
(10)「佐藤寛子の宰相夫人秘録」朝日文庫　朝日新聞社　昭和六〇年　三五―三六頁
(11)高松宮宣仁親王「高松宮日記　第八巻」一一〇頁
(12)「昭和二十年　第7巻」二九四―二九九頁
(13)本文中二九頁以下に註
(14)軍事史学会編　防衛研究所図書館所蔵「大本営陸軍部戦争指導班　機密戦争日誌　上」錦正社　平成一〇年　一五〇頁
(15)昭和十六年八月二十八日に永野が木戸と会ったこと、永野修身軍令部総長の避戦のための行動のすべては、『山本五十六の乾坤一擲』内の「永野修身は『国策遂行要領』から対米戦争の準備と決意を削ろうとした」（八四―九八頁）の記述を読まれたい。
(16)粟屋憲太郎ほか編「東京裁判資料・木戸幸一尋問調書」大月書店　昭和六二年　四五五頁
(17)加瀬英明氏が果たした役割については、『山本五十六の乾坤一擲』の一七四―一七六頁を読まれたい。「宮は海軍省兵備局長保科善四郎少将から、天皇にそう申し上げることを依頼したのだった」と加瀬氏は記した。つぎの事実を加えておこう。「高松宮かく語りき」を発表してから三十五年あとの二〇一〇年、加瀬氏は知人につぎのような事実を明らかにした。加瀬氏は高松宮から保科兵備局長に「依頼」されて、天皇に直訴したという打ち明け話を聞き、当然な疑問を抱いた。加瀬氏は宮に向かって、一局長の訴えで殿下は行動にでられたのですかと問うた。高松宮は笑って、よく気がつくねと答えたのだが、それ以上なにも語らなかったのだという。もしもそのとき、加瀬氏が保科局長は山本五十六長官の使者だったのではありませんかと重ねて問うたら、高松宮は今度は笑みを浮かべなかったに相違ない。
(18)木戸幸一「木戸幸一日記　下巻」東京大学出版会　昭和四一年　一一一五頁

(19) 高松宮宣仁親王「高松宮日記　第七巻」五一四頁
(20) 細川護貞「細川日記」中央公論社　昭和五三年　二五一頁
(21)「海軍大将　沢本頼雄　大東亜戦争所見」「歴史と人物」昭和五八年増刊　二七八頁
(22)「小倉庫次侍従日記　昭和天皇戦時下の肉声」「文藝春秋」平成一九年四月号　一七七頁
(23) 木戸幸一「木戸幸一日記」一二一四頁
(24) 高松宮宣仁親王「高松宮日記　第八巻」九八頁
(25)「昭和二十年　第4巻」三八五頁
(26) 北河賢三ほか編「風見章日記・関係資料　1936～1947」みすず書房　平成二〇年　三五九―三六〇頁
(27)「風見章日記・関係資料」三一七頁
(28)「昭和二十年　第3巻」二四〇頁
(29)「風見章日記・関係資料」三〇六頁
(30)「昭和二十年　第8巻」二六五頁
(31)「風見章日記・関係資料」三七四―三七五頁
(32)「昭和二十年　第5巻」五五頁
(33)「昭和二十年　第2巻」二一〇頁
(34) 青木槐三「嵐の中の鉄路」交通協力会　昭和三〇年　一九九頁
(35) 芦田均「芦田均日記　第一巻」岩波書店　昭和六一年　三頁
(36) 三国一朗編「昭和史探訪⑤」番町書房　昭和五〇年　一五四頁
(37) 芦田均「芦田均日記　第一巻」二四頁
(38) 芦田均「芦田均日記　第一巻」二八頁

(39)「海軍主計科士官物語　短現総覧」浴恩出版会　昭和四三年　四二三頁
(40) 芦田均「芦田均日記　第一巻」三五頁
なお「芦田均日記」の編纂者の「註」を写しておこう。「南方に進出しながら北辺を守る意。Y提督とは米内光政のことか」と記している。
(41) 有田八郎「人の目の塵を見る——外交問題回顧録」大日本雄弁会講談社　昭和二三年　二五四頁
(42) 有田八郎「人の目の塵を見る——外交問題回顧録」二三七頁
(43) 芦田均「芦田均日記　第一巻」三六—三八頁
(44) 芦田均「芦田均日記　第一巻」三八—三九頁
(45)「昭和二十年　第9巻」一六五頁
(46) 寺島珠雄編「岡本潤戦中戦後日記　時代《とき》の底から」風媒社　昭和五八年　一九〇、一九二、一九三頁
(47)「昭和二十年　第2巻」二七九頁
(48)「昭和二十年　第6巻」三七六—三七七頁
(49) 内政史研究会「大蔵公望日記　第四巻」昭和五〇年　二九四頁
(50)「昭和二十年　第8巻」六一頁
(51)「昭和二十年　第7巻」二四三—二五二頁
(52) 阿南惟幾「日誌　自昭和弐拾年四月七日　至昭和弐拾年八月十四日」
(53) 矢部貞治「矢部貞治日記　銀杏の巻」読売新聞社　昭和四九年　八〇〇頁
(54)「昭和二十年　第8巻」三六四頁
(55) 島木健作「扇谷日記」文化評論社　昭和二二年　一五二—一五三頁

(56)「昭和二十年　第9巻」二六七頁
(57)「昭和二十年　第9巻」二七四―二七六頁
(58)防衛庁防衛研修所戦史室「戦史叢書　大本営陸軍部〔10〕」朝雲新聞社　昭和五〇年　三二三頁
(59)「秋田雨雀日記　第四巻」未来社　昭和四一年　四三頁
(60)矢部貞治「矢部貞治日記　銀杏の巻」八一二頁
(61)中島常雄「小麦生産と製粉工業」時潮社　昭和四八年　一八〇頁
(62)「昭和二十年　第9巻」一八七頁
(63)大佛次郎「大佛次郎　敗戦日記」草思社　平成七年　二五〇頁
(64)「中勘助全集　第四巻」角川書店　昭和三九年　二二頁
(65)森輝「風は過ぎ行く　私の戦中ノート」隣人社　昭和四二年　二七八―二九三頁
(66)「昭和二十年　第6巻」四八―五九頁
(67)大佛次郎「大佛次郎　敗戦日記」一九五頁
(68)植草甚一「植草甚一日記」晶文社　昭和五五年　五九頁
(69)「昭和二十年　第9巻」四〇五頁
(70)杉田一次「情報なき戦争指導」原書房　昭和六二年　三八二頁
(71)「昭和二十年　第11巻」三二一頁
(72)上條彰「ビルマの名将　桜井省三」戦誌刊行会　平成四年　二六四頁
(73)坂田正之「タラカン島生き残りの記」「二年現役第五期　海軍主計科士官戦記」墨水会　昭和四五年　一八二頁
(74)柳田国男「柳田国男選集8　炭焼日記」修道社　昭和四七年　二七四頁

(75)「昭和二十年　第9巻」一六二頁
(76)清沢洌　橋川文三編「暗黒日記」評論社　昭和五四年　四八三頁
(77)鈴木昇「大磯の今昔（一〇）」平成一四年　一〇八―一一一頁
(78)防衛庁防衛研修所戦史室「戦史叢書　本土決戦準備〔1〕関東の防衛」朝雲新聞社　昭和四六年　二七四頁
(79)柳田国男「柳田国男選集8　炭焼日記」二二二頁
(80)「五分前の青春　第九期海軍短期現役主計科士官の記録」四二四頁
(81)「滄溟　海軍経理学校補修学生第十期」海軍経理学校補修学生第十期文集刊行委員会　昭和五八年　一一〇一頁
(82)「五分前の青春　第九期海軍短期現役主計科士官の記録」三七六―三七九頁
(83)島木健作「扇谷日記」一四八頁
(84)井戸田博子「想い出の樺太」平成四年　五九頁

第39章　天皇、東郷茂徳、米ソの動き

(1)「昭和二十年　第11巻」一〇八頁
(2)木戸日記研究会編「木戸幸一関係文書」東京大学出版会　昭和四一年　四九八頁
(3)「昭和二十年　第12巻」四六―四七頁
(4)「昭和二十年　第11巻」一四八―一四九頁
(5)「昭和二十年　第11巻」一一一―二〇一頁
(6)「独軍はローマを解放せり」について説明をしておこう。ローマとローマ南方の防衛の責任を

負っていたドイツ軍司令官はケッセリング元帥だった。かれはローマの破壊を避けようとして、「無防備都市」と宣言した。そこでローマに通じるすべての橋は無傷であり、抵抗がなかったことから、なんなくアメリカ軍はローマに入城できた。「解放せり」ではなく、「開放せり」とすべきだったのであろう。

(7)「昭和二十年　第10巻」一四頁

(8)「高木惣吉　日記と情報　下」みすず書房　平成一四年　七一八頁
なお本文には「月日不明、五月末か」と編纂者の註が加えてあるが、六月五日のエマニエル三世の退位のニュースを知ってからの考察であろう。

(9)「昭和二十年　第1巻」一八一頁、「4巻」二三五―二三六頁、「9巻」三六八頁、「11巻」一〇〇頁

(10) 共同通信社編「近衛日記」共同通信社　昭和四三年　三三一―三八頁

(11)「昭和二十年　第10巻」一七七頁

(12) 共同通信社編「近衛日記」五一―五二頁

(13) 東久邇稔彦「東久邇日記　日本激動期の秘録」徳間書店　昭和四三年　一三五頁、「昭和二十年　第10巻」一七八頁

(14) 細川護貞「細川日記」三四一頁

(15)「山本五十六の乾坤一擲」文藝春秋　二三一、二四〇頁

(16) 高松宮宣仁親王「高松宮日記　第八巻」八五頁

(17) 種村佐孝「大本営機密日誌」ダイヤモンド社　昭和二七年　二三四頁

(18) 皇太后の半生、その性格については「昭和二十年　第9巻」四三三―四三四頁、四八〇頁に記述あり

(19)「昭和二十年　第9巻」三三四頁
(20)「小倉庫次侍従日記　昭和天皇戦時下の肉声」「文藝春秋」平成一九年四月号　一六五―一六六頁
(21)「昭和二十年　第13巻」三一七―三三五頁
(22)高松宮宣仁親王「高松宮日記　第八巻」五二頁
(23)高松宮宣仁親王「高松宮日記　第八巻」六二頁
付け加えれば、高松宮のこの昭和二十年四月五日の日記はまことに理解しにくい。天皇が「責任をとって辞めない」と答えたあと、高松宮は自分が語ったこと、それにたいする天皇の反論をつぎのように記述している。

「官吏が高級飲食店閉鎖後も酒やさかなを手に入れて飲んだりするのは責任を感じぬことだと云えば、そんな小さなことはどうでもよい」

遠いさきにこの日記が公開されたとき、四月五日の記録の一節に読者が待てよと首を捻るにちがいないと高松宮は承知して、天皇の戦争責任の問題の論議をしたことを日記にわずかにほのめかしはしたものの、そのあとは目くらましに努め、ヤミ料理屋といったまったく主題と無縁な話を付け加えたように思える。
(24)宇垣纏「戦藻録」原書房　昭和四三年　四八九頁
(25)「高木惣吉　日記と情報　下」八五五頁
(26)「昭和二十年　第8巻」二七七―二七八頁
(27)故松平恒雄氏追憶会「松平恒雄追想録」昭和三六年　一二九頁
(28)「昭和二十年　第8巻」二七七―二九〇頁
(29)「高木惣吉　日記と情報　下」八八五頁

(30)「昭和二十年　第9巻」八〇頁
(31) 木戸幸一「木戸幸一日記」一二〇六頁
(32) 木戸幸一「木戸幸一日記」一二一〇頁
(33)「小倉庫次侍従日記　昭和天皇戦時下の肉声」「文藝春秋」平成一九年四月号　一六六頁
(34)「昭和二十年　第12巻」二八三―二八四頁
(35)「昭和二十年　第1巻」三三七頁
(36)(37)(38) 東郷茂徳「東郷茂徳外交手記」原書房　昭和四二年　一九七―一九八頁
(39) 天羽英二「天羽英二日記・資料集第4巻」刊行会　昭和五七年　一〇八六―一〇八九頁
(40)(41)「昭和二十年　第12巻」五一―五二頁
(42) 木戸幸一「木戸幸一日記」九二二頁
(43) 日本国際政治学会編「太平洋戦争への道　第七巻　日米開戦」朝日新聞社　昭和三八年　四四六頁
(44) 来栖三郎「日米外交秘話」文化書院　昭和二四年　九五頁
(45) 来栖三郎「日米外交秘話」一二〇頁
(46) W. S. Churchill, *The Second World War III* (London, 1955) p. 529
(47)(48) 東郷茂徳「東郷茂徳外交手記」二五一頁
(49) 天羽英二「天羽英二日記・資料集第4巻」一〇八九頁
(50) 伊藤隆ほか編「真崎甚三郎日記　昭和十八年五月～昭和二十年十二月」山川出版社　昭和六二年　二六四頁
(51) 日本経済新聞社編「私の履歴書　第三十一集」日本経済新聞社　昭和四二年　一九八頁
(52) 重光葵　伊藤隆編「重光葵手記」中央公論社　昭和六一年　四七六頁

(53) 重光葵　伊藤隆編「重光葵手記」四二〇頁
(54)「昭和二十年　第4巻」一二三三頁
(55) 重光葵　伊藤隆編「重光葵手記」二八七頁、二九七頁
(56)「昭和二十年　第13巻」三五六―三六〇頁
(57)「昭和二十年　第2巻」三〇三頁、「昭和二十年　第3巻」二七二頁
(58)「昭和二十年　第2巻」三〇七頁
(59)「昭和二十年　第2巻」三〇八頁
(60)「昭和二十年　第3巻」二七二頁
(61) 重光外相から佐藤大使宛電報　第一六九九号
(62)「昭和二十年　第2巻」六〇頁
(63) 天羽英二「天羽英二日記・資料集第4巻」一〇九〇頁
(64) 木戸幸一「木戸幸一日記」一一八五頁
(65) 高橋昭一「トルコ・ロシア外交史」シルクロード　昭和六三年　三六九頁
(66) 上村伸一「破滅への道　私の昭和史」鹿島研究所出版会　昭和四一年　一七一―一七二頁
(67)「朝日新聞」昭和二十年四月七日
(68) 重光葵　伊藤隆編「重光葵手記」四四三頁
(69) 河辺虎四郎「市ヶ谷台から市ヶ谷台へ」時事通信社　昭和三七年　二三四頁
(70) 中村正吾「永田町一番地」ニュース社　昭和二一年　二〇一頁
(71)「昭和二十年　第10巻」一九六頁
(72) 細谷千博編「日英関係史　一九一七―一九四九」東京大学出版会　昭和五七年　一五四頁
(73)「昭和二十年　第7巻」一六―二三頁

(74)「高木惣吉　日記と情報　下」八六二頁

(75)「昭和二十年　第9巻」二三―八二頁

(76)法眼晋作「外交の真髄を求めて　第二次世界大戦の時代」原書房　昭和六一年　一七八―一七九頁

(77)法眼晋作「外交の真髄を求めて　第二次世界大戦の時代」一七九―一八〇頁

(78)飯塚浩二「飯塚浩二著作集　10満蒙紀行」平凡社　昭和五一年　三六七頁

(79)木戸幸一「木戸幸一日記」一二〇五頁

(80)都留重人は自分がやったことの真実を隠したことはいくつもあったのであろうが、そのうちのひとつが、どうしてモスクワに行ったのかという説明である。ところが、モスクワへ行った本当の理由をかれが語ったことがあり、聞いた相手のトーマス・ビッソンがそれを記述している。

昭和二十年十月、ビッソンはアメリカ戦略爆撃調査団の一員として日本に来た。中国共産党贔屓であり、マルクス主義者であり、中国、日本問題の専門家であった。ひとつだけ挙げておこう。ビッソンは蘆溝橋事件が起きる二週間前に延安を訪れた。国民政府の治安機関を巧みに騙してのことであり、一緒に行ったのがオーエン・ラティモアだった。そしてビッソンは太平洋問題調査会、外交政策協会、アメレジアに関係していた。かれは左翼思想の持ち主である日本人、ハーバード大学に留学していた都留重人をよく知っていた。都留はビッソンより十二歳年下だった。

昭和二十年十月の末、ビッソンと調査団の何人かのメンバー、さらにこれまたアメリカ留学時代のマルクス主義の同志であり、親友であったハーバート・ノーマンが都留の家に招待された。ノーマンはカナダ政府の代表団の一員として、これも日本に来ていた。

ビッソンはその夜に都留が語った打ち明け話を日記に次のように記した。「都留重人は、一九四五年三月下旬から五月下旬にかけて、太平洋戦争を終結させるのをロシアが尽力してくれる可能性があるかどうか探るため、モスクワに派遣される予定の外務省の一団の一人《（ママ）》だった」（トーマス・A・ビッソン　訳者　中村正則「ビッソン日本占領回想記」三省堂　昭和五八年　二二頁）
都留重人、ハーバート・ノーマン、トーマス・ビッソンの名前がでたから、余計な話をつけ加えよう。都留の家での歓待から二カ月足らずあとの十二月に近衛文麿は自殺するのだが、かれを死に追いやったのは、この三人の密接な連携プレイによるものであったことは隠しようもない事実である。そしてかれらの背後の指揮者は言わずと知れて木戸幸一であった。

(81)「昭和二十年　第11巻」三二七—三三六頁
(82)「昭和二十年　第11巻」三二〇頁
(83)「昭和二十年　第9巻」一四六—一六二頁
(84)「昭和二十年　第9巻」三五九頁
(85)竹本徹ほか訳著「米国機密文書　日本上陸作戦」三修社　昭和六〇年　一八〇頁
(86)「昭和二十年　第11巻」三二一—三三二頁
(87)守島康彦編「昭和の動乱と守島伍郎の生涯」葦書房　昭和六〇年　二五四頁
(88)「昭和二十年　第9巻」四一三頁
(89)「昭和二十年　第9巻」一七四頁
(90)守山義雄文集刊行会「守山義雄文集」昭和四〇年　四五四頁
(91)「昭和二十年　第9巻」一六七頁
(92)「昭和二十年　第9巻」一六四—一八四頁
(93)河辺虎四郎文書研究会編「承詔必謹」国書刊行会　平成一七年　九七頁

(94) 森元治郎「ある終戦工作」中公新書 昭和五五年 一六八―一七〇頁、坂田二郎「ペンは剣よりも」サイマル出版会 昭和五八年 二四三頁
(95) 防衛庁防衛研修所戦史室「戦史叢書 大本営海軍部・聯合艦隊〔7〕」朝雲新聞社 昭和五一年 四四〇頁
(96) 中村正吾「永田町一番地」二一二頁
(97)「滄溟 海軍経理学校補修学生第十期」一一七七頁
(98) 村田省蔵「村田省蔵遺稿 比島日記」原書房 昭和四四年 五七一頁
(99)「滄溟 海軍経理学校補修学生第十期」七五八頁
(100) 広田弘毅伝記刊行会「広田弘毅」昭和四一年 三六七―三六八頁
(101) ボリス・スラバンスキー 加藤幸広訳「日ソ戦争への道 ノモンハンから千島占領まで」共同通信社 平成一一年 三九七頁
(102) ジョナサン・ハスラム「ソ連の対日外交と参戦」編者 細谷千博・入江昭「太平洋戦争の終結」柏書房 平成九年 九三―九四頁、「毎日新聞」平成四年七月二十八日
(103)「トルーマン回顧録」ロバート・シャーウッド 訳者 村上光彦、一九一―一九二頁
(104) Joseph Persico, *Roosevelt's secret War*, Random House, 2001, p. 408.
(105) E・B・ポッター 南郷洋一郎訳「提督ニミッツ」フジ出版社 昭和五四年 五二七頁
(106) Joseph Persico, *Roosevelt's secret War*, p. 410.
(107) ジョン・エマーソン 宮地健次郎訳「嵐のなかの外交官――ジョン・エマーソン回想録」朝日新聞社 昭和五四年 二〇二頁
(108) E・B・ポッター 秋山信雄訳「キル・ジャップス!」光人社 平成三年 五四六頁

第40章　木戸「一大貧乏籤」の虚構

(1)「昭和二十年　第7巻」八二頁
(2)「昭和二十年　第10巻」二二二―二二四頁
(3) 総理府統計局「昭和19年　集計結果摘要」日本統計協会　昭和五二年　一六頁
(4) 芦田均「芦田均日記　第一巻」三〇頁
(5)「山形市史　近現代篇」山形市　昭和五五年　四二七―四二九頁
(6)「鶴岡市史　中巻」鶴岡市役所　昭和五〇年　七四一―七四三頁
(7)「昭和二十年　第9巻」二三二頁
(8)「昭和二十年　第9巻」二二三―二二五頁
(9) 練馬教育委員会「練馬教育史（第一巻）」昭和五〇年　二六〇頁
(10) 愛知県史編さん委員会編「愛知県史　資料編33」愛知県　平成一九年　八五〇頁
(11)「昭和二十年　第9巻」二二四頁
(12)「昭和二十年　第9巻」二四〇頁
(13) 第一期海軍二年現役主計科士官四〇周年記念文集「海と空と友と」珊瑚会　昭和五三年　一七九頁
(14)「昭和二十年　第9巻」四一四―四一六頁
(15)「昭和二十年　第1巻」三三五頁
(16)「昭和二十年　第9巻」二四七―二五〇頁
(17)「昭和二十年　第10巻」二二九頁
(18) 中村正吾「永田町一番地」一七一頁

(19)「昭和二十年　第3巻」一二〇頁
(20)「高木惣吉　日記と情報　下」九〇〇—九〇一頁
(21)「昭和二十年　第3巻」二八七頁
(22)「昭和二十年　第1巻」二八三頁、「第3巻」二八七頁、「第4巻」二一五頁
(23)「昭和二十年　第1巻」二七四頁
(24)石射猪太郎「外交官の一生」読売新聞社　昭和二五年　四二一頁
(25)石射猪太郎「外交官の一生」　四一八頁
(26)高原友生「悲しき帝国陸軍」中央公論新社　平成一二年　二〇五頁
(27)「昭和二十年　第1巻」二七五頁
(28)「昭和二十年　第9巻」四〇六頁
(29)服部雄三「五原の捨石」「増刊　歴史と人物」昭和五七年　二四五—二四九頁
(30)「稲田正純氏談話速記録」日本近代史料研究会　昭和四四年　一七八頁
(31)「昭和二十年　第4巻」一八七頁
(32)佐藤賢了「佐藤賢了の証言」芙蓉書房　昭和五一年　三一五頁
(33)「西浦進」西浦進氏追悼録編纂委員会　昭和四六年　二四一頁
(34)軍事史学会編　防衛研究所図書館所蔵「大本営陸軍部戦争指導班　機密戦争日誌　上」三一〇頁
(35)田中新一「田中作戦部長の証言」芙蓉書房　昭和五三年　四一一—四一二頁
(36)西浦進「昭和戦争史の証言」原書房　昭和五五年　一七九頁
(37)斎藤申二「ラングーン脱出行」「秘録大東亜戦史　ビルマ篇」富士書苑　昭和二八年　三一七頁

(38)「山本五十六の乾坤一擲」
(39)「昭和二十年　第3巻」一五二頁
(40)「昭和二十年　第2巻」二四二頁
(41)大阪商船株式会社「村田省蔵追想録」大阪商船株式会社　昭和三四年　一〇八頁
(42)村田省蔵「村田省蔵遺稿　比島日記」六九九―七〇〇頁
(43)バー・モウ　横堀洋一訳「ビルマの夜明け」太陽出版　昭和四八年　四一一頁
(44)石射猪太郎「外交官の一生」四三二―四三三頁
(45)村田省蔵「村田省蔵遺稿　比島日記」五一九頁
(46)上條彰「ビルマの名将　桜井省三」戦史刊行会　平成四年　二六六頁
(47)「昭和二十年　第3巻」二三六頁
(48)本文中三六一頁以下の註
(49)「昭和二十年　第4巻」二六九―二七五頁
(50)「木戸のこのような私心が中国撤兵を認めることのできない理由であり、口にすることも避けた理由であった」と最初に記述したのは、「昭和二十年　第8巻」三二三―三二五頁である。
(51)「昭和二十年　第4巻」二六九―二七五頁
(52)「昭和二十年　第4巻」二七三頁
(53)木戸幸一「木戸幸一日記」一二一二頁
(54)石射猪太郎「外交官の一生」四一〇頁
(55)木戸幸一「木戸幸一日記」一二〇八―一二一二頁
(56)「高木惣吉　日記と情報　下」八八六頁
(57)「昭和二十年　第12巻」一九六頁

(58) 共同通信社編「近衛日記」四八頁
(59) 「昭和二十年　第10巻」二二九頁
(60) じつは木戸がこのように言ったのは、昭和二十年六月のことではない。それから五カ月あと、木戸に逮捕令がでて、それから十日あと、巣鴨に拘禁された。それより前の十二月十二日にかれは作田高太郎を疎開先に招いた。作田は法律家であり、衆議院議員、そして木戸系の一員だった。木戸はかれに自分の弁護をして欲しいと依頼した。そのときに木戸が作田に語り、恐らく作田がノートに記述したのが、本文に掲げた「内大臣の職務は……」の一節だったのであろう。(作田高太郎「天皇と木戸」平凡社　昭和二三年　二頁)
(61) 「奈良ホテル75年の歩み」六頁
(62) 石渡荘太郎の経歴、性格、家庭については、「昭和二十年　第8巻」二八五―二九〇頁、「9巻」三五八頁に記述がある。
(63) 「昭和二十年　第9巻」三六〇頁
(64) 村田省蔵「村田省蔵遺稿　比島日記」五八九頁
(65) 石渡荘太郎「石渡荘太郎」石渡荘太郎伝記　昭和二十九年　四四〇頁、「昭和二十年　第9巻」八二頁
(66) 村田省蔵「村田省蔵遺稿　比島日記」五七一頁
(67) 「昭和二十年　第1巻」一五九―一六六頁
(68) 「昭和二十年　第10巻」一九―三三頁
(69) 矢部貞治「近衛文麿」読売新聞社　昭和五一年　五一三頁
(70) 「昭和二十年　第12巻」二四六―二七〇頁
(71) 「時局収拾案」をつくったのは、本来自分の仕事ではないのだが、見るに見かねてやったのだ

とは、戦後も木戸幸一は述べている。「昭和二十年　第9巻」四八二頁を見よ。

(72) 村田省蔵「村田省蔵遺稿　比島日記」五八八頁

(73) 平野鍾「無量寺日記　一集団疎開学童が記録した昭和二十年」平成一三年　五三頁

(74) アメリカ合衆国戦略調査団・石油・科学報告書　訳奥田秀雄ほか「日本における戦争と石油」石油評論社　昭和六一年　一二七、一五三、一八九頁

(75) 村田省蔵「村田省蔵遺稿　比島日記」五八九頁

編集部あとがき

鳥居民著『昭和二十年』はここで絶筆となっている。二〇一三年（平成二十五年）一月四日朝、連絡があり、鳥居民（本名池田民）氏が倒れられ、救急搬送されたが、絶命したとのことであった。朝のシャワーを浴びている最中だったとのことである。享年八十四。

大作『昭和二十年』はここで未完となった。生前、「別冊文藝春秋」誌の対談で丸谷才一氏、井上ひさし氏により、完成すればギボンの『ローマ帝国衰亡史』に匹敵する昭和日本の全社会史になるだろうと言われた稀有な試みは、残念ながら完結しなかった。鳥居民氏ご本人が一番無念だったであろう。あるいは鳥居民氏らしく、自嘲気味に「仕方ないですね」と笑ったであろうか。

鳥居民氏は編集者と前年十二月中旬、新宿駅頭で別れた時に「『昭和二十年』第十四巻は八割がた完成しているから年明けには渡せるでしょう」と言っていた。しかし、残されたパソコン・データ内にあった原稿を精査してみたが、完成原稿というには程遠く

（いつもの空手形であったのだろうか）、これをそのまま刊行することは、氏の遺志にそぐわないと考えたため、多少整理の手を加え、完成されていた部分だけを、かなり縮小した形で『昭和二十年／別巻』として後日、刊行する予定である。

『昭和二十年第十四巻』は「ポツダム、そのあいだの日本」と題され、七月三日から七月二十八日までを扱う予定であった。六月二十二日の和平への政策転換以降、対ソ交渉もはかどらず、事態は小康状態となる。その間、国内は地方都市への激しい空襲や東京の再疎開問題に関心は向けられていた。トルーマンは戦艦オーガスタで大西洋をわたり、ポツダムへ向かい、チャーチル、スターリンと会談する。戦後の荒廃したベルリンとポツダムの状況、そこで日夜繰り広げられた、虚々実々の駆け引きが描かれる。天皇保全条項が除かれたポツダム宣言が発表されるまで。

このあと『昭和二十年』は二巻ないし三巻で第一部が完結し（八月十五日だけは一日一巻で描かれる予定だった）、第二部は三巻か四巻で終わるはずであった（となると全二十巻ぐらいか）。鳥居さんはいつまで（何歳まで）生きるつもりだったのであろうか。戦後篇の構想は、ほかに書き残した著作などから、かろうじて推し量ることができるかもしれない。氏の昭和史関係の著作はほかに『日米開戦の謎』『原爆を投下するまで日本を降伏させるな』『山本五十六の乾坤一擲』（この書だけ文藝春秋社刊、他はすべて草思社刊）『近衛文磨「黙」して死す』『鳥居民評論集　昭和史を読み解く』があり、後の二書に多少、氏の戦後史観をうかがうことができる。

『昭和二十年第一巻』は正月、熱海大観荘での近衛の述懐から始まるが（どうやったら綺麗な顔で死ねるか、という）、昭和二十年十二月半ばの近衛の自殺までが主筋の一つであったようだ。八月三十日マッカーサーが厚木にやって来るが、近衛はそれ以前からすでに動き始める。だが、E・H・ノーマンの登場によって木戸対近衛の対立は、鳥居氏言うところの戦後日本を規定した木戸・ノーマン史観の勝利に終わる。十月はじめ徳田球一、志賀義雄が府中刑務所から解放される。十一月近衛が駆逐艦アンコンに呼ばれ査問される。ノーマンがマッカーサーに提出した、いい加減な戦犯リストをもとに日本は裁かれることになった。沖縄は、満洲は、中国大陸はどうなったか。いよいよ風雲急を告げる昭和二十年の日本。あたかも安手の娯楽映画の予告編のようであるが、このあとは鳥居民氏の志を引き継いでどなたか有為の研究者に書いていただければと切に念じている（鳥居氏の蔵書・資料は草思社で保管しているが未整理のままである）。

このシリーズ独自の指摘として例えば次のようなことが挙げられる。

（1）二十年二月の重臣上奏は貞明皇后の前年末からの働きかけにより行われたこと。

（2）木戸内大臣の責任の大きさ。開戦時および和平への転換で判断を誤ったこと。

（3）昭和十九年春からの大陸での一号作戦（大陸打通作戦）が戦後の局面をすっかり

変えたこと。

（4）原爆投下とトルーマンの確信犯的行動。など

死んだ子の齢を数えるようだが、もし完成していたなら、本書は朝日新聞的・NHK的ではないまったく別の昭和史観がありうるということを示せたはずなのだ（この未完の部分だけでも十分に伝わってくるのだが）。それはおそらく昭和を生きて、何も言葉を残さずに死んでいった多くの民衆の本音の部分に、これまで書かれたどの史書よりもっと深く響いたはずである。

ここまで読んでくださった読者の方々にお礼を申し上げます。

（編集者）

＊本書は、二〇一二年に当社より刊行した著作を文庫化したものです。

草思社文庫

昭和二十年
第13巻　さつま芋の恩恵

2016年10月10日　第1刷発行

著　者　鳥居　民

発行者　藤田　博

発行所　株式会社 草思社

〒160-0022　東京都新宿区新宿5-3-15
電話　03(4580)7680(編集)
　　　03(4580)7676(営業)
http://www.soshisha.com/

本文印刷　株式会社 三陽社

付物印刷　日経印刷 株式会社

製本所　大口製本印刷 株式会社

装幀者　間村俊一（本体表紙）

ISBN978-4-7942-2232-9　Printed in Japan